Unterwegs in

Braunschweig

Herbert Johannessen

ISBN 978-3-86037-612-6

1. Auflage

Lüchower Straße 13a, 29459 Clenze
Telefon (0 58 44) 971 16-10, Telefax (0 58 44) 971 16-39
mail@limosa.de, www.limosa.de

Redaktion:
Herbert Johannessen (†)

Satz und Layout:
Zdenko Baticeli, Lena Hermann

Korrektorat:
Gerd Schneider

Unter Mitarbeit von:
Ulrike Kauber, Karin Monneweg

Medienberatung:
Herbert Johannessen (†)

Gedruckt in Deutschland

Herbert Johannessen

Unterwegs in Braunschweig

Foto: Braunschweig Stadtmarketing GmbH / Gerald Grote

Nachruf

Liebe Leserinnen und Leser,

nach Büchern über das Braunschweiger Land, Braunschweig, die Region Hildesheim, Wolfsburg und Wolfenbüttel erscheint nun mit diesem zweiten Braunschweig-Buch das sechste und leider auch letzte Buch meines Vaters, der am 1. Juli dieses Jahres im Alter von 66 Jahren verstorben ist.
Es freut mich sehr, dass dieses Buch nun veröffentlicht wird, und ich bin mir sicher, dass es auch meinen Vater sehr gefreut hätte.
Er sprach oft von der Arbeit an seinen Büchern, und es wurde sehr deutlich, dass er darauf stolz war und ihm diese Aufgabe sehr am Herzen lag. Dabei war die Arbeit an jedem Buch auch eine Erlebnisreise, durch die er eine Stadt oder Region noch besser kennenlernte. Denn jedes Buch erforderte es, dass er viel Zeit in der jeweiligen Stadt verbrachte. Er war niemand, der gerne viel vor dem Computer saß. Viel spannender fand er es, die Dinge vor Ort und im persönlichen Kontakt zu erledigen. Es war der Austausch mit den vielen Menschen, die eine Stadt prägen, der ihn besonders interessierte.
Und so ist dieses Buch, wie auch die vorherigen, nur möglich durch die Unterstützung und Mithilfe der vielen Beteiligten. Es sind dies die Autoren, die mit ihren Beiträgen ihr Insiderwissen weitergeben, aber auch die zahlreichen Protagonisten. Ich möchte Sie einladen, an dieser Erlebnisreise teilzunehmen. Ob Sie Braunschweig bereits gut kennen oder nicht – Sie werden die Stadt in einzigartiger Weise neu entdecken oder wiedererkennen.

Abschließend wünsche ich Ihnen im Namen meines Vaters viel Spaß beim Lesen – genießen Sie dieses Buch.

Tim Johannessen

Herbert Johannessen (†) (Foto: Agentur Hübner)

Burglöwe (Foto: Stadt Braunschweig/Gisela Rothe)

Grußwort

Die letzten Jahre haben in besonderem Maße gezeigt, dass unsere Stadt nicht nur über eine lange Tradition, sondern auch über ein hohes Maß an Dynamik und Zukunftsfähigkeit verfügt. Insofern ist der Zeitpunkt für das Erscheinen des vorliegenden Braunschweig-Buches gut gewählt. Es trägt mit dem Querschnitt seiner Beiträge – die zum Teil aus der Feder renommierter Braunschweiger Wissenschaftler stammen – der großen Vielfalt unserer Stadt Rechnung.

So lässt es das mittelalterliche Braunschweig lebendig werden, das – nach den massiven Zerstörungen im Zweiten Weltkrieg – heute vor allem durch die Traditionsinseln wie dem Altstadtmarkt, dem Magniviertel oder dem Burgplatz gegenwärtig ist. Der Burgplatz mit dem Dom St. Blasii ist in jedem Jahr Schauplatz überregional beachteter Ereignisse, etwa von Opern- oder Musicalaufführungen des Staatstheaters Braunschweig in einer Open-Air-Arena. Dies ist nur ein Beispiel für die zahlreichen Veranstaltungen und Festivals, die das Programm der Kulturstadt Braunschweig bereichern.

Das Bild der Stadt hat in den letzten Jahren einen starken Wandel erfahren. Markante Bauwerke wie der BraWoPark, der dem Quartier rund um den Hauptbahnhof neue Impulse gibt, das Steigenberger Parkhotel oder die neue Jugendherberge sind ein deutlicher Beleg für den städtebaulichen Aufschwung. Braunschweig ist heute attraktiver denn je und wird damit auch seinem Ruf als Einkaufsstadt Nummer Eins zwischen Hannover und Berlin gerecht.

Doch dies ist nur eine von vielen wichtigen Komponenten. Nicht zuletzt ist in Braunschweig die Forschung zu Hause. Heute ist Braunschweig mit über 25 Forschungseinrichtungen und rund 250 Hochtechnologie-Firmen das Zentrum einer der forschungsintensivsten Regionen Europas. Viele von Ihnen werden die hochrangigen Wissenschaftsinstitutionen kennen, von denen einige in diesem Buch vorgestellt werden.

Oberbürgermeister Ulrich Markurth (Foto: Stadt Braunschweig / Daniela Nielsen)

Altstadtmarkt (Foto: Braunschweig Stadtmarketing GmbH / Daniel Möller)

Auch die Freunde der Sportstadt Braunschweig mit ihren zahlreichen Großereignissen kommen nicht zu kurz. Ein Bericht über den Traditionsverein und Deutschen Fußballmeister von 1967, Eintracht Braunschweig, darf nicht fehlen.

Damit ist der Bogen der Publikation weit gespannt: von der Geschichte bis zur Moderne, von Kunst, Kultur über Wissenschaft bis hin zum Sport. Ich bin überzeugt: Das neue Braunschweig-Buch wird ein umfassender Leitfaden für alle sein, die sich über unsere Stadt informieren möchten. Ich wünsche der Veröffentlichung viele wissbegierige und neugierige Leserinnen und Leser.

Ulrich Markurth
Oberbürgermeister

Inhalt

Floßfahrt auf der Oker (Foto: Braunschweig Stadtmarketing GmbH/Gerald Grote)

Magnikirche (Foto: Braunschweig Stadtmarketing GmbH/Gerald Grote)

Östliches Ringgebiet

Nordstadt

Lehndorf-Watenbüttel

Veltenhof-Rühme

Am Staatstheater Braunschweig (Foto: Braunschweig Stadtmarketing GmbH / Gerald Grote)

In der Fußgängerzone (Foto: Braunschweig Stadtmarketing GmbH / Sascha Gramann)

Schunteraue

Wabe-Schunter-Beberbach

Volkmarode

Hondelage

Wenden-Thune-Harxbüttel

Bei den Beiträgen mit **roten** Überschriften handelt es sich um (Selbst-)Darstellungen der Protagonisten dieses Buches. Die mit **blauen** Überschriften versehenen Beiträge sind redaktionelle Darstellungen zu verschiedenen Themen der Stadt Braunschweig.

Die Frühzeit der Stadt Braunschweig

Wer sich mit der Geschichte der Stadt Braunschweig beschäftigt, stößt immer wieder auf ein kaum zu lösendes Problem, nämlich der

Dom St. Blasii, Siebenarmiger Leuchter

Dom St. Blasii, Grabmal von Herzog Heinrich dem Löwen und Herzogin Mathilde

Tod des »Schwarzen Herzogs« bei Quatrebras am 16. Juni 1815 (Fotos Seiten 8 bis 11: Archiv Braunschweigisches Landesmuseum, Ingeborg Simon, Rudolf Flentje)

Frage nach ihren tatsächlichen Anfängen. Die Frühzeit der Stadt Braunschweig bleibt im Dunkel einer eher sagenhaften Überlieferung verborgen. Erst im 11. Jahrhundert setzen schriftliche Nachrichten ein. Während um 1030 – ein ungesichertes Datum – der brunonische Graf Liudolf und seine Frau, die Gräfin Gertrud d.Ä., auf der Burginsel das Burgstift St. Blasii gründeten, weihte der Halberstädter Bischof Branthago im Weichbild Altewiek die Kirche St. Magnus. In der darüber erhaltenen Urkunde von 1031 erscheint erstmals in der Form von »Brunesguick« (Brunswik) der Name der Stadt. Diese Urkunde gibt auch Auskunft über den Erbauer der Magnikirche. Es handelte sich um den Freien Hatheguard und seine Frau Atta. Er war Lehnsmann des brunonischen Grafen Liudolf (gest. 1038), dem Ehemann der älteren Gertrud. 17 Dörfer auf dem östlichen Okerufer – so u.a. Veltenhof, Wenden, Bienrode, Rühme, Gliesmarode, Rautheim – wurden dem Sprengel der neuen Kirche zugewiesen. Mit Bezug auf eine handschriftliche Notiz in den um 1500 entstandenen Riddagshäuser Annalen datiert Wolfgang Meibeyer den Beginn der frühurbanen Phase Braunschweigs zwischenzeitlich auf das Jahr 1026. Diese Notiz besagt zum Jahr 1026: »Bruno prinzeps fundat Brunswick« – »Fürst Bruno gründet Braunschweig«.

Für die wirtschaftliche Situation zur Zeit der Brunonen in Braunschweig seien noch zwei Aspekte kurz angesprochen. Zum einen besaßen die Brunonen enge Verbindungen zu Friesland, wo sie im 11. Jahrhundert auch eigene Münzen prägten. Zum anderen kennen wir aus der Zeit Eckberts II. die ersten Münzen mit der Prägestätte Braunschweig und der Umschrift BRV.NESIVVIC sowie dem Namen des Burgherrn G(R)EVE EC(B) ERTVS. Die Münz-

Herzog Anton Ulrich (1633 bis 1714)

Charlotte Christine Sophie (1694 bis 1715), Schwiegertochter Zar Peters I.

prägung verweist auf einen wachsenden Handel und Ausbau des Gewerbes in der Stadt, und zwar im Zusammenwirken von Stadtherrn und Kaufmannschaft. Dies belegt, dass Braunschweig spätestens seit dieser Zeit Marktort und werdende Stadtgemeinde war und damit eine neue Phase und Qualität der frühstädtischen Entwicklung erreicht hatte. In vorstädtischer Zeit wurden so bereits entscheidende Grundlagen der späteren Bedeutung des Wirtschaftsplatzes Braunschweig erkennbar.
Ekbert II. zählte übrigens zu den Gegnern der Salier im 11. Jahrhundert und auf diese Feindschaft ist zweifellos seine Ermordung im Jahr 1090 zurückzuführen. Bereits ein Jahr zuvor hatte ihn der Kaiser aller Güter für verlustig erklärt, womit der Untergang des Brunonen einsetzte. Ekberts II. Tod nutzte Kaiser Heinrich IV., um das »brunonische Widerstandsnest«, die Burg Dankwarderode in Braunschweig, anzugreifen und zu erobern sowie die Schwester Ekberts II., die brunonische Markgräfin Gertrud, zu vertreiben. Allerdings hatten die Kaiserlichen nur wenig Erfolg, denn die Anhänger Gertruds setzten die Burg in Brand und zwangen so die Gegner, Dankwarderode zu verlassen. Es war dies nur ein Ereignis im Umfeld heftiger Widerstände der Sachsen gegen die Salier, von denen stets die Stadt Braunschweig mit betroffen war.

Lothar von Süpplingenburg – Kaiser Lothar III.

Eine wichtige Phase dieser Auseinandersetzungen sowie der frühen Stadtentwicklung fällt in die Zeit Lothars von Süpplingenburg, der ab 1106 Herzog von Sachsen und von 1125 bis 1137 als Lothar III. Kaiser war. Lothar war mit Richenza, der Tochter der Gertrud verheiratet und über diese Verbindung in den »Besitz« der Stadt Braunschweig gelangt. Hatten bereits die Brunonen durch Förderung und Privilegierung der Kaufleute den Aus- und Aufbau der Marktsiedlung tatkräftig unterstützt, so bemühte sich Lothar nun intensiv um den weiteren Ausbau Braunschweigs. Eine großzügige Siedlungsplanung im Bereich des Altstadtmarktes schuf das Weichbild der Altstadt, der vermutlich Lothar III. nach 1117 das Stadtrecht verliehen hat. Damit verbunden war der Übergang Braunschweigs vom Marktort zur Stadtgemeinde im Rechtssinne. Die Förderung durch den Stadtherrn sicherte wesentlich den langsamen und komplizierten Prozess der Stadtwerdung. In diese Epoche fiel auch ein weiteres wichtiges Ereignis der mit den Brunonen verbundenen Stadtgeschichte. Am 1. September 1115 wurde das Kloster St. Marien/St. Aegidien geweiht, und zwar in Anwesenheit des

Herzog Carl I. (1713 bis 1780) und Herzogin Philippine Charlotte (1716 bis 1801)

Peter Joseph Krahe (1758 bis 1840), Architekt und Stadtplaner

Herzog Carl Wilhelm Ferdinand (1735 bis 1806)

Der »Schwarze Herzog«, Friedrich Wilhelm (1771 bis 1815) mit seinen Söhnen Karl (1804 bis 1873) und Wilhelm (1806 bis 1884)

Herzogs von Sachsen, Lothar von Süpplingenburg, und seiner Frau Richenza. Dieses Kloster war eine Stiftung der Markgräfin Gertrud, Tochter des brunonischen Grafen Ekbert I. und Schwiegermutter des Herzogs von Sachsen.

»Reliquienraub« der Markgräfin Gertrud

Aus dieser Zeit kennen wir eine besondere Anekdote: In eben der Zeit, als Markgräfin Gertrud plante, in Braunschweig ein Kloster zu Ehren der Mutter Gottes zu gründen, soll ihr in der Nacht der Hl. Auctor erschienen sein, der bitter darüber geklagt habe, dass sein Körper vergessen und ohne angemessen geehrt zu werden, in St. Maximin in Trier liege. Er wünsche daher, dass sie ihn nach Sachsen überführen solle in das Gotteshaus, das sie gerade zu stiften gedenke. Daraufhin sei Gertrud mit sicherem Gefolge nach Trier gezogen und habe die Kirche mit dem Grab des Heiligen besucht. Dort wurde ihr dessen Todestag, 20. August, mitgeteilt und darüber hinaus vom Kustos der Kirche die Stelle gezeigt, wo der Heilige beigesetzt war. Vor der Grablege kniete Gertrud zum Gebet nieder. Als die Mönche zum Frühstück in das Refektorium gerufen wurden, ließ der Kustos die betende Dame alleine, die sofort ihre Begleiter in die Kirche einließ und alle Türen verschloss. Heimlich wurde Auctors Sarkophag aufgebrochen und der Leib des Heiligen mit anderen Reliquien herausgenommen. Gleichzeitig hatten die Gefährten der Markgräfin aus allen Glocken und Schellen die Klöppel entfernt und auf schnellstem Wege die Flucht mit den gestohlenen Reliquien von St. Auctor nach Braunschweig angetreten. Nachdem die Mönche vom Frühstück zurückgekehrt waren, entdeckten sie den Grabraub, wollten Alarm läuten, aber die Glocken blieben stumm, und so gewannen die Braunschweiger genügend Vorsprung. Als Gertrud mit ihrem Gefolge den noch waldreichen und einsamen Platz der kleinen Anhöhe des späteren Aegidienklosters erreicht hatte, sei es plötzlich unmöglich gewesen, den Wagen mit dem Sarg des Hl. Auctor weiter von der Stelle zu bewegen. Daher habe

Herzogin Victoria Luise (1892 bis 1980)

Herzog Ernst August (1887 bis 1953)

Braunschweig hat seine »Staatsmitte« wieder: das rekonstruierte Residenzschloss

die Markgräfin beschlossen, hier der Mutter Gottes ihr geplantes Kloster zu erbauen. Am 1. September 1115 wurde dieses Kloster in Gegenwart des päpstlichen Legaten Dietrich und des Halberstädter Bischofs Reinhard geweiht. Gertrud hatte zu dieser Weihe die Trierer Reliquien eigens in einem bemalten Schrein beisetzen lassen. Die Historiker wissen längst, dass die Bedeutung des Hl. Auctor im 12. Jahrhundert noch keineswegs so groß für St. Aegidien gewesen ist, wie dies aus der Überführungs-Legende hervorzugehen scheint. Ebenso setzte auch seine sehr viel bedeutendere Rolle als Schutzpatron der Stadt Braunschweig später ein. Auslöser dazu war die Belagerung der Stadt Braunschweig durch den Gegenkönig des Welfen Otto IV., dem Staufer Philipp von Schwaben, im Jahr 1200.

Heinrich der Löwe und Braunschweig

Ein Höhepunkt für Braunschweig wurde im Mittelalter die Epoche von Kaiser Lothars Enkel Heinrich dem Löwen. Er baute als Herzog von Sachsen und Bayern die Stadt zu einem für die damalige Zeit in Deutschland einzigartigen Fürstensitz aus, der bis 1180 (Sturz Heinrichs des Löwen) ebenso wie die Höfe von England und Frankreich zu den bedeutendsten Machtzen-

Braunschweiger Hauptbahnhof im 19. Jahrhundert, erbaut von Carl Theodor Ottmer (1800 bis 1843)

Brand des Residenzschlosses am 8. September 1830

Der braunschweigische Ministerpräsident Dr. Heinrich Jasper (1875 bis 1945)

Das Braunschweiger Residenzschloss vor dem Zweiten Weltkrieg

Das Verlagsgebäude Vieweg, heute Sitz des Braunschweigischen Landesmuseums

tren Europas zählte. Zu den herausragenden Kennzeichen dieser Epoche zählt der 1168 aufgestellte Burglöwe, der als erste frei im Raum stehende Großplastik in der Kunst des Mittelalters einen besonderen Platz einnimmt. Dieser Löwe erscheint als Münzbild auf Brakteaten Heinrichs des Löwen, als Siegel der Stadt und als Zeichen für Braunschweig auf der Ebstorfer Weltkarte. Er war und ist das Braunschweig-Symbol schlechthin!
Von Braunschweig gingen damals auch Anstöße zu bedeutenden Stadtgründungen wie Lübeck und München aus, von hier aus entfaltete der Herzog eine erfolgreiche Ostkolonisation und schuf sich fast königliche Macht sowie imperiales Ansehen. Damit war der Konflikt mit seinem Vetter, Kaiser Friedrich I. Barbarossa, absehbar, der 1180 mit dem Verlust der Herzogtümer Sachsen und Bayern endete. Am 6. August 1195 starb Heinrich der Löwe auf seiner Burg Dankwarderode. Als Symbolfigur für die Stadt Braunschweig und in Sage und Legende bleibt er jedoch gegenwärtig bis in unsere Zeit. Heinrich der Löwe hatte für die frühe bürgerliche Blütezeit von Braunschweig wesentliche politische, wirtschaftliche und kulturelle Impulse gegeben. Nach seinem Tode begann durch bürgerliche Initiative und landesherrliche Förderung eine rasche Entwicklung zur bedeutendsten und größten norddeutschen Binnenstadt. In der Zeit Kaiser Ottos IV. wurde Braunschweig für kurze Zeit sogar kaiserliche Residenz. 1199 verlieh Otto IV. den Braunschweigern Zollfreiheit im ganzen Reich und nahm sie in seinen Schutz. In die Auseinandersetzung um das Königtum war auch Braunschweig involviert, das – wie erwähnt – von Philipp von Schwaben angegriffen wurde. Um 1200 setzte zugleich die wichtigste Entwicklung der bürgerlichen Selbstverwaltung ein. Die Entstehung des Rates war ein vielschichtiger Prozess, der sich für die verschiedenen Weichbilde (Altstadt, Hagen, Neustadt, Altewiek und Sack) zwischen 1231 (Altstadt) und etwa 1300 (Sack) unterschiedlich festhalten lässt. Die aus fünf »Städten« bestehende Gesamtstadt – eine Pentapolis – entwickelte ein städtisches Selbstbewusstsein, das sehr bald zum Konflikt mit dem Landesherren führen sollte. In diese Frühphase der Entwicklung fiel schließlich noch ein wichtiges landesgeschichtliches Ereignis: die Gründung des Herzogtums Braunschweig (und Lüneburg) im Jahre 1235. Gegen Ende des Mittelalters war Braunschweig eine der führenden Städte der Binnenhanse und Vorort des sächsischen Drittels der Hanse. Die wirtschaftliche Stärke der Stadt schuf die Grundlage zu wachsenden Unabhängigkeitsbestrebungen gegenüber den Herzögen, die um 1432 ihre Residenz endgültig nach Wolfenbüttel verlegten. Höhepunkt aber zum Ende des Mittelalters wurde im 16. Jahrhundert die Durchsetzung der Reformation, die am 5. September 1528 vom Rat und der Bürgerschaft beschlossen wurde, und zwar ausdrücklich gegen den Willen des katholischen Landesherrn.

Von Prof. Dr.h.c. Gerd Biegel
Institut für Braunschweigische Regionalgeschichte an der TU Braunschweig

Das zerstörte Braunschweig Ende 1944, Blick vom Gebäude der AOK nach Westen, links der Dom und in der Mitte die St. Katharinenkirche

Der Burgplatz: »Geschichte im Herzen der Stadt«

Die Hansestadt Braunschweig

Die Hanse war – auch wenn das heute manchmal so scheinen könnte – kein Phänomen, das auf die Küstenstädte an Nord- und Ostsee beschränkt war. Sicher spielten die Seestädte wie Lübeck, Bremen, Hamburg, Rostock oder Danzig für den hansischen Handel eine zentrale Rolle. Daneben gab es aber eine große Zahl von Binnenstädten, die ebenfalls fester Bestandteil des hansischen Handels waren. Zu diesen Städten der Binnenhanse zählte auch Braunschweig. Im Raum zwischen Weser und Elbe sowie zwischen Harz und Heide nahm die mittelalterliche Großstadt Braunschweig, die um 1400 etwa 20 000 Einwohner zählte, zusammen mit Magdeburg eine zentrale Rolle ein.

Der verkehrsgünstig an einem Okerübergang gelegene Ort Brunswick, der zu 1031 erstmals schriftlich erwähnt wird, entwickelte sich im 11. Jahrhundert zum Herrschaftsmittelpunkt des sächsischen Adelsgeschlechtes der Brunonen. Im 12. Jahrhundert wurde die Entwicklung Braunschweigs dann nachhaltig von Kaiser Lothar III., dem sächsisch-bayerischen Herzog Heinrich dem Löwen sowie dessen Sohn Kaiser Otto IV. gefördert.

Um 1200 war die topographische Entwicklung der auf beiden Seiten der Oker gelegenen Stadt dann weitgehend abgeschlossen. Rund um die landesherrliche Burg Dankwarderode mit dem Blasiusstift gruppierten sich vier Teilstädte, die sogenannten Weichbilde: Altstadt, Hagen, Neustadt und Altewiek. Zum Ende des 13. Jahrhunderts kam mit dem Sack noch ein fünftes und letztes Weichbild hinzu.

Mit der Entwicklung städtisch-bürgerlicher Verhältnisse war auch ein wachsendes Selbstbewusstsein der Bürger verbunden, die eine stärkere Beteiligung an der politischen Macht for-

Siegel der Stadt Lübeck 1476 (alle Fotos: Stadtarchiv Braunschweig)

Siegel der Lakenmacher 1445

Der Altstadtmarkt 1776

derten und diese von den welfischen Stadtherren in umfangreichen Rechtsurkunden in der ersten Hälfte des 13. Jahrhunderts auch erhielten. In den folgenden 100 Jahren haben es die durch den Rat vertretenen Bürger dann geschafft, sich der Herrschaft der Welfen weitgehend zu entledigen. In der Huldigungsordnung von 1345 bezeichnet sich die Stadt selbst als eine freie Stadt (vry stat). Die Phase der städtischen Autonomie sollte bis 1671 dauern. Sie war zugleich eine wichtige Voraussetzung für die Mitgliedschaft Braunschweigs in der Hanse, an der sich im Grunde nur politisch weitgehend selbstständige Kommunen und die aus diesen stammenden Kaufleute beteiligen konnten. Die Hanse hatte weder eine geschriebene Verfassung noch feste Strukturen, sondern war eher eine Interessengemeinschaft von Kaufleuten und Städten als ein Städtebund. Das Gebiet des hansischen Handels erstreckte sich von England und Flandern im Westen bis nach Russland im Osten sowie von Skandinavien im Norden bis nach Westfalen, Thüringen und Schlesien im Süden. Eine wichtige Rolle spielten die mit besonderen Privilegien ausgestatteten Hansekontore in London, Brügge, Bergen und Nowgorod. Gehandelt wurden vornehmlich Rohwaren aus dem Osten und Norden (v.a. Fisch, Holz, Wachs, Pelze und Getreide) gegen Fertigwaren des Westens (wie Tuche, Metallwaren, Luxusartikel oder Wein).

Braunschweig war keine reine Handelsstadt, vielmehr hatten Handwerk und Gewerbe immer ein großes Gewicht. Insbesondere die Produkte der Braunschweiger Tuchmacher, des Metallgewerbes (Beckenwerker, Waffenmacher) sowie die Braunschweiger Mumme erfreuten sich als Exportprodukt großer Beliebtheit.

Die Braunschweiger Fernhändler, unter denen die in einer Gilde zusammengeschlossenen Gewandschneider ein besonderes Gewicht hatten, waren vor allem in der Altstadt ansässig. Die Tuchmacher, die auch Fernhandel betrieben, waren hingegen vor allem in den Weichbilden Hagen, Neustadt und Altewiek angesiedelt. Braunschweiger Tuche wurden nach England, Flandern und in den Ostseeraum gehandelt. Die Tuchhändler führten natürlich auch Tuch nach Braunschweig ein. Es handelte sich dabei in erster Linie um hochwertige Tuche aus Flandern und England, die auch in der Braunschweiger Oberschicht sehr beliebt waren. Gehandelt und gelagert wurden die Tuche u.a. in den drei Braunschweiger Gewandhäusern in der Altstadt, im Hagen und in der Neustadt, in denen die Händler auch ihre Verkaufsbuden hatten. Der gewaltige Bau des noch heute erhaltenen Gewandhauses der Altstadt, der die gesamte Südseite des Altstadtmarktes einnimmt, bildet zusammen mit der Martinikirche und dem Altstadtrathaus ein herausragendes Bauensemble aus der Zeit der Hanse.

Berühmt waren auch die Erzeugnisse der Braunschweiger Metallhandwerke, die man auf vielen Märkten fand und die als »Braunschweiger Ware« bezeichnet wurden. Besonders beliebt waren die Produkte der Braunschweiger Beckenwerker oder Messingschläger, die vor allem Becken, Töpfe und Kessel herstellten. Nach einem Merkvers aus dem 15. Jahrhundert war Braunschweig das »Zeughaus der Hanse«. Berühmt ist das 1411 in Braunschweig gegossene Riesengeschütz, die »Faule Mette«, die allerdings nur selten zum Einsatz kam. Die Produkte der Schwertfeger, Büchsen- und Harnischmacher sowie der Geschützgießer waren sehr gefragt in den oftmals kriegerischen Zeiten.

Ein regelrechter Exportschlager war die 1390 erstmals erwähnte Mumme, ein nahrhaftes und vor allem haltbares Bier mit einem hohen Malzgehalt. Es wurde vor allem im 16. und 17. Jahrhundert in großen Mengen in den Hanseraum und darüber hinaus bis nach Übersee verkauft. Daher stammt auch die Bezeichnung Segelschiffmumme. Neben den hier erwähnten Waren handelten die Braunschweiger Kaufleute noch in größerem Umfang mit Getreide, Wolle und Leder. Der Transport der Handelsgüter erfolgte über mehrere große Handelsstraßen, die Braunschweig mit den Zentren des deutschen und nordeuropäischen Wirtschaftslebens verbanden. Die wichtigsten Handelsrouten gingen nach Bremen und Hamburg und vor dort über See nach England und Flandern, über Lüneburg nach Lübeck und von dort in den Ostseeraum sowie nach Magdeburg, wo die Waren auf Elbschiffe umgeladen werden konnten. Die Oker hat gegenüber dem Landtransport als Schifffahrtsweg nur im 15. Jahrhundert eine größere Rolle gespielt. Der Braunschweiger Handel war nicht ausschließlich hansischer Handel, stabile Wirtschaftsbeziehungen bestanden etwa zu den Messestädten Frankfurt und Leipzig, die nicht der Hanse angehörten.

Braunschweig war nicht nur Handelsstadt, sondern veranstaltete in seinen Mauern auch drei große Jahrmärkte, auf denen auch fremde Händler ihre Waren in Braunschweig anbieten durften und die 1505 und 1521 sogar von König Maximilian I. bzw. Kaiser Karl V. privilegiert wurden. Zu diesen Märkten gehörte auch eine städtische Waage, in der die auf den Markt kommenden Handelsgüter gewogen und mit entsprechenden Abgaben belegt werden konnten. Das beeindruckende Gebäude der Braunschweiger Waage, das im Zweiten Weltkrieg zerstört wurde, ist in den 1990er Jahren wiederaufgebaut worden und ist heute eines der schönsten Fachwerkgebäude der Stadt.

Die Braunschweiger Hansekaufleute gehörten der politischen und ökonomischen Führungsschicht der Stadt an, den sogenannten Geschlechtern. Die bekanntesten dieser Familien waren die von Damme, Döring, Pawel, von Strombeck oder von Vechelde. Ein typischer Braunschweiger Hansekaufmann war Tile II. von Vechelde (1494 bis 1562). Nach einer Kaufmannslehre in Brügge führte er erfolgreich das Braunschweiger Handelshaus und unterhielt weitgespannte Geschäftsbeziehungen von England und den Niederlanden bis nach Preußen und Livland (Riga). Zur Führung seiner Geschäfte unterhielt er eine umfangreiche Korrespondenz und führte in seinem Kontor in der Jacobstraße in Braunschweig zahlreiche Geschäftsbücher.

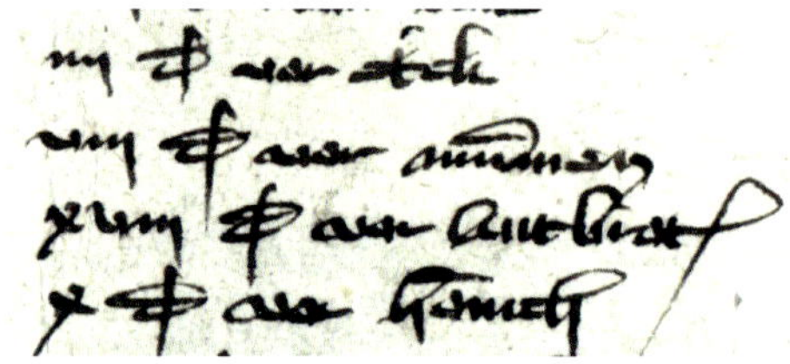
Ersterwähnung der Mumme 1390

Siegel des Tile von Vechelde 1527

Marktprivileg Maximilians I. 1505 (alle Fotos: Stadtarchiv Braunschweig)

Das Verhältnis zwischen Braunschweig und der Hanse war übrigens nicht immer ungetrübt. In den Jahren zwischen 1374 und 1380 erschütterten schwere Unruhen die Stadt. Der Hintergrund dieser, auch Große Schicht genannten Unruhen war das Streben von wirtschaftlich aufstrebenden, jedoch vom Rat politisch ausgegrenzten Schichten nach einer stärkeren Beteiligung an der Macht. Bei der 1374 erfolgten Absetzung des alten Rates waren mehrere Bürgermeister getötet und zahlreiche Ratsangehörige aus der Stadt vertrieben worden. Dies entsprach in keiner Weise den Rechtsauffassungen der Zeit und deshalb griff die Hanse zum äußersten Mittel und schloss Braunschweig für insgesamt fünf Jahre aus der Hanse aus. Die Phase der Verhansung,

unter der die städtische Wirtschaft erheblich gelitten haben dürfte, endete erst, nachdem ein Kompromiss mit den Vertretern des alten Rates gefunden worden war.
Die Geschichte der Hansestadt Braunschweig kann man in drei Phasen einteilen. In der ersten Phase vom 13. bis zum ausgehenden 14. Jahrhundert wuchs die Stadt in die sich langsam ausbildende hansische Organisation hinein. In der zweiten Phase seit dem Ende des 14. Jahrhunderts versuchte die Stadt über ein Jahrhundert ihre Handelsinteressen und ihre politische Unabhängigkeit gegen die erstarkende Macht der Fürsten durch eine Reihe von Bündnissen mit anderen Städten zu sichern. Dies geschah vor allem im Rahmen des sogenannten Sächsischen Städtebundes, Braunschweig und Magdeburg spielten in diesem Bündnissystem eine zentrale Rolle. Der sächsische Städtebund darf allerdings nicht mit der Hanse gleichgesetzt werden. Es gab jedoch viele inhaltliche Berührungspunkte, etwa beim Schutz der Handelswege, und so gehen hansische Angelegenheit und solche des Städtebundes oftmals ineinander über. Im Jahr 1427 fand in Braunschweig ein von zahlreichen Städten besuchter Hansetag, wie die Versammlungen der Hansestädte genannt wurden, statt. In dem auf der Versammlung gefassten Beschluss versicherten sich die Städte gegenseitig der Unterstützung gegen innere und äußere Feinde. Im Jahr 1476 schlossen 19 Hansestädte in Bremen ein ganz ähnliches Bündnis für die Dauer von sechs Jahren. Die damals ausgestellte Bündnisurkunde hat sich bis heute im Stadtarchiv Braunschweig erhalten.
Die dritte Phase schließlich ist die der »Stadtrepublik« Braunschweig, die seit der Großen Stadtfehde im ausgehenden 15. Jahrhundert bis zum Ende des 17. Jahrhunderts in einen Kampf um die Aufrechterhaltung der städtischen Autonomie mit den Braunschweiger Herzögen verwickelt war. Die Stadt Braunschweig konnte sich in diesen oft blutig ausgefochtenen Konflikten mehrfach auf die Unterstützung der anderen Hansestädte stützen. So zum Beispiel bei der Abwehr der schweren Belagerung durch Herzog Heinrich Julius 1605/1606, als ein hansisches Heer die Wende zu Gunsten der Stadt herbeiführte. Erfolgreich war der städtische Unabhängigkeitskampf am Ende freilich nicht. 1671 gelang es den Welfen, die Stadt endgültig ihrer Herrschaft zu unterwerfen. Die Hansestadt Braunschweig war Geschichte.

Von Dr. Henning Steinführer

Alte Waage um 1900

Bündnisurkunde 1476

Stadtbezirk mit Nähe zur Oker

Die Stadtteile Leiferde und Stöckheim bilden verwaltungstechnisch den Stadtbezirk 211 der Stadt Braunschweig.

Stöckheim

Auf halbem Weg von Braunschweig nach Wolfenbüttel liegt der 1974 eingemeindete Ort Stöckheim. Zwei Wege (Straßen) verbanden die beiden Städte in früheren Zeiten, der Alte Weg, der heute noch in Stöckheim und Wolfenbüttel den Namen trägt, und der nach der Einnahme der Stadt Braunschweig (1771) durch Herzog Rudolf August neu gebaute »Herrschaftliche Weg«. An dieser Straße liegen das weit über Stöckheim hinaus bekannte 1691/1693 erbaute barocke »Große Weghaus« und das um 1750 entstandene Herrenhaus des Schriftsassenhofes mit dem Rokokopavillon. Erstmals wurde Stöckheim (Stokkem) in der Königsurkunde Heinrichs II. aus dem Jahre 1007 erwähnt. Durch seine exponierte Lage an zwei Handelsstraßen und der zeitweise schiffbaren Oker hat Stöckheim eine sehr wechselvolle Geschichte hinter sich. Bis in die Mitte des 19. Jahrhunderts war Stöckheim ein reines Bauerndorf. Mit Beginn der Industrialisierung siedelten sich mehr und mehr Bürger an, die ihrer Arbeit in Braunschweig nachgingen. Die Auswirkungen des Zweiten Weltkriegs und die ausgedehnte Bautätigkeit danach führten zu einer starken Zunahme der Bevölkerung, die von 1945 (1000 Einwohner) auf 2016 (6400 Einwohner) anwuchs. So ist Stöckheim von einer kleinen 1974 eingemeindeten Randgemeinde Braunschweigs zu einem beachtlichen Stadtteil angewachsen.
Parallel zur Wohnbebauung siedelten sich in Stöckheim mittelständische Betriebe an. Hinzu kamen Supermärkte und Einzelhandelsgeschäfte für den Bedarf der Bevölkerung, ergänzt auch durch ein gutes Angebot an ärztlicher Versorgung. Schulen, Kindergärten und ein sehr aktives Jugendzentrum sind für die Betreuung der Kinder und Jugendlichen vorhanden. Deshalb ist Stöckheim ein beliebter Wohnstadtteil Braunschweigs. Die nahen Erholungsgebiete in der Okeraue mit dem Okerwanderweg und das Lechlumer Holz bieten viele Möglichkeiten der Freizeitgestaltung zu Fuß oder mit dem Rad.
Weltweite Bedeutung hat die in Stöckheim angesiedelte Forschungseinrichtung Helmholtz-Zentrum für Infektionsforschung.
Stöckheim war schon seit 1897 durch die Straßenbahnverbindung Braunschweig-Wolfenbüttel (Linie A) verkehrstechnisch gut angebunden. Diese Verbindung wurde 1954 eingestellt. Seit dem Neubau einer Straßenbahnstrecke 2006 verfügt Stöckheim wieder über eine gute ÖVP-Verbindung nach Braunschweig. Mit dem Auto ist Stöckheim sehr gut über die A395 zu erreichen.

Von Rudolf Zehfuß,
Stadtteilheimatpfleger von Stöckheim

Rokokopavillon (Foto: Rudolf Zehfuß)

Weghaus mit Straßenbahn – Postkarte um 1900

Stöckheimer Markt (Foto: Rudolf Zehfuß)

Leiferde – Vierseithof (Foto: Horst Kurzeia)

Leiferde – Lüders Denkmal
(Foto: Rudolf Zehfuß)

Leiferde – Dorfplatz um 1890
(Foto: A. Ebeling)

Leiferde – Erntedankfest vor dem Hof von Kurt Meyer
(Foto: Archiv Horst Kurzeia)

Leiferde

Leiferde ist der wesentlich kleinere Stadtteil des Stadtbezirks und durch die Eingemeindung 1974 der südlichste Stadtteil von Braunschweig. Der Ort ist sehr alt. Eine Häufung von Steinbeilen aus dem 3. Jahrtausend v.Chr. und ein großes Urnengräberfeld aus dem 3. bis 6. Jahrhundert n.Chr. weisen auf eine frühe Besiedlung hin.
Für Leiferde ist das Jahr 1176 ebenfalls von besonderer Bedeutung, da das Kloster Steterburg hier fünf Hufen Land erwirbt. In dieser ersten Erwähnung wird Leiferde als »Lefforde« bzw. »Lefuorde« erwähnt. Der zweite Teil des Ortsnamens deutet darauf hin, dass hier eine sogenannte Furt durch die Oker führte.
Durch die wohl damals einzige Okerüberquerung zwischen Braunschweig und Wolfenbüttel wurde Leiferde im Dreißigjährigen Krieg (1618 bis 1648) bei den Kämpfen um Wolfenbüttel (1627 und 1641) zerstört. Eine hölzerne Gedenktafel in der Leiferder Kirche erinnert an den schwedischen Oberst David Sibbald, der am 19. Juni 1641 durch eine feindliche Gewehrkugel tödlich getroffen wurde.
Leiferde war über Jahrhunderte ein reines Bauerndorf. In der Landwirtschaft waren über 150 Personen tätig. Heute wird die Fläche von drei Landwirten bearbeitet. Nach dem Bau der braunschweigischen Staatseisenbahn 1838 (1. Deutsche Staatseisenbahn) und ihrer ersten Haltestelle bei Leiferde (1. Haltestelle einer Staatseisenbahn in Deutschland) wurden viele zu Pendlern.
Ein Denkmal vor der Kirche erinnert an den Dorfschullehrer und Kantor Ludwig Lüders, der bereits um 1855 die Rübenkernlegemaschine erfand. Die heutigen modernen Maschinen arbeiten immer noch nach seiner Erfindung.
Immer mehr Bürger schätzen diesen Stadtteil mit seinem dörflichen Charakter und der Nähe zu den Erholungsgebieten im Bereich der Okerniederung. Durch neue Baugebiete leben heute in Leiferde circa 2500 Einwohner. Das Vereinsleben ist sehr ausgeprägt. In sieben Vereinen besteht die Möglichkeit, seine Freizeit sportlich und gesellig zu genießen. Die weiten Okerwiesen und drei komfortable Reithallen laden immer mehr Pferdefreunde zum Reitsport ein.
Leiferde hat eine Grundschule mit Ganztagsbetreuung, eine neue Kindertagesstätte, eine evangelische Kirche mit Gemeindezentrum, ein Jugendzentrum, eine Bücherei, ein Schützenhaus, ein Sportheim und ein Restaurant. Einkaufsmöglichkeiten bestehen in der Nähe. An das Stadtzentrum ist Leiferde durch eine gute Busverbindung angeschlossen.

Von Horst Kurzeia, Heimatpfleger für Leiferde

Krankheiten verstehen und Erreger bekämpfen

Das Helmholtz-Zentrum für Infektionsforschung (HZI)

Im Süden Braunschweigs, beim Dörfchen Stöckheim, befindet sich das Helmholtz-Zentrum für Infektionsforschung auf einem 96 000 Quadratmeter großen Campus – umgerechnet entspricht das rund neun Fußballfeldern. Dort arbeiten und forschen etwa 900 Menschen aus über 40 Ländern.

Der Forschungsstandort Braunschweig-Stöckheim hat eine bewegte Geschichte. Die 1965 gegründete Forschungseinrichtung, aus der das heutige Helmholtz-Zentrum für Infektionsforschung hervorgegangen ist, hat in den über 50 Jahren ihres Bestehens mehrere inhaltliche Neuausrichtungen erfahren. Zunächst als Institut für Molekulare Biologie, Biochemie und Biophysik (IMB) gegründet, wurde das Zentrum 1975 vom Bund übernommen und 1976 umbenannt in Gesellschaft für Biotechnologische Forschung (GBF). Anfang der 2000er Jahre konzentrierte sich das Zentrum zunehmend auf das Thema Infektionen. Der inhaltlichen Neuorientierung wurde 2006 durch den neuen Namen »Helmholtz-Zentrum für Infektionsforschung (HZI)« Ausdruck verliehen. Träger sind die Bundesrepublik Deutschland sowie die Bundesländer Niedersachsen und Saarland.

Am Helmholtz-Zentrum für Infektionsforschung dreht sich heute alles darum, was Bakterien und Viren zu Krankheitserregern macht. Warum sind manche Menschen besonders empfindlich, andere dagegen widerstandsfähig gegenüber Infektionen? Mit welchen neuen Wirkstoffen kann man gefährliche Infektionen bekämpfen? Auf Fragen wie diese suchen die Wissenschaftler am HZI fundierte Antworten. Ihr Ziel ist es, die Grundlagen für neue Diagnoseverfahren, neue Wirkstoffe und neue Therapien gegen Infektionskrankheiten zu schaffen. Denn leider sind Infektionen auch noch im 21. Jahrhundert eine globale Bedrohung für die menschliche Gesundheit und die Ursache für ein Fünftel aller Todesfälle weltweit. Neu auftretende und wiederkehrende Erreger, zunehmende Antibiotikaresistenzen, der demographische Wandel und Klimaveränderungen sind die neuen Herausforderungen der Infektionsforschung.

Die Wirkstoffforschung betreibt das HZI als einen zentralen Schwerpunkt seit Jahren sehr intensiv: HZI-Forscher entdeckten neue Antibiotika-Kandidaten, beispielsweise die Cystobactamide, die gegen besonders schwer zu bekämpfende (gramnegative) Erreger eingesetzt werden könnten. Gemeinsam mit Partnern aus der pharmazeutischen Industrie optimierten sie das Griselimycin, das gegen Tuberkulose-Erreger wirkt, und klärten dessen Wirkmechanismus auf.

Um die Ergebnisse aus der Grundlagenforschung schneller und effizienter für die klinische Anwendung nutzbar zu machen, arbeiten die Wissenschaftler des HZI eng mit den Klinikern der Medizinischen Hochschule Hannover (MHH) zusammen. Dafür gründeten HZI und MHH 2008

Hermann von Helmholtz ist seit 1995 Namenspatron der Helmholtz-Gemeinschaft – Deutschlands größter Forschungsorganisation, zu der auch das HZI gehört. Helmholtz, 1821 in Potsdam geboren, war Physiker und Physiologe und gründete die heutige Physikalisch-Technische Bundesanstalt (PTB). Als Universalgelehrter war er einer der vielseitigsten Naturwissenschaftler seiner Zeit. (Gemälde von Ludwig Knaus, Quelle: Helmholtz-Gemeinschaft)

Der Haupteingang des HZI in der Inhoffenstraße (Foto: HZI/Hallbauer&Fioretti)

Der zentrale Bereich des HZI-Campus (Foto: HZI/Hallbauer&Fioretti)

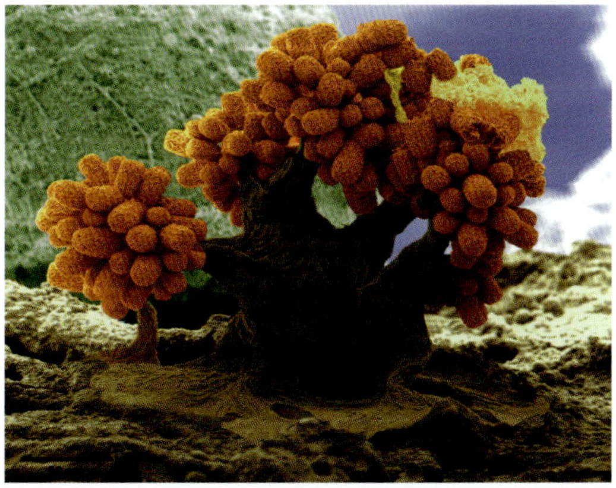

Myxobakterien werden am HZI als Quelle neuer Antibiotika untersucht, denn sie bilden Substanzen, die andere Bakterien oder Viren abwehren. (Foto: HZI/H. Lünsdorf)

Am HZI erforschen die Wissenschaftler Grundlagen für neue Diagnoseverfahren, Wirkstoffe und Therapien gegen Infektionen. (Foto: HZI)

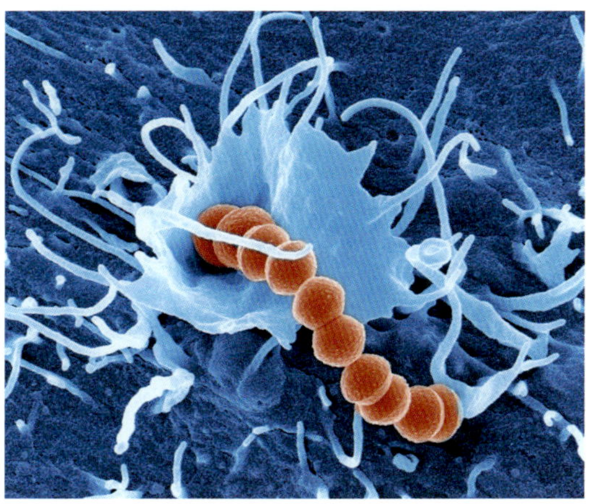

Die HZI-Forscher untersuchen zum Beispiel, wie Streptokokken – hier beim Eindringen in eine menschliche Zelle – schwere Atemwegsinfektionen auslösen. (Foto: HZI/M. Rohde)

Beim Tag der offenen Tür können sich auch die Kleinsten als Forscher versuchen. (Foto: HZI)

gemeinsam das TWINCORE – Zentrum für Experimentelle und Klinische Infektionsforschung in Hannover. Im Helmholtz-Institut für Pharmazeutische Forschung Saarland (HIPS) in Saarbrücken kooperiert das HZI seit 2009 eng mit der Universität des Saarlandes, um neue antiinfektive Wirkstoffe zu finden. 2016 ist eine Kooperation mit der Technischen Universität Braunschweig dazugekommen – das Braunschweiger Zentrum für Systembiologie (BRICS).

Biotechnologisches Schülerlabor BioS

Nachwuchsförderung spielt am HZI eine sehr große Rolle. Und so starten die Jüngsten schon mit 10 bis 13 Jahren im Biotechnologischen Schülerlabor Braunschweig (BioS) am HZI. Das Schülerlabor versteht sich seit 2002 als Brücke zwischen Schule und Forschung. Es bietet die Möglichkeit, durch eigenes Experimentieren grundlegende biotechnologische Methoden kennenzulernen. Über Experimentalkurse erhalten außerdem auch Lehrkräfte Hilfen und Anregungen bei der Gestaltung ihres Unterrichts.

Als Besucher am HZI

Wer sich über die Forschungsthemen am HZI genauer informieren möchte, kann den Campus an den Tagen der offenen Tür besuchen. Dann öffnen die Labore ihre Türen und die Wissenschaftler lassen sich über die Schulter und in die Petrischalen schauen. Für Besuchergruppen sind Führungen ganzjährig nach Anmeldung möglich. Jedes Jahr im Herbst startet im Forum die Vortragsreihe »KrankheitsErregend«, die aktuelle Themen aus der Infektionsforschung für interessierte Laien vermittelt. Nach den Vorträgen gibt es spannende Diskussionen mit den Experten. Für alle Fragen rund um das HZI steht Ihnen gern das Team der Pressestelle zur Verfügung.

Von Susanne Thiele

»Arche Noah«

Der Zoo Braunschweig

Urwaldhaus

Die Geschichte des »Arche Noah« Zoo Braunschweig beginnt eigentlich mit einem Schuhgeschäft. Ja, Sie haben richtig gelesen! Das Schuhgeschäft Siebenhaar, in Braunschweig-Kattreppeln, wurde von Walter Siebenhaar geführt, der, 1910 bei Breslau geboren, schon als Kind den Wunsch hegte, einmal Zoodirektor zu werden. In seinen Geschäften richtete er umfangreiche Terrarien, Aquarien und andere Tiergehege ein, an denen sich die Kunden erfreuen konnten. Im Jahr 1965 machte Siebenhaar seinen Zoo im Braunschweiger Stadtteil Stöckheim der Öffentlichkeit zugänglich. Neben vielen Haustierarten konnten die Besucher auch verschiedene Papageienarten, Reptilien, Raubvögel und Affen bewundern. Ein Kinderstreichelzoo war auch damals schon vorhanden. Selbst der berühmteste Zoologe Deutschlands, Prof. Dr. Dr. Grzimek, war einer der vielen Besucher bei Walter Siebenhaar. Am 1. März 1968 wurde der »Siebenhaar-Zoo« von Günter und Käte Pietsch übernommen. Sie betrieben den Zoo unter dem Namen »Zoologischer Garten Braunschweig-Stöckheim«. Mithilfe eines privaten Sponsors wurde der Huftierstall im Jahr 1972 errichtet, der bis heute das Heim von Eseln, Ponys und Trampeltieren ist. Aus wirtschaftlichen Gründen wurde der Zoo 1973 an die »Zoologischer Garten Braunschweig-Stöckheim GmbH« mit Günter Pietsch als Geschäftsführer verkauft. Trotz öffentlicher Subventionen von 1973 bis 1976 hatte der Zoo wirtschaftliche Probleme. Im Jahre 1978 wurde er dann vom Ehepaar Edith und Uwe Wilhelm, die mit ihren zwei kleinen Kindern aus Grömitz an der Ostsee nach Braunschweig zogen, übernommen und wird von ihnen bis heute unter dem Namen »Arche Noah« Zoo Braunschweig, ohne Zuschüsse aus öffentlichen Mitteln, betrieben. Im Laufe der folgenden Jahrzehnte und bis heute erfolgte ein stetiger Umbau. Viele Gehege und Gebäude entstanden neu. So war es eines der ersten Projekte der Familie Wilhelm, ein neues, modernes und ausreichend großes Löwen- und Tigergehege entstehen zu lassen, sowie den damaligen Zooeingang »Am Zoo« neu zu gestalten. Hier entstand 1991 eine neue Kasse mit Café.

Sibirischer Tiger

Waschbär

Zwergotter (alle Fotos: Peter Wilhelm)

Im Laufe der Jahre wurde der Tierbestand etwas verkleinert, damit für alle Arten mehr Platz zur Verfügung stehen konnte. In der ersten Zeit nach der Übernahme durch die Familie Wilhelm fanden sich im Zoo Braunschweig unter anderem Wölfe, Löwen, Pumas, Luchse, Kamele, Ozelots, Ziegen und Papageien. 1996 begannen die Gespräche mit der Stadt Braunschweig zur Erweiterung des Zoogeländes und etwa zwei Jahre später wurde die Erweiterung um zwei Hektar genehmigt. Ungefähr zur selben Zeit begann auch der Bau des neuen Haupteingangs an der Leipziger Straße, der im Jahre 2002 beendet wurde. Dieser Neubau im afrikanischen Stil umfasst ein neues Café mit mediterraner Terrasse, ein Büro und einen modernen Toilettenkomplex mit behindertengerechten Toiletten. Ein großer Parkplatz im Eingangsbereich an der Leipziger

Goldkopflöwenäffchen

Lisztaffe mit Nachwuchs

Kletterturm mit Rutsche

Stinktier

Nasenbär

Straße wurde von der Stadt Braunschweig beigesteuert. Seit Bestehen des Zoos hat sich auch die Mitarbeiterzahl stetig verändert. So werden zum Beispiel regelmäßig Zootierpfleger ausgebildet.
Heute hat der »Arche Noah« Zoo Braunschweig eine Fläche von rund drei Hektar. Er beherbergt ungefähr 350 Tiere aus 60 verschiedenen Arten und begrüßt jedes Jahr durchschnittlich 100 000 bis 110 000 Besucher. Neben Ponys, Eseln, Trampeltieren und Ziegen sind auch Sibirische Tiger, Geparden, Kattas und Krallenaffen, Totenkopfaffen, Berberaffen, Zwergotter, Waschbären, Nasenbären, Stinktiere, Papageien, Muntjaks, Stachelschweine, Eulen und viele andere im Zoo Braunschweig zu Hause. Schon seit den Zeiten des »Siebenhaar-Zoos« stellt der enge Kontakt zum Tier bis heute eine Besonderheit des Zoos in Braunschweig dar. Viele Tiere können mit dem zooeigenen Futter gefüttert und auch angefasst werden. In den vergangenen zehn Jahren wurde unter anderem die Nasenbären-Anlage umgebaut und vergrößert (2010), die Krallenaffen erhielten ein größeres Außengehege (2011), es fand der Umbau des Papageienhauses an der Hinterseite des Pony- und Kamelstalls zum begehbaren kleinen Urwaldhaus statt (2013) und es wurde die Murmeltier-Anlage umgebaut (2015) und zusätzlich mit Schnee-Eulen und Zwerghirschen besetzt. Für Kinder sind der Streichelzoo und die Spielplätze mit Autoskooter, Trampolin, Schaukel und Karussell ein ganz besonderes Erlebnis. Außerdem befindet sich seit 2013 für unsere kleinen Besucher am Spielplatz neben der Eingangsterrasse ein etwa zehn Meter hoher Kletterturm mit Riesenrutsche. 2016 wird der Neubau einer Gemeinschaftsvoliere für unsere Graupapageien zusammen mit Schwarzköpfchen und Borstenhörnchen eröffnet und unser kleiner Zoo ist dann wieder ein bisschen größer geworden.
Haben Sie einen besonderen Liebling im Zoo Braunschweig? Dann werden Sie doch Pate oder verschenken eine Patenschaft an Freunde oder Verwandte! Der Zoo vergibt für seine Tiere Patenschaften schon ab 25 Euro im Jahr. Das Geld für eine Patenschaft wird ausschließlich für die Verbesserung der Tierhaltung im Zoo verwendet. So werden Neu- und Umbaumaßnahmen unterstützt, die nach den neuesten tiergärtnerischen Erkenntnissen erfolgen, wie auch Heizanlagen, artgerechte Beleuchtung und medizinisches Gerät für die Tiere beschafft. Alle Paten erhalten eine Patenschaftsurkunde und werden sowohl in einem im Zoo aufgestellten Schaukasten, als auch auf der Homepage des Zoos namentlich erwähnt. Die Erhaltung der Arten dieser Welt und das Wohlergehen der Tiere im Zoo werden immer das Hauptanliegen der Familie Wilhelm und des »Arche Noah« Zoos Braunschweig sein.

Von Dr. Anja Blankenburg und Peter Wilhelm

Muntjak

Katta

Beitrag von:
»Arche Noah« Zoo Braunschweig
Uwe Wilhelm GmbH
Am Zoo 35 · 38124 Braunschweig
Tel. (05 31) 61 12 69 · Fax (05 31) 61 80 947
info@zoo-bs.de · www. zoo-bs.de

Mühlendorf mit 1200-jähriger Geschichte

Der kleine, im Süden gelegene Ort ist Stadtteil und zugleich ein Stadtbezirk Braunschweigs. Als »Ruingi« wird er um 800 n.Chr. zum ersten Mal im Güterverzeichnis des Klosters Fulda urkundlich erwähnt. Bereits seit dem 14. Jahrhundert ist der Ort als Mühlendorf bekannt. Die Mühle gibt es heute noch. Sie hat eine über 700-jährige Geschichte und ist damit das älteste Unternehmen Niedersachsens.

Im Lauf der Geschichte wird Rüningen immer wieder in Kriege und Machtkämpfe verwickelt, das Dorf brennt mehrmals ab und wird geplündert. 1945 wird Rüningen durch Kriegshandlungen noch einmal stark beschädigt. Nach dem Krieg beginnt dann der Wiederaufbau und 1950 feiert Rüningen sein 1000-jähriges Bestehen. Der Ort hat damals 1685 Einwohner, rund 600 von ihnen sind Vertriebene aus den Ostgebieten. In den folgenden 10 bis 15 Jahren werden viele neue Wohnungen gebaut, ein Gewerbegebiet eingerichtet, Schulen und Kindergarten eröffnet. Bis 1963 ist die Einwohnerzahl bereits auf über 4000 angewachsen.

Die Verwaltungs- und Gebietsreform geht jedoch auch an Rüningen nicht vorbei: 1974 wird es der Stadt Braunschweig eingemeindet und verliert seine politische Selbstständigkeit – damals stieß das im Ort nicht gerade auf Zustimmung.

Heute zählt Rüningen rund 3000 Einwohner. Die Infrastruktur ist gut, es gibt Kindergarten, Schule und Sportstätten. Vereine, die Freiwillige Feuerwehr und der Seniorenkreis sorgen für ein lebendiges und aktives Vereinsleben. Erholung in der Natur finden die Rüninger beispielsweise am Südsee, der ganz in der Nähe liegt.

Textauszüge mit freundlicher Genehmigung von Heimatpfleger Jürgen Buchheister entnommen aus: Webseite der Stadt Braunschweig/Stadtteile

Wiese bei Rüningen (alle Fotos: Braunschweig Stadtmarketing GmbH/Gerald Grote)

Hohe Wohnqualität im Grünen und zugleich citynah

Bezirksbürgermeister Manfred Dobberphul

Der Stadtbezirk Timmerlah-Geitelde-Stiddien liegt am südwestlichen Stadtrand und hat sowohl mit dem Landkreis Peine als auch mit der Stadt Salzgitter eine gemeinsame Grenze. Westlich des Ellernbruchteiches markiert ein Gedenkstein das sogenannte »Dreiländereck«, denn an ihm treffen alle drei Gebietskörperschaften aufeinander. Der Stadtbezirk hat etwa 3800 Einwohner und umfasst die drei Ortsteile Timmerlah, Geitelde und Stiddien. Der geografisch markanteste Punkt ist der Geitelder Berg – mit knapp 111 Metern Höhe die höchste Erhebung von Braunschweig.

Südlich des Geitelder Berges liegt der Ortsteil Geitelde. Er gehörte vor der Gemeinde- und Gebietsreform, die 1974 stattfand, genauso wie Stiddien als selbstständige Gemeinde zum Landkreis Wolfenbüttel. Die Entstehung des Ortes geht bis ins frühe Mittelalter zurück, denn bereits im Jahr 874 wurde er in einer Urkunde des Klosters Fulda erwähnt. Mitten im Ort befindet sich eine Quelle, die Wasche. Vermutlich siedelten hier schon vor Urzeiten die ersten Menschen, denn Wasser zog sie immer magisch an. Um diese Quelle herum ist das alte Dorf gruppiert, Gehöfte, Wohnhäuser, das Pfarrhaus, die Kirche, später die alte Schule und weitere Gemeinschaftseinrichtungen. Das Wasser der Wasche wird in unterirdisch verlaufenden Rohren in die östliche Feldmark abgeleitet und fließt im sogenannten Renne-Graben schließlich in die Oker.

Östlich von Geitelde verlief von 1886 bis 1941 die ehemalige Bahnlinie vom Braunschweiger Nordbahnhof nach Derneburg. Sie kam von der Gartenstadt durch den Wald »Geitelder Holz«, hatte hier einen Haltepunkt und führte dann weiter nach Thiede. Beim Bau der Bahnstrecke fiel den Bauarbeitern seinerzeit ein steinzeitliches Jadeit-Beil in die Hände. Es ist das größte gefundene Jadeit-Beil überhaupt und deutet auf eine Besiedelung im frühen Zeitraum etwa 4000 Jahre v.Chr. hin.

Die Waschequelle in Geitelde

Wenn man von Geitelde nach Norden über den Geitelder Berg fährt, kommt man nach Stiddien, dem kleinsten Ortsteil Braunschweigs. Schönster Platz im Ort ist der Kirchhof mit der auf das Jahr 1142 zurückgehenden Dorfkirche. Sie ist ein wahres Kleinod und unbedingt besichtigenswert. Setzt man die Fahrt nach Timmerlah fort, trifft man auf halber Strecke auf den Fuhsekanal, ein im 18. Jahrhundert künstlich angelegtes Gewässer, das die Oker im Osten mit der Fuhse im Landkreis Peine verbinden sollte. Der Kanal ist allerdings nur bis zur Aue gebaut worden, was ihm daher eigentlich den Namen Oker-Aue-Kanal hätte eintragen müssen. Heute fließt er in den später gebauten Stichkanal Salzgitter. Der Name Fuhsekanal ist jedoch geblieben. Der Fuhsekanal sollte ursprünglich der Torfbeförderung nach Braunschweig dienen, da man in den sumpfigen Gebieten längs seines Verlaufs reichlich Torf gefunden und abgebaut hatte. Aufgrund mangelnder Wassertiefe und damit verbundener Verschlammung wurde dieses Ansinnen jedoch wieder fallengelassen.

Timmerlah ist der größte der drei Ortsteile im Stadtbezirk. Hier befinden sich die Grundschule und eine Kindertagesstätte. Schon von weitem fällt der Zwiebelturm der evangelischen Kirche

Blick auf den Wappenbaum, die alte Schule und den Zwiebelkirchturm (alle Fotos: Manfred Dobberpuhl)

Blick auf Timmerlah von Süden aus

Die Kirche in Geitelde

auf, das Wahrzeichen des Ortsteils. Warum im Jahre 1799 die »Zwiebel« auf den Turm gesetzt wurde, ist bis heute nicht eindeutig geklärt. Am plausibelsten erscheint, dass der damalige Herzog von Braunschweig es so angeordnet haben soll. Seine Gemahlin stammte aus Bayern, wo bekanntlich zahlreiche Kirchen mit Zwiebeltürmen ausgestattet waren, und deshalb wollte sie auch in der Braunschweiger Gegend auf einen solchen Zwiebelturm schauen. 1899 fiel die Haube herunter. Der Kirchturm wurde anschließend erhöht und die Spitze wieder aufgesetzt. Heute steht der Turm unter Denkmalschutz und bildet mit dem Pfarrhaus und der Pfarrscheune ein sehr sehenswertes Ensemble inmitten des Dorfes.

Das Bild des Ortes hat sich im Laufe des letzten Jahrhunderts stark verändert. Viele Höfe sind aufgegeben und zu reiner Wohnnutzung umgewandelt worden. Inzwischen gibt es nur noch vier große Landwirtschaftsbetriebe, die auf den umliegenden Feldern hauptsächlich Zuckerrüben und Getreide anbauen. Auch mehrere Bäcker-, Fleischer- und kleine Einkaufsläden sind ebenso wie das ursprüngliche Postamt und die beiden Banken aus dem Ortsbild verschwunden. Heute existiert als einzige Einkaufsgelegenheit lediglich die Filiale einer Bäckerei an der Timmerlahstraße. Nur zwei der ehemals vier Gaststätten sind noch vorhanden, wobei die eine überregionalen Bekanntheitsgrad aufgrund ihrer berühmten »Riesenschnitzel« hat.

Das nahegelegene Waldgebiet »Timmerlaher Busch« war für die Bevölkerung stets von großer Bedeutung. Die Eiche wächst hier sehr gut, und so wurde vor rund 300 Jahren auf dem Verbindungsweg nach Lamme eine Allee aus Eichen angelegt, deren südlicher Ausgang genau auf den Timmerlaher Kirchturm ausgerichtet ist. Als es den heutigen Festplatz an der Timmerlahstraße noch nicht gab, wurden hier die Sport- und Schützenfeste sowie das berühmte Fahnenjagen abgehalten. Gleich nebenan befand sich der ursprüngliche Schießstand, der aber 1972 mit dem Bau des neuen Schützenhauses an der »Tiefen Wiese« aufgegeben und später abgerissen wurde.

Südwestlich, am Waldrand gelegen, befand sich bis zum Jahr 1998 noch der alte Waldsportplatz. Dieser wurde jedoch durch den Neubau einer modernen Sportanlage mit Vereinsheim am nördlichen Ortsausgang ersetzt. Für die Freiwillige Feuerwehr Timmerlah, die traditionsgemäß am ersten Adventswochenende einen der schönsten Weihnachtsmärkte in der ganzen Region ausrichtet, wird es in Kürze ein neues Feuerwehrhaus geben. Derzeit wird dazu ein Bebauungsplan für die Ackerfläche am Südostrand aufgestellt. Dieser umfasst auch die Ansiedelung eines neuen Verbrauchermarkts.

Mit freundlichen Grüßen,
Manfred Dobberphul
Bezirksbürgermeister

Kirche Stiddien

Vom Bauerndorf zum Stadtbezirk

Braunschweig besteht aus 19 Stadtbezirken, Broitzem ist einer davon.
»Broitzem – vom Bauerndorf zum Stadtbezirk«, eine wahrhaft treffende Bezeichnung, die unser Stadtteilheimatpfleger Dieter Heitefuß vor einiger Zeit ausgesprochen hat. 1179 hieß unser Ort Brotseim, 1552 wandelt sich der Name in Broizem, heute Broitzem. Geografen gehen allerdings davon aus, dass der Ort etwa 800 n.Chr. bereits besiedelt wurde. Ursprünglich lag Broitzem außerhalb der Stadt und somit außerhalb des Schutzgürtels, südwestlich von Braunschweig. Mit den Jahrhunderten fand ein stetiges Wachstum der Bevölkerung statt und wir erfreuen uns heute an einer Einwohnerzahl von rund 6200 Bürgerinnen und Bürgern.
Bis ins 20. Jahrhundert stark landwirtschaftlich und handwerklich geprägt, sieht es heute bei uns anders aus. Von den landwirtschaftlichen Höfen werden nur noch drei bewirtschaftet. Auch hat sich mit der Zeit der Kern des Ortes verlagert. Er befand sich einst hinter dem nördlichen Bereich der Versöhnungskirche, Oststraße und Steinbrink. Heute ist es für uns kaum vorstellbar, dass sich im Steinbrink das Leben abspielte: eine florierende Einkaufsstraße mit Bäcker, Schlachter, Drogerie, Post, Konsum, Gastronomiebetrieben, Blumengeschäft, Tankstelle und zwei Schmieden.
Kurz erwähnt werden sollte die Eingemeindung in die Stadt Braunschweig. Broitzem war eine selbstständige Gemeinde. Mit eigenem Gemeinderat, Standesbeamten, Gemeindemitarbeitern, kleinem Rathaus (heute Bezirksgeschäftsstelle-West), Schulen, Kindergarten, Gemeinschaftshaus und natürlich auch eigenen Finanzen. Dies änderte sich mit der Eingemeindung am 1. März 1974. Ab diesem Tag gehörten wir zur Stadt Braunschweig und wurden ein Teil der Stadt, ein Stadtbezirk. 1989 hielt die Straßenbahn Einzug in Broitzem. Ein lang geplantes Projekt fand endlich seine Vollendung. Broitzem bekam eine neue Zufahrtsstrecke über die Donaustraße und der Bahnübergang am Steinbrink wurde geschlossen. Mit Einrichtung der neuen Verkehrsanbindung verschob sich der Mittelpunkt Richtung Große Grubestraße und Kruckweg.
In Broitzem finden wir viele Gebäudestrukturen: Den alten Dorfkern, ab 1911 die erste Siedlungsbebauung an der Westerbergstraße, Rentensiedlung und ab 1939 bis 1942 entstand der Bereich Siedlung in unmittelbarer Nachbarschaft. Eine weitere Bebauung mit typischen Siedlungshäusern erfolgte Mitte der 1950er Jahre in der »Gummistiefelsiedlung«, in den Straßen Lerchengasse, Gustav-Harms-Straße und Am Steinberg. Ab 1966 wurde es moderner und es wurden viele Reihenhäuser im Bereich Harzblick, Turmstraße, Starenweg und Buchfinkweg gebaut. Seit den 1980er Jahren folgten mehrere Neubaugebiete. Nach und nach entstanden Osterbeek, Fallstein-, Burgberg- und Drachenblick, Donaustraße Ost, Donaustraße Süd-West und zuletzt wurde der Steinberg gebaut.
Auf dem Steinberg befindet sich ein Fernmeldeturm, das Wahrzeichen von Broitzem. Schon aus weiter Ferne ist er zu erkennen und hebt sich durch seine stattliche Größe von 154,65 Metern aus der Landschaft heraus. Er ist das zweithöchste Bauwerk der Stadt.
Was macht Broitzem so besonders? Sicherlich seine Menschen, die hier leben und seine entwickelte Ortsstruktur. Erfreulicherweise wohnen teilweise bis zu drei Generationen im Ort. Wäre es hier nicht schön und lebenswert, würde es nicht so sein. Die Häuser und Grundstücke verkaufen sich anscheinend über Nacht. Werfen Sie bei Gelegenheit einen Blick in eine Stadt- bzw. Landkarte, Broitzem ist abgerundet. Wir finden hier alles, was zum Leben benötigt wird und dazu gehört: Vereine und Verbände, Kirche, Kindertagesstätten, Schulen, Jugendzentrum, Bezirksgeschäftsstelle-West, Gemeinschaftshaus, Bücherei, Betreutes Wohnen, Freiwillige Feuerwehr Braunschweig – Ortswehr Broitzem, Nahversorgung, Praxen, Apotheke und gute Anbindung an den ÖPNV. Durch die Stadtrandlage ist eine gute Naherholung möglich und ein umlaufender Rundwanderweg um Broitzem lädt die Bürgerinnen und Bürger zu einem Spaziergang ein. Es gab immer mutige und tatkräftige Menschen, die Broitzem zu dem gemacht haben, was es heute ist. Ein ausgeglichener Ort mit vielen Möglichkeiten, ein bunter Strauß »Broitzemvielfalt«.

Herzliche Grüße,
Ihre Meike Rupp-Naujok
Bezirksbürgermeisterin

Blick auf Broitzem mit Fernmeldeturm von Südwesten (Foto: Dieter Heitefuß)

Richtungsweisend für Stadtplanung

Entwicklung: Die Stadt Braunschweig war, wie die meisten Großstädte, seit Beginn der Industrialisierung unorganisch angewachsen. Die ersten Planungen für eine Stadterweiterung im Süden gab es schon in der NS-Zeit aufgrund des Aufbaus der »Reichswerke« in Salzgitter und des »Volkswagenwerkes« in Wolfsburg. Die Kriegszerstörungen nach 1945 zwangen dann dazu, notwendige Maßnahmen einzuleiten. Die Stadt beauftragte die »Arbeitsgemeinschaft gemeinnütziger Wohnungsunternehmen«, den dafür notwendigen Grunderwerb (125 Hektar) vorzunehmen. Der Planentwurf der Professoren Göderitz und May, nach dem Leitbild einer »aufgelockerten, durchgrünten und verkehrsgerechten Stadtlandschaft«, bildete die Grundlage für den »Südstadtvertrag« vom 25. März 1958. Die örtliche Topographie wurde dabei geschickt zur Wohnfeldverbesserung genutzt, so dass eine durchgehende Grünverbindung von Braunschweig durch das Kennelgebiet bis zu den als Park- und Badelandschaft umgestalteten Kiesgruben (Heidbergpark und Heidbergsee) entstand. Ein wohldurchdachtes Verkehrskonzept ermöglichte eine problemlose Anbindung an das Stadtzentrum sowie an den Regional- und Fernverkehr. Eine noch gültige Verpflichtung der Stadt aus dem Jahr 1938, einen neuen Personendurchgangsbahnhof zu bauen, gab den Anstoß zum Baubeginn der neuen »Südstadtsiedlung« (Planungsname) am 6. Januar 1959 in Melverode. Von der TU wurde dazu ein spezielles Nachbarschaftskonzept entwickelt. In vier Nachbarschaften (Melverode, Heidberg-West, -Ost und -Süd) sollte eine gemischte Wohnbebauung von zwei-, vier- und achtgeschossigen Mietwohnhäusern und etwa ein Drittel Wohneigentum sowie die dazugehörenden Zusatzeinrichtungen entstehen. Bundesweit bekannt wurde die Nachbarschaft Heidberg-Ost in den 1960er Jahren durch ein vom Bund gefördertes Demonstrativprogramm mit der Zielsetzung: »Gütesteigerung im sozialen Wohnungsbau durch Rationalisierung im Bauwesen«. Dabei wurden erstmals vorgefertigte Bauelemente verwendet.

Der historische Ortskern von Melverode mit der St. Nikolai-Kirche aus dem frühen 13. Jahrhundert (Foto: Dieter Heitefuß)

Melverode

Der Ort ist älter als 1100 Jahre. Als sogenanntes »-rode« Dorf in der ersten Hälfte des 9. Jahrhunderts entstanden, gehört es zu den älteren Siedlungsplätzen der Region. Namensgeber und erster Grundherr von Melverode war möglicherweise ein brunonischer Gefolgsmann mit Namen »Meinolf«. Erste urkundliche Erwähnung findet Melverode 1007 als »Meinoluesrode« in einem Güterverzeichnis des Stifts Steterburg (heute SZ – Thiede). Als Folge der fortschreitenden Industrialisierung siedelten sich um 1890 einige Wirtschaftsbetriebe neu an. »Neu-Melverode« entstand, eine kleine Wohnsiedlung mit Ein- und Mehrfamilienhäusern. Am 1. April 1934 wurde Melverode in die Stadt Braunschweig eingemeindet und verlor nach und nach seinen dörflichen Charakter. Der verbliebene Dorfkern wurde zwischen 1960 und 1980 durch den Abriss alter Höfe und der Errichtung moderner Wohnanlagen tiefgreifend verändert. Heute erinnert nur noch eine kleine Anzahl restaurierter Fachwerkhäuser an die bäuerliche Wohnkultur und als steinernes Zeugnis aus dem Mittelalter die St. Nikolai-Kirche an die historische Vergangenheit. Die Leipziger Straße teilt den Ort in einen westlichen (alten) und einen östlichen (jüngeren) Bereich. Im Ostteil entstanden ab 1959 auf der Feldflur von Melverode die Stadtteile Melverode und Heidberg. Das landschaftlich prägende Element ist heute der Südsee, ein beliebtes Naherholungsgebiet. Entstanden anlässlich des Bahnhofsneubaus von 1960. Die St. Nikolai-Kirche, eine spätromanische dreischiffige Hallenkirche mit Basilikastruktur, ist architektonisch und kunsthistorisch weit über die Grenzen Niedersachsens bekannt. Das Gotteshaus wurde zunächst als Kapelle 1215 von Kaiser Otto IV. auf seinem welfischen Herrenhof erbaut. Ihre erste urkundliche Erwähnung war 1237. Aufgrund ihrer mittelalterlichen Gestaltung, welche in stilistischer und zeitlicher Nähe zum Braunschweiger Dom steht, sowie des äußerlichen Bildes, wird die Kirche im Volksmund auch der »Kleine Braunschweiger Dom« genannt. Bemerkenswert sind u.a. das doppelt getreppte Säulenportal auf der Südseite und auf der Nordseite eine vermauerte Verbindungstür zu einem nur für kurze Zeit bestandenen, im 13. Jahrhun-

Heidbergsee (Foto: Braunschweig Stadtmarketing GmbH / David Taylor)

dert eingerichteten ehemaligen Filialkonvent des Frauenklosters Steterburg.

Heidberg

Ein Stadtteil mit richtungsweisend geplanter Infrastruktur und hohen Freizeitwerten. Dort gibt es ein Geschäftszentrum, wo man von der üblichen Ladenbauweise abwich und einer teilweise überdachten, markthallenähnlichen Ladengruppierung den Vorzug gab und einem Schulzentrum, wo in einer additiven Zuordnung die Schularten Hauptschule, Realschule und Gymnasium vertreten sind sowie einem Schwimmbad, welches als »Europabad« konzipiert wurde. Alle Einrichtungen entstanden in den 1960er Jahren.

»Heidberg« als Stadtteilname wurde im Südstadtvertrag vom 25. März 1958 festgelegt. Der Name selbst ist ein alter Flurname und leitet sich aus dem niederdeutschen Namen »Heide« ab, einer Bezeichnung für wild gewachsene Waldflächen. Die früheste schriftliche Erwähnung stammt vom 1. Februar 1300, als eine Waldfläche mit dem Namen »Heytberch« an das Kloster St. Aegidien in Braunschweig verkauft wurde.

Der Stadtteil gliedert sich in die drei Nachbarschaften West, Ost, Süd sowie das Geschäftszentrum. Herausgehoben durch mehrgeschossige Bauten dominiert hier besonders das 16-geschossige Hochhaus »I-Punkt«.

Das Geschäftszentrum mit dem 16-geschossigen »I-Punkt« Hochhaus. (von Osten) gesehen (Foto: Archiv Ingrid Weiss)

Textauszüge mit freundlicher Genehmigung von Heimatpflegerin Ingrid Weiss.

Morgennebel am Südsee (Foto: Braunschweig Stadtmarketing GmbH / Gerald Grote)

Ein Bezirk wächst zusammen

Die Stadtteile Jägersruh, Lindenberg, Mascherode, Mastbruch-Elmaussicht, Rautheim, Schöppenstedter Turm und die Südstadt umfassen den Stadtbezirk 213. Hier im Süden Braunschweigs leben 12 745 Einwohner.

Rautheim und Mascherode können auf eine lange Geschichte zurückblicken. Archäologische Funde belegen eine Besiedelung seit mindestens 3000 Jahren. Urkundliche Erwähnung kann Rautheim erstmals 1150 in der Gründungsurkunde der Magnikirche belegen. Bereits 1158 wurde die Ägidienkirche von Abt Goswin als selbstständige Kirche mit Tauf- und Begräbnisrecht benannt. Mascherode – ein -rode Dorf, wird der Zeit um 1000 zugeordnet, damals entstanden viele Rodungsdörfer. Mascherode litt immer wieder unter den kriegerischen Auseinandersetzungen zwischen der Hansestadt Braunschweig und dem Herzog von Wolfenbüttel. Es wurde mehrfach von beiden Seiten ausgeraubt, geplündert und zerstört. Besonders schlimm traf es das Dorf um 1492 und im Dreißigjährigen Krieg. Beide Stadtteile haben bis heute ihren dörflichen Charakter bewahrt, was sich besonders in einem regen Vereinsleben widerspiegelt.

Jürgen Meeske
Bezirksbürgermeister

Auch die Lindenbergsiedlung hat einen frühen Ursprung, nämlich das Dorf Reindageroth, urkundlich erwähnt in der Zeit zwischen 900 und 1400. Dieses Dorf wurde aber im Mittelalter vollständig zerstört. Später befand sich dort eine Außenstation des Leprosenhospitals St. Leonhard, daher der Name Siechenholzweg. Auch ein Ausflugspavillon des Herzogs hatte hier einen Platz. Nach einer umfangreichen Baumfällungsmaßnahme wurde teilweise Ackerland aber auch ein großer Exerzierplatz angelegt. Ab 1935 wurden im Zuge der Wiederaufrüstung umfangreiche Kasernenanlagen errichtet (Hindenburg, Heinrich der Löwe-, Roselieskaserne). Nordwestlich der Kasernen befand sich der große Verschiebebahnhof. In diesem Zeitraum wurde auch viel Wohnraum für die umfangreiche Industrialisierung Braunschweigs gebaut. Dadurch entstand die Wohnbebauung der Lindenbergsiedlung und im gleichen Zuge die Südstadt. Komplette Stadtteile wurden mit Schulen und Marktplätzen auf dem Reißbrett geplant

Marmeladenfest Mascherode 2015 (alle Fotos: Jürgen Meeske)

und in kurzer Zeit aufgebaut. Die Arbeiter der Siemenswerke, der Reichswerke Hermann-Göring und des VW-Werks erhielten günstigen Wohnraum oder die Möglichkeit ein Eigenheim zu bauen. Umfangreiche Kleingartenanlagen sollten zur Selbstversorgung beitragen.

Die Stadtteile Jägersruh (zu Mascherode), Mastbruch-Elmaussicht (zum Lindenberg) und Schöppenstedter Turm (zu Rautheim) waren

Bei der Welfenplatz-Feier

St. Markus – Südstadt

immer nur vorgelagerte Ortsteile, die nie die Größenordnung eines eigenständigen Stadtteils erreichten.

Zurzeit wird in allen Stadtteilen, wo es möglich ist, gebaut. Baulücken sind größtenteils geschlossen und an den Rändern wird Ackerland zu Bauland umgewandelt. Die Kasernen sind zum großen Teil abgerissen, auch hier ist Wohnraum entstanden oder in Planung. Durch ein reges, ortsteilübergreifendes Vereinsleben wächst der Bezirk 213 zusammen und gehört zu einem der beliebtesten Wohnbezirke Braunschweigs.

Kirche in Rautheim

Der Stadtbezirk 213 zeichnet sich durch seine gute Infrastruktur aus. Hier kann man ruhig im Grünen wohnen und trotzdem stadtnah leben.

Herzlichst,
Jürgen Meeske
Bezirksbürgermeister

Roselies-Kaserne – letztes Gebäude

Jüdelstraße 1964

Ein Stadtteil mit vielen Gesichtern

Im Stadtbezirk Viewegsgarten-Bebelhof wohnen 13 000 Menschen – innenstadtnah und zugleich in unmittelbarer Nähe zu zahlreichen Grünanlagen. Viewegsgarten-Bebelhof liegt südöstlich der Innenstadt, von dieser abgegrenzt durch den Okerumflutgraben. Im Norden wird der Stadtbezirk durch die Helmstedter Straße und den Hauptfriedhof begrenzt, im Südosten durch die A39. In der Mitte des Stadtbezirks liegt der Braunschweiger Hauptbahnhof. Der Bahndamm zerteilt den Stadtbezirk in west-östlicher Richtung. Südlich der Bahngleise befinden sich die ehemalige Arbeitersiedlung Bebelhof und das noble Villenviertel am Zuckerberg. Ganz in der Nähe liegen der Golfplatz, der Südsee, Schloss Richmond und das Kennelbad. Im Bebelhof hat die Stadt kräftig investiert. Es gibt ein Familienzentrum für 100 Krippen- und Kindergartenkinder, ein Kinder- und Jugendzentrum und für Senioren eine Begegnungsstätte. Die Grundschule wurde zu einer Ganztagsschule ausgebaut. Alle zwei Jahre findet ein großes Stadtteilfest im Bebelhof statt, das von der städtischen Wohnungsbaugesellschaft Nibelungen ausgerichtet wird und an dem sich alle Einrichtungen und Vereine des Stadtteils beteiligen.

Im Gebiet nördlich des Bahndamms befinden sich mehrere Parkanlagen: Bürgerpark, Viewegs Garten, Kiryat-Tivon-Park und Rimpaus Garten. Der Wallring zieht sich wie ein grüner Gürtel entlang der Okerumflut und umschließt die gesamte Innenstadt. Er entstand Anfang des 19. Jahrhunderts nach Plänen von Peter Joseph Krahe, als die ehemaligen barocken Festungsanlagen geschleift wurden. Hier stehen zahlreiche schmucke Gründerzeithäuser mit großzügigen parkartigen Gärten. Der Rat der Stadt hat 2015 mit einem detaillierten Bebauungsplan den Erhalt und die Gestaltung der Grünanlagen und der historischen Bebauung des Wallrings geregelt.

Bezirksbürgermeister Frank Flake (Foto: Klaus Kohn)

Die St. Leonhardkapelle wurde um 1190, noch zu Lebzeiten Heinrichs des Löwen, gebaut. (Foto: Frank Flake)

Im 1890 errichteten Konzerthaus befanden sich früher ein Ballsaal, ein Restaurant und ein Kino. Heute ist es Begegnungsstätte für das Bahnhofsviertel. (Foto: Frank Flake)

Schloss Richmond (Foto: Braunschweig Stadtmarketing GmbH / Gerald Grote)

Scillablüte im Frühling auf dem Dom- und St.-Magni-Friedhof an der Stadthalle (Foto: Braunschweig Stadtmarketing GmbH / Gerald Grote)

Eine weitere große Grünanlage ist der Hauptfriedhof des Evangelisch-lutherischen Kirchenverbandes Braunschweig an der Helmstedter Straße. Mit 171 Morgen ist er heute der größte kirchliche Friedhof Deutschlands. Erwähnenswert ist auch der Dom- und St.-Magni-Friedhof an der Stadthalle. Hier liegen Gotthold Ephraim Lessing und weitere Braunschweiger Persönlichkeiten begraben, und jedes Jahr im Frühling blüht hier die Scilla und lockt zahlreiche Menschen an, die die blaue Blütenpracht bewundern wollen. Im Jahr 2014 hat der Stadtbezirksrat ein Stadtteilwappen festgelegt. Es zeigt neben einem Schwungrad, das den Eisenbahnbezug herstellt, drei Scilla-Blüten, die für die zahlreichen Grünanlagen im Stadtbezirk stehen.

Die Bewohner des Stadtbezirks können auf zahlreiche Bus- und Stadtbahnlinien zugreifen. Wegen der Bahnhofsnähe wohnt hier auch gerne, wer zur Arbeit nach Hannover, Berlin oder Magdeburg pendeln muss. Der Hauptbahnhof am Berliner Platz wurde 1960 eröffnet und ersetzte den in der Innenstadt gelegenen historischen Kopfbahnhof. Vorbild war der Bahnhof Roma Termini in Rom. Bereits seit 1993 steht das Bahnhofsgebäude unter Denkmalschutz. Zur Expo 2000 wurde auf dem Bahnhofsvorplatz ein überdachtes Nahverkehrsterminal errichtet.

Dem Bahnhofsgebäude und den breiten Zubringerstraßen mussten über 100 aus dem 19. Jahrhundert stammende Wohngebäude mit mehr als 600 Wohnungen und ein Großteil der Parkanlage Viewegs Garten weichen. Dem Zeitgeist entsprechend errichtete man Anfang der 1970er Jahre einige Hochhäuser im Bereich zwischen Hauptbahnhof und der angrenzenden gründerzeitlichen Wohnbebauung. Pläne, den gesamten Altbaubestand abzureißen und durch Neubauten zu ersetzen, wurden zum Glück verworfen. Stattdessen wurde in einem 25-jährigen Prozess das Bahnhofsviertel mit einem Förderprogramm der Stadterneuerung behutsam saniert – unter Mitwirkung der Bewohner und in enger Begleitung durch den Stadtbezirksrat. Heute bilden hier Fachwerk- und Gründerzeithäuser sowie moderne Bauten ein schmuckes Quartier. Kinderspielplätze, ein Bolzplatz, eine Kindertagesstätte, ein Altenheim und weitere Grünanlagen wurden geschaffen. Viele Familien mit kleinen Kindern sind seitdem hierher gezogen und fühlen sich wohl. Für die vorbildliche Sanierung des Quartiers wurde 1999 der Peter-Joseph-Krahe-Preis der Stadt Braunschweig vergeben.

Im Jahr 2015 änderte sich noch einmal die Silhouette am Hauptbahnhof, als an der Stelle der ehemaligen Hauptpost der Brawo-Park entstand. Zum Brawo-Park gehören ein Shoppingcenter, ein Intercity-Hotel und Braunschweigs höchstes Bürohochhaus.

Größter Arbeitgeber im Stadtbezirk ist Siemens mit etwa 3000 Mitarbeitern. Das Siemenswerk für Eisenbahn-Verkehrstechnik liegt an der Rückseite des Hauptbahnhofs und geht auf die 1873 gegründete Eisenbahnsignal-Bauanstalt Max Jüdel & Co. zurück.

Von Bezirksbürgermeister Frank Flake

Die Hochhäuser des Brawo-Parks (Foto: Frank Flake)

Blick auf den Hauptbahnhof und das Nahverkehrsterminal (Foto: Frank Flake)

Blick auf Viewegs Garten und die Stadthalle. Im Hintergrund die Innenstadt (Foto: Frank Flake)

Löwenwall mit Obelisk (Foto: Braunschweig Stadtmarketing GmbH/Gerald Grote)

»... da, wo die Menschen sind«

Dieses Motto unseres Stadtteils weist auf zwei Merkmale des drittgrößten Bezirks Braunschweigs hin: Auf die Ansiedlung von 23 500 Einwohnern seit 55 Jahren auf dem Gelände eines ehemaligen Flughafens einerseits, und auf das gemeinsame Wirken verschiedener Netzwerke mit den und für die Bürgerinnen und Bürger andererseits. So ist es gelungen, dass trotz des mit 36 Prozent hohen Migrationsanteils vor allem polen- und russlanddeutscher Spätaussiedler ein vielfältiges Gemeinschaftsleben anzutreffen ist. Dabei werden alle Generationen angesprochen.

Bezirksbürgermeister Ulrich Römer

Die Evangelische Emmauskirche (alle Fotos: Maic Ullmann)

Das »Weststadtplenum« ist dabei das älteste Netzwerk der in der Kinder- und Jugendarbeit Tätigen. Die »Arbeitsgemeinschaft Weststadt (AGeWe)« ist seit dem Jahre 2000 das »Dach-Netzwerk« und umschließt alle Vereine, Einrichtungen und Wohnbauunternehmen. Die »ALTERnative« für Menschen ab 60 spricht die ältere Generation an. Ein weiteres wichtiges Netzwerk ist vor allem auch der »Verein Stadtteilentwicklung«, in dem die Wohnbauunternehmen »Braunschweiger Baugenossenschaft«, »Nibelungen Wohnbau« und »Wiederaufbau« gemeinsam mit der Stadt drei Treffpunkte in der Weststadt unterhalten. Nicht zuletzt der Bezirksrat mit 17 Mitgliedern in fünf Parteien unterstützt das vielfältige Gemeinschaftsleben ebenso wie die Anliegen einzelner Bürgerinnen und Bürger.

Regelmäßige Zusammenkünfte wie im Schützenverein Belfort, im Sportverein SC Victoria, im Bürgerverein und in den Kirchengemeinden St. Cyriakus und Emmaus werden in den alljährlichen Festen des Stadtteils gebündelt: beispielsweise im Sommerferienfest, dem Weststadtvolksfest, der Weststadtwoche oder dem Weihnachtsmarkt – und immer sind diese Feste auch geprägt von dem kulturellen Reichtum der alteingesessenen und der zugezogenen Einwohnerschaft!

Als Bindeglied neben den Netzwerken ist die monatliche Stadtteilzeitung »Weststadt aktuell« nicht mehr wegzudenken. Sie geht an alle Haushalte und wird redaktionell von der AGeWe verantwortet. Unterstützt wird sie durch die oben genannten Wohnbauunternehmen. Dass dieser Einsatz vieler für ihren Stadtteil gewürdigt wird, zeigt der erhebliche Mitteleinsatz von Stadt, Land und Bund für den »Stadtumbau West« und das ab Sommer 2016 beantragte Städtebauförderprogramm »Soziale Stadt«.

»Fünf Viertel sind ein Ganzes!« Mögen Mathematiker jetzt auch stutzig werden, unser in sich geschlossener Stadtteil im Westen hat nun mal fünf Viertel, die verdeutlichen, dass bei uns alles in Bewegung, im Fluss ist, da sie nach Elbe und Rhein, Donau, Isar und Ems benannt sind. Zur ausgezeichneten Infrastruktur gehören die Verkehrsanbindung mit mehreren Straßenbahn- und Buslinien sowie der Autobahnzufahrt ebenso wie große Einkaufszentren, Ärztehaus und der »Kulturpunkt West« als Gemeinschaftszentrum – und das alles im Grünen. Es ist schlichtweg unmöglich, an dieser Stelle alle Einrichtungen dieses großen Stadtteils am Westpark (mit Kletterpark am Raffteichbad und der DiscGolf-Anlage) zu würdigen. Dennoch soll hier hervorgehoben werden, welchen großen Anteil die Kindertagesstätten samt Familienzentren, die städtischen Kinder- und Jugendhäuser, die drei Grundschulen, die Freie Waldorfschule und vor allem auch die Wilhelm-Bracke-Gesamtschule an der Integration und Inklusion der Kinder- und Jugendlichen sowie am kulturellen Stadtteilleben haben!

»Haus der Talente« – diese Bezeichnung sprengt alle baulichen Vorstellungen, ist sie doch auf Betreiben des Stadtteilentwicklungs- und des Bürgervereins die einladende Umschreibung der Tatsache, dass in der Weststadt viele Gaben und Möglichkeiten noch im Verborgenen schlummern. Sie sollen zum Wohle aller – wie beispielsweise im Rahmen einer Nachbarschaftswerkstatt – den Menschen sowohl eine Betätigung bieten, als auch die Gemeinschaft in den unterschiedlichsten »Selbstaktivierungsgruppen« fördern. In diesem Sinne ist unser ganzer Stadtteil mit seinen fünf Vierteln ein »Haus der Talente«, da, wo die Menschen sind!

Herzlichst,
Ulrich Römer
Bezirksbürgermeister

Blick über einen der vielen Westparkseen

Wohnen im Grünen

Wohnen im Grünen

Die alte, inzwischen abgerissene Wilhelm-Bracke-Gesamtschule

Die katholische Kirche St. Cyriakus

Ein Stadtbezirk im Wandel

Jürgen Dölz, Bezirksbürgermeister

Der Stadtbezirk hat heute etwa 35 000 Einwohner. Er reicht von der Gartenstadt bis zum Eichtal und es ist der flächenmäßig größte Stadtteil Braunschweigs, der ehemaligen Gemarkungen Wilhelmitor-Hohetor-Petritor.

In der Mitte des 19. Jahrhunderts begannen erste Handwerksbetriebe, sich auf eine maschinelle Fertigung umzustellen, und leiteten damit das Zeitalter der Industrialisierung ein. Wie kein anderer Stadtteil prägte die Industrie das Westliche Ringgebiet. Ausschlaggebend war dabei 1838 der Bau der ersten Deutschen Staatsbahn in Deutschland. In deren Folge siedelten sich Maschinenfabriken in der Nähe an, um ihre Güter schneller transportieren zu können. So wurde auch unter anderem schon 1853 am »Alten Bahnhof« die heute noch bestehende Braunschweiger Maschinenbauanstalt (BMA) gegründet. Weitere Industrien siedelten sich an dem heutigen Ringgleis an. So auch die Firma MIAG, die Jute-Flachs-Industrie und einige Zuckerfabriken.

Nach dem Wiederaufbau der Stadt in den 1960er bis 1990er Jahren und dem beginnenden Wirtschaftsboom kamen viele Gastarbeiter in unsere Stadt und bezogen Wohnungen in den Arbeitersiedlungen. Nach und nach entstand so eine multikulturelle Vielfalt im Stadtbezirk. In diesen Jahrzehnten des gesellschaftlichen und wirtschaftlichen Strukturwandels entstanden auch soziale Probleme. Bis heute sind hier im Verhältnis zur Gesamtstadt die höchste Arbeitslosigkeit und der größte Ausländeranteil zu verzeichnen und der Anteil der Sozialtransferbezieher sowie die Kinderarmut liegen über dem Durchschnitt der Stadt. Im Jahre 2001 begann die Planung für das Modellvorhaben »Soziale Stadt« mit Zuschüssen aus dem Städtebauförderungs-Programm, das noch bis 2017 greift.

In dem damals eingerichteten Sanierungsbeirat begannen Bürger des Stadtteils, sich um verbesserte Lebensbedingungen in ihrem Wohnumfeld zu kümmern. Die Aufwertung der Wohnbereiche und der Infrastruktur sowie der Freiraumgestaltung und die Anbindung vorhandener und siedlungsnaher Grünflächen gehörten zum Handlungskonzept. Der Bezirksrat beschloss jedes

Die MIAG in der Ernst Amme Straße (Foto: Klaus Hoffmann)

Der Westbahnhof im Jahre 1911 (Foto: Klaus Hoffmann)

Das Kontorhaus (Foto: Klaus Hoffmann)

Jahr einen Maßnahmenkatalog für die Verwaltung der Stadt und des Rates für die Weiterentwicklung im Stadtbezirk.
Mit dem Kauf der Bahngleise durch die Stadt Braunschweig, die das Ringgebiet durchzogen, begann die Umsetzung des Leuchtturmprojektes Ringgleis. Dieser neue Rad- und Fußweg ist derzeit vom Füllerkamp/Gartenstadt bis zur Oker an der Uferstraße entstanden und wird 2016 mit einer neuen Brücke über die Oker weitergeführt, bis das Ringgleis in den nächsten Jahren rund um Braunschweig fertiggestellt ist.
Der einsetzende Wandel und die Modernisierung in den Gemarkungen der historischen Stadtteilbereiche durch fortgesetzte Umgestaltung des öffentlichen und des privaten Bereichs bleiben den Betrachtern nicht verborgen. Vom Selenka-Platz über den Frankfurter Platz, den Neueinrichtungen von 15 Spielplätzen, den Ausbau der Kitas zu Familienzentren und des Mehrgenerationenhauses zu einem Stadtteilzentrum sowie der Modernisierung des Jungenzentrums Drachenpflug ergaben sich nachhaltige Verbesserungen des Quartiers. Allein der Umbau des Westbahnhofs zu einem neuen Freizeittreffpunkt für Kultur und sportliche Betätigung verstärkt das Image des westlichen Ringgebietes. Bald entstehen dort noch ein Kletterpark und das soziokulturelle Freizeit- und Bildungszentrum. Neue, in Planung befindliche, Baugebiete »An der Schölke«, »Kälberwiese«, in der Hildesheimer Straße sowie im MIAG-Gelände und der Jutespinnerei werden das Wohnen im Westlichen Ringgebiet attraktiver und noch begehrenswerter machen. Die zukünftige Umplanung des Geländes des Holwede-Krankenhauses sowie des Gefängnisses Rennelberg in ein herausragendes städtebauliches Vorzeigequartier zeichnet sich ab.
Als Sehenswürdigkeiten sind herauszuheben: die mittelständische Maschinenfabrik Elsner & Holdtschmid (1898) in der Kramerstraße, die noch im Urstand erhalten ist. Das Eingangsportal der Jute- und Flachsspinnerei (1874) in der Spinnerstraße sowie die Roggenmühle im neuen Glanz (Hildesheimer Straße) und der ehemalige Bunker Madamenweg mit neuer Wohnform.
Als Bezirksbürgermeister dieses schönen und lebenswerten Stadtbezirks sage ich gern allen Braunschweigern: Hier im Westlichen Ringgebiet lässt es sich gut leben!

Herzlichst,
Jürgen Dölz
Bezirksbürgermeister

Das Einkaufszentrum Weißes Ross (Foto: Jürgen Dölz)

Neu erbaut – ein ehemaliger Bunker am Madamenweg (Foto: Klaus Hoffmann)

Die Roggenmühle in der Hildesheimer Straße (Foto: Klaus Hoffmann)

1000-jährige Geschichte

Aus fünf Ortsbildern entstanden

Die fast 1000-jährige Geschichte Braunschweigs spiegelt sich in der Innenstadt wider. Es entwickelten sich fünf Städte: Weichbilde (urbane Erscheinungsbilder) mit jeweils eigenen Kirchen und Rathäusern. Diese verhältnismäßig vielen Kirchen und zwei Rathäuser zeugen noch heute davon. Die Innenstadt wird fast kreisrund umflossen von dem heutigen Umflutgraben der Oker. Dadurch und auch durch den Bau der Festungsanlagen war die Stadt im Mittelalter uneinnehmbar.

Als die Welfen-Herzöge – Nachfolger Heinrichs des Löwen – ihren Herrschaftssitz nach Wolfenbüttel verlegten, wurde Braunschweig für Jahrhunderte eine freie Stadt. Handwerk und Handel nahmen ihren Aufschwung.

Es entwickelte sich eine bedeutende Fachwerkstadt mit vielen Handwerks- und Handelsbetrieben. Braunschweig gehörte zu den Gründungsmitgliedern der sächsischen Hanse. Dadurch gelangte die Stadt zu großem wirtschaftlichem Reichtum, was die Begehrlichkeit der Welfen-Herzöge herausforderte. Im 17. Jahrhundert – die Hochzeit der Hanse war vorbei – wurde die Stadt durch die Herzöge wieder erobert und war bis 1918 Residenzstadt.

Burgplatz (Foto: Braunschweig Stadtmarketing GmbH / Steffen und Bach GmbH)

Altstadtmarkt (Foto: Braunschweig Stadtmarketing GmbH / amtenbrink)

Residenzschloss (Foto: Braunschweig Stadtmarketing GmbH / Steffen und Bach GmbH)

Magniviertel (Foto: Braunschweig Stadtmarketing GmbH / David Taylor)

Magnikirche (Foto: Braunschweig Stadtmarketing GmbH / Gerald Grote)

Städtisches Museum (Foto: Braunschweig Stadtmarketing GmbH / Gerald Grote)

Im Zweiten Weltkrieg (1939 bis 1945) wurde diese wunderschöne Fachwerkstadt in der Nacht 14./15. Oktober 1944 zu 90 Prozent zerstört. Nach dem Wiederaufbau entstanden die drei Traditionsinseln: Burgplatz, Altstadtmarkt und das Magniviertel. Mit dem Wiederaufbau des Schlosses am Bohlweg im Herzen der Innenstadt bekam die Stadt ihren Mittelpunkt zurück.

Bei einem Rundgang können die wunderschönen klassizistischen, neugotischen und Renaissance-Fassaden bewundert werden. Erwähnenswert sind z.B. die alte Oberpostdirektion, das Gewandhaus, das neugotische Rathaus, das wieder errichtete Fachwerkhaus Alte Waage, u.v.m. Dazu kommen ebenfalls die schönen geschichtsträchtigen Plätze, wie Kohlmarkt, Altstadtmarkt, Hagenmarkt, Burgplatz, Bankplatz, Friedrich-Wilhelm-Platz, Magnikirchplatz, die nach dem Einkauf oft zu einer erholsamen Ruhepause einladen.

Peter Joseph Krahe wurde beauftragt, nach dem Schleifen der Befestigungsanlagen dort eine Promenade zu gestalten. Es entstand ein fast komplett erhaltener grüner Wallring um die Innenstadt mit den in der Gründerzeit-Ära entstanden Villen. Auch die noch bestehenden Torhäuser ziehen die Blicke auf sich. Noch heute erinnern viele Straßennamen an die großen Handelswege, die Braunschweig einst durchzogen haben.

Innerhalb von 15 Minuten lässt sich Braunschweig durchqueren, um die meisten historischen Stätten gestreift zu haben. Es lohnt sich jedoch, sich mehr Zeit für die Erkundung zu nehmen. Die Innenstadt ist ein sehr beliebtes Wohnquartier und bietet auch für auswärtige Gäste attraktive Hotels und Gästehäuser einschließlich einer modernen Jugendherberge. Der umfangreiche Einzelhandel hebt ebenfalls die Attraktivität der Innenstadt hervor.

Auch zahlreiche Kulturstätten, wie das Staatstheater mit diversen Spielstätten und viele interessante Museen, befinden sich innerhalb des Wallrings.

Hervorzuheben sind das Herzog Anton Ulrich-Museum mit vielen Gemälden von Rembrandt, das Landesmuseum, das Schlossmuseum und das städtische Museum mit dem Haus am Löwenwall und das Museum im Altstadtrathaus.

Ein besonderes Highlight sind die jährlichen Freilichtaufführungen des Staatstheaters auf dem Burgplatz.

Herzlichst,
Monika Georgi
stellv. Bezirksbürgermeisterin Innenstadt

Bankplatz (Foto: Braunschweig Stadtmarketing GmbH / Marek Kruszewski)

Niedersächsische Landesmuseen Braunschweig

Kunst, Naturkunde und Landesgeschichte auf höchstem Niveau

Braunschweig ist der Standort von drei der insgesamt sechs niedersächsischen Landesmuseen, hier befinden sich das Herzog Anton Ulrich-Museum, das Staatliche Naturhistorische Museum und das Braunschweigische Landesmuseum. Das Herzog Anton Ulrich-Museum und das Staatliche Naturhistorische Museum gehören zu den ältesten Museen der Welt, sie gehen beide zurück auf das im Jahr 1754 eröffnete »Kunst- und Naturalienkabinett« Herzog Carls I. von Braunschweig-Lüneburg.

Burg Dankwarderode (Foto: C. Cordes, Herzog Anton Ulrich-Museum)

Herzog Anton Ulrich-Museum

Internationale Kunstwerke von der Antike bis zur Moderne repräsentieren eine Zeitspanne von über 3000 Jahren, sodass mit Recht von einem Universalmuseum gesprochen werden kann. Das Kunstmuseum des Landes Niedersachsen trägt den Namen seines Sammlungsgründers, des Welfenherzogs Anton Ulrich von Braunschweig-Lüneburg (1633 bis 1714). Dieser erwarb den bedeutendsten Teil der vielfältigen hochrangigen Bestände: die wertvollsten Gemälde – darunter Bilder von Giorgione, Rubens, Rembrandt und Vermeer – die größte Sammlung italienischer Majolika-Geschirre nördlich der Alpen, die über 200 Exemplare französischer Emailmalerei und die beachtliche Kollektion ostasiatischer Kunstwerke. Diese Schätze befinden sich seit 300 Jahren in Braunschweig. Anton Ulrich bewahrte sie in seinem zu Zeiten Napoleons zerstörten Lustschloss Salzdahlum auf. Sein Urenkel Herzog Carl I. eröffnete 1754 das »Kunst- und Naturalienkabinett«, das erste öffentlich zugängliche Museum des Kontinents, zeitgleich mit dem British Museum in London. Ausgestellt waren hier die Bronzestatuetten, die Kunstkammerobjekte, die Kunstmöbel, die Elfenbeinschnitzereien, die Antiken, die Majoliken, Emails und Ostasiatika. Carl bereicherte die Galerie – damals noch in Salzdahlum – vor allem um niederländische Landschaften und Stillleben und gründete das Kupferstichkabinett. Mit dem Beginn des 19. Jahrhunderts nahm man die Sicherstellung mittelalterlicher Kunst aus Kirchen des Braunschweiger Landes auf. So entstand die kostbare Mittelaltersammlung, verwahrt in der Burg Dankwarderode. Zudem wurden Fürstenberger Porzellane aus der landeseigenen Manufaktur wie auch im 20. Jahrhundert eine reiche Spitzensammlung angekauft. In den letzten zehn Jahren konnten unter anderem bedeutende Gemälde aus dem 15. Jahrhundert, ein Selbstbildnis von Ludger tom Ring dem Jüngeren und herausragende grafische Künstlerselbstbildnisse der Moderne erworben werden. Gerade im Bereich der Grafik wurden dem Museum bedeutende Privatsammlungen überlassen, unter anderem seit 1996 die Sammlung Hausmann (Aquarelle und Zeichnungen des 19. Jahrhunderts). Am Herzog Anton Ulrich-Museum finden seit 2008 umfangreiche Umbaumaßnahmen statt. Voraussichtlich im Jahr 2010 wird der neue Funktionsbau mit Depots, Bibliothek, Werkstätten, Verwaltung, Cafeteria usw. zur Verfügung stehen. Das Altgebäude, errichtet 1884 bis 1887, wurde auf den Ursprungszustand zurückgebaut und umfassend renoviert. Jetzt leistet es den Anforderungen modernster Ausstellungstechniken Genüge. Die Highlights der Sammlung bleiben weiter öffentlich zugänglich, und zwar im Herzen der

Stadt, in der Burg Dankwarderode, dem historistischen Nachbau der Burg Heinrichs des Löwen, die als Ausstellungszentrum des Herzog Anton Ulrich-Museums genutzt wird.

Staatliches Naturhistorisches Museum Braunschweig

Das Staatliche Naturhistorische Museum ist das älteste Naturkundemuseum Deutschlands und eins der ältesten der Welt. In den ersten 100 Jahren seines Bestehens wurde es gemeinsam mit dem Herzog Anton Ulrich-Museum als »Kunst- und Naturalienkabinett« geführt, nach mehreren Umzügen und der zwischenzeitlichen Unterbringung im Schloss ist es seit 1937 in einem eigenen Gebäude am Rebenring in Braunschweig untergebracht. Mit einer interaktiv gestalteten Dauerausstellung und vertiefenden Wechselausstellungen, zum Beispiel zu Themen wie Mumien, Wölfe, Dinosaurier, ist es eins der beliebtesten Ausflugsziele für Familien in Braunschweig.

Blick in die neue Gemäldegalerie (Foto: C. Cordes, Herzog Anton Ulrich-Museum)

Parkansicht des Herzog Anton Ulrich-Museums (Foto: C. Cordes, Herzog Anton Ulrich-Museum)

Die Dauerausstellung bietet dem Besucher eine Vielzahl verschiedener Anziehungspunkte. Qualitativ herausragend sind die 29 Dioramen, in denen Säugetiere und Vögel in ihrem natürlichen Lebensraum zu sehen sind. Tiere vergangener Erdzeitalter werden im Fossiliensaal zum einen in einer Lebensraum-Inszenierung und zum anderen als fossile Überreste gezeigt. Besondere Schätze der wissenschaftlichen Sammlung sind im großen Lichtsaal zu sehen: Ausgestellt sind ausgerottete Tiere wie die Stellersche Seekuh und der Riesenalk.
In den Becken des naturnah gestalteten Aquariums lassen sich nicht nur Tiere aus dem Bereich des tropischen Süßwassers wie Buntbarsche, Gabelbart und Stechrochen beobachten, sondern auch verschiedene Meeresbewohner. Darüber hinaus bietet das Aquarium auch Einblicke in das Leben von Schlangen, Schildkröten, Echsen und tropischen Fröschen.
Für die Wissenschaft ist vor allem die große Vogelsammlung mit 45 000 Exemplaren von Bedeutung. Einige der Präparate sind sogenannte Typus-Exemplare, das heißt anhand dieser Exemplare wurde eine Art oder Unterart neu beschrieben. Das Museum verfügt auch über bedeutende Sammlungen an Säugetier-Bälgen, Schädeln und Fossilien. Die Schwerpunkte der Fossiliensammlung liegen in der systematischen Sammlung von Seeigeln und von eiszeitlichen Säugetieren aus den Rübeländer Höhlen. Weiter ist die 200 000 Exemplare umfassende Insektensammlung von wissenschaftlicher Bedeutung.
Wissenschaftler aus dem In- und Ausland interessieren sich für die Braunschweiger Samm-

Naturhistorisches Museum (Foto: Braunschweig Stadtmarketing GmbH / Gerald Grote)

Die Schatzkammer (Foto: Tobias Wille, Berlin)

Foyer des Naturhistorischen Museums (Foto: Tobias Wille, Berlin)

Der Entdeckersaal (Foto: Tobias Wille, Berlin)

Das Schaumagazin (Foto: Tobias Wille, Berlin)

lungen und stehen mit dem Museum, das eine eigene Schriftenreihe herausgibt, im Austausch.

Braunschweigisches Landesmuseum

Das Braunschweigische Landesmuseum ist ein historisches Museum. Es wurde 1891 gegründet, es ist das einzige Geschichtsmuseum in der Trägerschaft des Landes Niedersachsen. Es dokumentiert mit einem umfangreichen Sammlungsbestand die faszinierende Geschichte des ehemaligen Herzogtums und des Landes Braunschweig. Das Braunschweigische Landesmuseum besteht aus vier Häusern: dem Vieweghaus am Burgplatz in Braunschweig, dem Ausstellungszentrum Hinter Aegidien mit dem Jüdischen Museum, der Abteilung Ur- und Frühgeschichte in Wolfenbüttel sowie dem Bauernhausmuseum Bortfeld.

Die Dauerausstellung im Vieweghaus am Burgplatz wird unter thematisch-chronologischen Gesichtspunkten präsentiert. Sie vermittelt die Geschichte der grundlegenden Epochen vom 8. Jahrhundert bis zur Gegenwart. In der großen Anzahl der Objekte aus Geschichte, Kultur, Wirtschaft, Technik, Kunst, Volkskunde und Sozialgeschichte begegnet den Besuchern eine Fülle von Ereignissen, Entwicklungen und Persönlichkeiten, wie sie in ähnlicher Dichte in vergleichbaren Regionen kaum anzutreffen sind.

Das Jüdische Museum befindet sich im Ausstellungszentrum Hinter Aegidien, seine Judaica-Sammlung gehört zu den bedeutendsten Sammlungen Deutschlands. Beeindruckender Mittelpunkt der Dauerausstellung ist die komplett erhaltene Inneneinrichtung der Synagoge aus der Stadt Hornburg, die mit Objekten aus dem religiös-kultischen Bereich ergänzt wird. Weiterhin werden historische Themen aus der jüdischen Kulturgeschichte dokumentiert, wie etwa die Entwicklung des Reformjudentums im 19. Jahrhundert. In der vorerst letzten Abteilung der Ausstellung wird mit dem Hinweis auf das Konzentrationslager Bergen-Belsen der Massenmord an den Juden durch die nationalsozialistischen Gewaltherrscher thematisiert.

Das Wissenschaftsreferat Ur- und Frühgeschichte befindet sich seit 1959 mit Fundmagazin und archäologischer Restaurierungswerkstatt in der ehemaligen Herzoglichen Kanzlei im Zentrum der Altstadt von Wolfenbüttel. Hier befindet sich im ersten Obergeschoss auch die archäologische Ausstellung des Braunschweigischen Landesmuseums. Auf einer Fläche von 1000 Quadratmetern wird ein Rundgang durch die gesamte Ur- und Frühgeschichte des Braunschweiger Landes von den Anfängen vor 500 000 Jahren bis zur fränkischen Eroberung des sächsischen Stammesgebietes geboten.

Das Bauernhausmuseum in Bortfeld besteht seit 1968. Es ist ein 1726 errichtetes reetgedecktes Hallenhaus und als Zweiständerbau für die Region typisch. Die vorhandene Ausstattung stammt vor allem aus dem 19. Jahrhundert. Bauernstube und Schlafraum sind eingerichtet, die Küche zeigt die Utensilien, die damals zum Waschen, Mangeln, Bügeln und Nähen gebraucht wurden. Zudem verweisen viele Geräte auf den zeitgenössischen ländlichen Arbeitsalltag: Grützmühle, Spinnrad und Haspel, Geräte zur Butterbearbeitung und Ölgewinnung sind beispielsweise in verschiedenen Kammern abgestellt.

Das Braunschweigische Landesmuseum zählt mit seinen vielfältigen Sammlungsbeständen und der Gesamtausstellungsfläche in vier Häusern zu den größten historischen Museen Deutschlands.

Landesmuseum (Foto: Braunschweig Stadtmarketing GmbH / Gerald Grote)

Frachtrasch international

Der TOP-Logistikberater in Europa seit fast 100 Jahren

An der Jasperallee residiert das größte unabhängige Beratungsunternehmen in Sachen Fracht- und Logistikkosten-Optimierung in Europa seit fast 100 Jahren. Tradition und Moderne finden hier eine optimale Symbiose. Aufbauend auf einer gewichtigen Historie, hat Frachtrasch das Geschäft, welches über die Jahrzehnte zu einer Unternehmensgruppe von vier Gesellschaften angewachsen ist, nun auf die Zukunft ausgerichtet, erzählt uns Geschäftsführer Eike van Deest.

Neben einer optimal strukturierten Belegschaft liegt Frachtrasch auch in Sachen IT für Logistik-Beratung ganz vorn. Mit dem über viele Jahre eigenprogrammierten, datenbankgestützten Software-Tool PF ProFracht hat Frachtrasch in Verbindung mit dem größten Potenzial, dem konkurrenzlosen Know How der Mitarbeiter, nun eine attraktive Ausgangsposition für die Zukunft geschaffen. »Ziel ist und bleibt die Marktführerschaft in diesem speziellen Segment« fixiert Eike van Deest die eindeutige Strategie des Unternehmens. Dazu wurden in den letzten Jahren und vor allem Monaten entscheidende Weichen gestellt und eine zukunftsgerichtete Personalpolitik konzipiert. So benennt die Geschäftsführung die Basis des Erfolgs: »Wahrung des bestehenden Potenzials bei Ausschöpfung aller Möglichkeiten der heutigen Technik«.

Mit dieser Grundlage wird Frachtrasch auch in Zukunft viele Unternehmen in Europa beim Aufbau einer kostenoptimalen und leistungsfähigen Logistik erfolgreich unterstützen. In der Vergangenheit hat Frachtrasch dies bereits bei mehreren tausend Unternehmen erfolgreich geschafft. Viele bekannte Namen in Deutschland waren oder sind Kunde an der Jasperallee. So werden Firmen sowohl dauerhaft (viele Kunden betreut Frachtrasch bereits seit Jahrzehnten), als auch in Projektfragen zu Transportkosten, Transportwegen und –strukturen und sonstigen Logistikkosten bestmöglich ausgerichtet.

Der repräsentative Firmensitz (Foto: Bollmann-Bildkarten-Verlag, Braunschweig)

Eike van Deest (rechts im Bild) und Alexander Osse vor einem Teil der eigenen Server-Landschaft (Foto: Frachtrasch international)

»Neben unseren Kernkompetenzen werden immer mehr zusätzliche Standbeine nachhaltig aufgebaut«, verrät van Deest. Neben den bereits bestehenden Fachbereichen im Segment Transport, betreut durch branchenaffine Teams für Pharmalogistik, Textillogistik, Frische- und Nahrungsmittel oder auch Möbel und Inhouse Logistik, werden immer wieder neue Themenfelder generiert, in denen Frachtrasch sehr gute Ergebnisse erzielen kann. Dazu zählen z.B. Transportversicherungsanalysen, Compliance-Screening und andere Themen, die die Logistik berühren. Der Impuls dafür kommt sogar oft aus dem Kundenkreis heraus, weil diese feststellen, mit Frachtrasch einen kompetenten Partner an der Seite zu haben, dem man auch in anderen wichtigen Fragen vertraut.

Zuletzt sprach sogar der größte deutsche Verband für Einkauf und Materialwirtschaft, der BME mit Sitz in Frankfurt am Main (weit über 9.000 Mitgliedsfirmen in Deutschland), Frachtrasch dieses Vertrauen aus und machte die Braunschweiger Firma zum Partner im Bereich des quartalsmäßigen BME-Preisspiegels zum Thema Frachtkosten. »Auch ein Bestandteil unserer neuen Netzwerk-Strategie« verrät uns der Geschäftsführer.

Geschäftsführer Eike van Deest mit einem Teil des Führungsteams (Foto: Frachtrasch international)

So sind die Grundsteine für das nahende 100-jährige Firmenjubiläum gelegt. Frachtrasch ist seit 1919 zuverlässiger Arbeitgeber der Region mit aktuell über 100 Mitarbeitern, die in aller Regel eine lange Betriebszugehörigkeit aufweisen. »Personalbeschaffung am Arbeitsmarkt ist für uns nicht einfach, da wir absolut speziell sind.« konstatiert die Geschäftsleitung. Selbst Profis der Branche benötigen 2 bis 4 Jahre, um den speziellen »Frachtrasch-Blick« zu bekommen.

Darum legt das Unternehmen an der Jasperallee auch großen Wert auf Personalbeschaffung aus den eigenen Reihen und bildet viele junge Menschen aus. Parallel wird aktiv mit den regionalen Hochschulen zusammengearbeitet und sich zudem im Rahmen eines europäischen Projekts der Berufsbildenden Schulen zum zeitweisen Austausch von Auszubildenden über die Grenzen hinaus engagiert. So haben bereits eigene Azubis mehrere Wochen bei einem großen Logistikunternehmen in Sofia gearbeitet und im Austausch werden in Braunschweig zum Beispiel derzeit Berufsanfänger aus Spanien beschäftigt.

»Die jungen Menschen sind das Potenzial der Zukunft« stellt Eike van Deest fest. »Unsere technische Peripherie ergibt zusammen mit dem unheimlich wertvollen Know How der langjährigen Mitarbeiter und unseren Young Professionals ein absolutes Alleinstellungsmerkmal.« So wird akribisch daran gearbeitet, einen generationsübergreifenden Wissens-Transfer zu ermöglichen. Das Gesamtpaket stimmt also im ersten Haus am Platze.

Beitrag von:
Frachtrasch international
Deutsche Frachtenprüfungsstelle
Otto Rasch GmbH & Co. KG
Jasperallee 82 · 38102 Braunschweig
Tel. (05 31) 23 46 – 0 · Fax (05 31) 23 46 – 111
info@frachtrasch.de
www.frachtrasch-international.de

Traditionsinseln

Inseln des alten Braunschweigs in der Innenstadt

Der Burgplatz (alle Fotos: Manfred Gruner)

Die Innenstadt Braunschweigs mit über 800 Fachwerkhäusern und über 30 Innenstadtkirchen wurde vor der Zerstörung als »Nürnberg des Nordens« bezeichnet. Im Mittelalter hatte sich eine »Pentapolis« entwickelt – eine Fünfstädtestadt, mit fünf selbstständigen Bereichen, die Weichbilde genannt wurden: Altstadt, Hagen, Neustadt, Altewiek und Sack. Im Zweiten Weltkrieg gingen 90 Prozent der Bausubstanz dieses Kernbereiches verloren. Da viele Brandbomben abgeworfen wurden, brannten die Häuser der Innenstadt noch drei Tage nach dem schwersten Luftangriff am 15. Oktober 1944.

Der Krieg hatte 80 Fachwerkhäuser und viele Steinruinen übrig gelassen. Politiker, Stadtverwaltung und der damalige Landeskonservator Dr. Kurt Seeleke rangen um ein Wiederaufbaukonzept, das zum Schluss den »Neuaufbau nach modernen Gesichtspunkten«, den Umbau für eine autogerechte Innenstadt und die Bildung von »Traditionsinseln« vorsah. Hier sollte alte Bausubstanz repariert, ergänzt, beziehungsweise im alten Stil wieder aufgebaut werden. Dazu hatte man anfänglich vier Bereiche ausgesucht – Burgplatz, Aegidienviertel, Magniviertel, Altstadtmarkt – später kam ein fünfter hinzu – das Michaelisviertel. Sie stehen seit 1963 unter Denkmalschutz. Diese »Vorzeigebereiche« alter Braunschweiger Baukunst sollen im Nachfolgenden dargestellt werden.

Traditionsinsel Burgplatz

Am westlichen Okerufer entstand vor über 1000 Jahren (9. Jahrhundert) auf einer Halbinsel eine Burg.
Sie war von dem Grafengeschlecht der Brunonen zur Sicherung der Fernhandelswege über die Oker gebaut worden. Der Welfenherzog Heinrich der Löwe (um 1129 bis 1195) gestaltete diesen Bereich völlig neu: Er ließ sich die romanische Stiftskirche St. Blasii von 1173 bis 1195 als Grabeskirche bauen.

Im rechten Winkel dazu entstand um 1160/1175 eine Pfalz – die Burg Dankwarderode, die auch ein Kaiser hätte bewohnen können. Ab dem 13. Jahrhundert lebten die Welfenherzöge überwiegend in Wolfenbüttel, sodass das Palasgebäude für viele andere Zwecke genutzt wurde. So hat dieser Gebäudekomplex eine sehr wechselvolle Geschichte hinter sich. Nach dem Umbau 1808 zur Kaserne brannte sie 1873 aus und sollte zugunsten eines Straßendurchbruchs nicht wieder aufgebaut werden. Stadtbaurat Ludwig Winter konnte den hier regierenden Prinzen Albrecht von Preußen von dem Wiederaufbau (1887 bis 1906) überzeugen. Die neue Burg hat zwar die alten Ausmaße (15 mal 42 Meter), jedoch etliche freie Ergänzungen von Winter erfahren. Die Burg brannte im Zweiten Weltkrieg aus. Zuerst wurde der untere Saal (Knappensaal) rekonstruiert. Dieser beherbergt ab 1963 die Abteilung für mittelalterliche Kunst des Herzog Anton Ulrich-Museums – seit 1989 den Burglöwen im Original. Der Rittersaal im Obergeschoss wurde Anfang der 1990er Jahre aufwendig rekonstruiert und die Ausmalungen nach originalen Vorlagen wiederhergestellt.
In der Mitte des Burgplatzes thront der Löwe noch einmal als Kopie auf einem Steinsockel, das Wappentier der Welfen und aufrecht stehend auch das der Stadt. Er steht für die Macht- und Gerichtshoheit von Herzog Heinrich dem Löwen in der Hauptstadt von Sachsen. Unbekannte Meister schufen um 1164 bis 1168 diese Bronzefigur, die vermutlich auf dem Burgplatz mit Erzen aus Goslar gegossen wurde. Mit 880 Kilogramm Gewicht und einer Länge von 2,79 Meter und einer maximalen Höhe von 1,78 Meter ist er die erste freistehende Großplastik des Mittelalters nördlich der Alpen.

Die ehemaligen Wirtschaftsgebäude der Burg an der Nordseite des Platzes wurden im 16. Jahr-

Burg Dankwarderode

Die Nordseite der St.-Aegidienkirche

hundert durch adelige Stadthöfe ersetzt. Davon zeugt das 1573 erbaute von Veltheimsche Haus. Es ist ein dreigeschossiges Fachwerkhaus mit einer Auslucht (Erker) und hat auf den Schwellen ein Flechtbandfries in Form eines Diamantbandes. Dieses Gebäude, wie auch das rechts daneben stehende Huneborstelsche Haus, wird heute von der Handwerkskammer Braunschweig genutzt.

Das Huneborstelsche Haus entstand zwischen 1524 und 1528 in der Straße Sack Nummer 5. Im Jahr 1900 riss man das Haus ab, rettete aber die Fassade, die 1902 vor die Ziegelsteinmauer der Handwerkskammer – dem Gildehaus – gestellt wurde. Die Schnitzereien schreibt man Simon Stappen zu, der sich auch in Goslar (Brusttuch) und Celle verewigt hat.

Das Vieweghaus, Burgplatz 1, bot seit 1804 der Familie Vieweg und dem Verlag genügend Platz, um für den Druck vieler, meist wissenschaftlicher Bücher zu sorgen. Der Architekt war David Gilly, den Friedrich Vieweg aus Berlin beauftragte, dieses trapezförmige Wohn- und Geschäftshaus mit Innenhof, damals das größte Privathaus Norddeutschlands, zu bauen. Nachdem der Verlag den Betrieb nach Frankfurt verlegt hatte, konnte das Braunschweigische Landesmuseum 1985 hier einziehen. Es ist damit eines der größten Geschichtsmuseen Deutschlands und zeigt Exponate der braunschweigischen Landesgeschichte seit 772.

Das Vieweghaus

Das Braunschweigische Landesmuseum am Burgplatz

Traditionsinsel Aegidienviertel

Kirche St. Aegidien

Im Mittelpunkt steht die ehemalige Benediktiner-Klosterkirche (bis 1528) St. Aegidien. Sie ist heute die Hauptpfarrkirche der katholischen Gemeinde (seit 1945). Das Kloster gründete die letzte Brunonin, die Markgräfin Gertrud, Großmutter von Herzog Heinrich dem Löwen, im Jahr 1115. Sie initiierte den Raub der Gebeine des Heiligen Auctor aus Trier und sorgte für eine würdige Reliquienverehrung. Seit 1200 ist er der Schutzheilige der Stadt Braunschweig. Vier erhaltene Klosterräume – heute im Bereich des Braunschweigischen Landesmuseums »Hinter Aegidien« – sind noch erhalten. Nach einem großen Stadtbrand 1278 erfolgte ein Neubau der Kirche. Nach 200 Jahren Bauzeit fand 1478 die Schlussweihe statt. Der Dom – eine dreischiffige Basilika – war für die meisten Kirchen Braunschweigs Vorbild. Bei St. Aegidien trat nach dem Stadtbrand eine Planänderung ein. Nach französischem Vorbild entstand eine gotische Hallenkirche, jedoch

Braunschweigisches Landesmuseum hinter Aegidien

ohne Türme. Die Kirche samt Kloster erlebte eine wechselvolle Geschichte: Nach Schließung des Klosters (1542) war sie eine evangelische Pfarrei – ab 1605/1615 ein evangelischer Frauenkonvent – ab 1718 eine Garnisonskirche und zur französischen Besatzungszeit (1806 bis 1813) unter Napoleon Militärdepot, Magazin und Pferdestall. Von 1832 bis 1885 dienten die Konventsgebäude als Gefängnis. In der Kirche wurden ab 1836 Feste und Konzerte durchgeführt, ab 1886 auch Ausstellungen zur braunschweigischen Landesgeschichte. Ab 1902 war die Kirche Teil des Vaterländischen Museums, ab 1945 wieder katholisches Gotteshaus. Auf der Südseite der

Hinter Aegidien Nr. 5 (alle Fotos: Manfred Gruner)

Die ehemalige Garnisonsschule

Das Lessingdenkmal

Kirche ist in den ehemaligen Klausurräumen und im ehemaligen Chor des Paulinerklosters seit 1906 das heutige Braunschweigische Landesmuseum untergebracht.

Straßen und Plätze um St. Aegidien

Das Areal der ehemaligen Klosterfreiheit gehörte früher nicht zu den fünf selbstständigen Stadtbereichen (Weichbilden bis 1671). Hier entstanden über Jahrhunderte kleinbürgerliche Wohnhäuser, von denen etliche den Krieg überstanden haben. Sehenswert sind: Lessingplatz 1, ehemalige Garnisonsschule (1843/1844), Lessingplatz 3 und 4 (gebaut um 1700), Hinter Aegidien 4 (gebaut um 1500), Hinter Aegidien 5, ein Bau aus der Mitte des 16. Jahrhunderts mit einem stilisierten Laubstab auf dem Schwellbalken. Auf der Ostseite der Kirche Spohrplatz 7 und Mönchstraße 3 (gebaut 1725 aber mit älteren Bauteilen) befindet sich das Geburtshaus des Komponisten und Geigenvirtuosen Louis Spohr, der hier 1784 geboren wurde. Das Sterbehaus Lessings befand sich auf der Nordseite der Kirche am Aegidienmarkt 12, es wurde im Zweiten Weltkrieg zerstört. Das 1853 errichtete Denkmal für Gotthold Ephraim Lessing am Rande des Lessingplatzes ist jedoch gerettet worden. Weitere Häuser älteren Datums stehen in der Aegidienstraße.

Traditionsinsel Altstadtmarkt

Die Traditionsinsel Altstadtmarkt wird beherrscht von der St.-Martini-Kirche, dem Altstadtrathaus und dem Gewandhaus. Die Marktanlage ist dadurch entstanden, dass der erste Straßenmarkt (heute Poststraße) und darauf folgend der Kohlmarkt im 12. Jahrhundert zu klein geworden waren. Danach wurde mit dem Bau der Martinikirche am Altstadtmarkt begonnen, im 13. Jahrhundert folgten Altstadtrathaus und Gewandhaus.

St. Martini

Sie ist die erste und wichtigste Bürgerkirche der reichen Altstadt und in der gesamten Stadt. Sie wurde, wie der Dom, als dreischiffige romanische Basilika begonnen. Bereits ab 1250 baute man sie zu einer gotischen Hallenkirche um. Architektonische Besonderheiten sind: die spätgotische St.-Annen-Kapelle von 1434/1438, das Taufbecken von 1441, das schmiedeeiserne Gitter von 1671 und der Taufdeckel aus dem Jahr 1618. Die Kanzel ist in den Jahren 1617 bis 1621 gebaut worden. Den Hochaltar schuf der Bildhauer Jenner 1722/1725, die bunten Glasfenster stammen aus dem Jahr 1842, die Orgel auf der Westempore gibt es seit 1630. Die Steinmetzarbeiten an den Giebeln erzählen viele biblische Geschichten, eine Kanonenkugel zeugt vom Beschuss auf die Stadt im Jahr 1615. Der in Wolfenbüttel wohnende Herzog wollte die Stadt zurückerobern.

St. Martini mit St. Annenkapelle

Altstadtrathaus

Altstadtrathaus

Von den fünf alten Rathäusern, die Braunschweig bis 1671 hatte, ist neben dem Neustadtrathaus auch das Altstadtrathaus erhalten geblieben. Der gotische, rechtwinklige Bau entstand von der Mitte des 13. Jahrhunderts bis zum letzten Drittel des 15. Jahrhunderts. Den Laubengang in der ersten Etage schmücken Steinfiguren. Mit diesen Königen und Kaisern aus sächsischem Geschlecht nebst Ehefrauen und den welfischen Herzögen wollten sich Braunschweigs Bürger schmücken. Im Obergeschoss befinden sich zwei Säle, die von der Stadt heute für Empfänge genutzt werden – die kleine und die große Dornse. Im Erdgeschoss und in den Kellerräumen können Objekte zur Stadtgeschichte bewundert werden, unter anderem auch das Stadtmodell von 1671.

Der Dom von der Ostseite

Der Altstadtmarkt mit Gewandhaus

Autorshof

Direkt neben dem Altstadtrathaus entstand Ende des 14. Jahrhunderts in der Breiten Straße die Autorskapelle, eine Sühnekapelle, die ab 1681 für Messezwecke und 1855 in den jetzigen Stand umgebaut wurde.

Gewandhaus

Das Gewandhaus wurde erstmals 1303 erwähnt und als Kauf-, Lager- und Gildehaus der Gewandschneider – der Tuchhändler – der reichsten und vornehmsten Gilde der Altstadt – benutzt. Seit 1329 ist auch ein Weinkeller genannt. 1590/1591 ergänzte man die östliche Giebelseite im Renaissancestil. Der Engel der Gerechtigkeit krönt mit erhobenem Schwert die schöne Fassade. Heute wird das Gebäude von der Industrie- und Handelskammer (IHK) genutzt. Der Eingang zum Kongresssaal geht durch das hierher versetzte Renaissanceportal der ehemaligen Hagenmarkt-Apotheke. Der Gewandhauskeller war als Restaurant über Jahrhunderte eine erste Adresse in Braunschweig. Er kann für Sonderveranstaltungen gemietet werden. An der Westseite des Gewandhauses hat sich heute eine neue Brasserie etabliert.

Altes Zoll- und Landwehrhaus

Dieses Haus von 1643 stand bis 1948 in einem Vorort von Braunschweig. Die sieben Fachwerkhäuser auf der Südseite des Altstadtmarktes waren im Zweiten Weltkrieg verbrannt. Deshalb versetzte man den ehemaligen Rüninger Turm zwischen Gewandhaus und St.-Martini-Kirche.

Stechinellihaus

An der Ecke Breite Straße – dem Altstadtrathaus gegenüber – kann man in der zweiten Etage einen Betteljungen entdecken, der aus Italien stammt. Er kam in der Mitte des 17. Jahrhunderts in den Pagendienst am Celleschen Hof, weil er dem Herzog Georg Wilhelm das Leben rettete. Dort arbeitete er sich bis zum Generalpostmeister empor. Da er gern in Braunschweig ins Theater ging, kaufte er sich 1690 dieses Eckgrundstück und ließ es im ausgehenden Renaissancestil umbauen.

Haus zu den Sieben Türmen

Im Giebelfeld des Hauses Altstadtmarkt 11 erinnern sieben Türme mit Halbmonden an eine Legende. Danach soll ein Vasall von Herzog Heinrich dem Löwen bei dessen Pilgerreise ins Heilige Land auf der Rückreise durch Konstantinopel (Istanbul) in ein Gefängnis gekommen

Gewandhaus Westseite

sein. Aus einem Fenster sah er sieben Türme und schwor, wenn er wieder nach Braunschweig zurückkomme, wolle er ein Haus mit sieben Türmen errichten. Aus Dankbarkeit baute er dieses Haus mit steinernen Türmen. 1708 bekam dieses Haus eine völlig andere Gestalt.

Marienbrunnen

Der Bleibrunnen steht seit 1408 mitten auf dem Altstadtmarkt und hat über Jahrhunderte zur Wasserversorgung beigetragen. Der spätgotische Dreischalenbrunnen besteht aus drei Schalen und einem krönenden Baldachin, unter dem Maria mit dem Jesusknaben zwischen den vier Evangelisten sitzt. Das Unterbecken trägt die Bildreliefs von biblischen Gestalten, darunter die

Der Innenhof der Jakob-Kemenate

Altstadtmarkt mit Marienbrunnen und Altstadtrathaus (alle Fotos: Manfred Gruner)

Altstadtmarkt mit Blick zum Amtsgericht

Heilige Katharina, der der Brunnen geweiht ist. Auf der mittleren Schale werden die »neun guten Helden«, das Wappen des Heiligen Römischen Reiches deutscher Nation, die Wappen der Kurfürstentümer, der Welfen und der Stadt Braunschweig dargestellt.

In der Umgebung des Altstadtmarktes

An der Südseite der Martinikirche stehen weitere zum Teil rekonstruierte Baudenkmäler: Das heutige Amtsgericht Braunschweig in dem ehemaligen Landschaftlichen Haus (Landtag des Herzogtums Braunschweig) von 1796, das heutige Staatliche Baumanagement in der ehemaligen Herzoglichen Kammer von 1764, in der Straße Eiermarkt die ehemalige Jakobskapelle mit den ältesten Gebäudeteilen Braunschweigs (zweite Hälfte des 9. Jahrhunderts), dahinter die Jakob-Kemenate, die ehemals steinerne Kammer eines Hinterhauses aus dem 12. Jahrhundert mit einem modernen Anbau. Beides wird als Wohnhaus und Ausstellungsraum der Karin und Jochen Prüsse Stiftung genutzt.

Traditionsinsel Michaelisviertel

St.-Michaelis-Kirche

Zentrum dieses wenig zerstörten Viertels ist die St.-Michaelis-Kirche, die 1157 geweiht wurde. Sie lag in unmittelbarer Nähe der alten Handelsstraße Hamburg – Braunschweig – Frankfurt, außerdem sehr nah an der alten Stadtmauer. Da es bereits die dritte Kirche des Weichbildes Altstadt war, ist sie schlichter ausgefallen. Sie war die Kirche für Arme und Fremde. Ursprünglich eine Saalkirche, baute man um 1200 den Turm und fügte im 14. Jahrhundert zwei Seitenschiffe hinzu. An der Nordostecke befinden sich in den Giebeln die Figuren des Heiligen Lorenz mit dem Rost und die des Erzengels Michael mit Speer und Drachen.

Michaelishof

An der Nordseite der Kirche erstreckt sich mit 12 Häusern seit 1983 das Studentenwohnheim Michaelishof. Hier können 165 Studentinnen und Studenten wohnen. Der große Torbogen des Hauptgebäudes führt in den Innenhof. An die-

Der Turm der St.-Michaelis-Kirche

ser Hausfront kann man geschnitzte Studentenköpfe erkennen. Der gesamte Gebäudekomplex wurde von polnischen Handwerkern errichtet, deshalb findet man unter den Schnitzereien auch polnisches und deutsches Geld. Nur das rechte Nachbargebäude aus der Zeit um 1500 (Güldenstraße 8a) hat noch viel alte Bausubstanz.

Gleich rechts daneben steht Braunschweigs schmalstes Fachwerkhaus mit 3,30 Meter Breite.

Haus zur Hanse

Das Haus Güldenstraße 7 (südlich der Michaeliskirche) stammt aus dem Jahr 1567. Der Knochenhauer (Fleischer) Haberland ließ es sich als Wohn- und Geschäftshaus bauen. Später wurde hier Bier gebraut. Es ist die Keimzelle der Wolters Brauerei – heute an der Wolfenbütteler Straße gelegen. Ein Braunschweiger Spezialbier – die Mumme – wurde in über 300 Brauhäusern hergestellt und war einer der wichtigsten Exportartikel des Mittelalters.

Das Pfarrwitwenhaus im Michaelisviertel

Michaelishof – im Hintergrund das schmalste Haus Braunschweigs

Die Echternstraße im Michaelisviertel

Stadtmauer am Prinzenweg

Die Ummauerung der Altstadt stammt aus dem 12. Jahrhundert, der Zeit Heinrichs des Löwen. Die Mauern wurden im 15. und 16. Jahrhundert wesentlich erhöht und verstärkt. Die im 18. Jahrhundert mit Bastionen stark ausgebaute Stadt gestaltete man zu Beginn des 19. Jahrhunderts um. Davon zeugen noch die vorbildlich angelegten Wallanlagen von Peter Joseph Krahe.

Echternstraße

Hinter der Michaeliskirche, in der Echternstraße (achtern der Stadtmauer), haben viele Fachwerkhäuser den Krieg überstanden. Das Predigerwitwenhaus aus dem Jahr 1559 hat die Hausnummer 14. Das Haus Echternstraße 16 baute sich Johann Heinrich Stobwasser für seine Lackwarenfabrik. Er produzierte in einer Manufaktur Holzgegenstände (Schränke, Dosen u.a.), die kunstvoll bemalt wurden. Mit einem durchsichtigen Lack überzogen, waren sie Exportartikel, die in ganz Europa Absatz fanden.

Wehrgang

Hinter dem Stobwasserhaus kommt man zu einem mittelalterlichen Wehrgang, der die Stadtverteidiger unter der Mauer hindurch führte. Durch den Wehrgang erreicht man den Okergraben, dem ersten Verteidigungsgraben, der im 14. Jahrhundert von einem zweiten, größeren ergänzt wurde.

Petersilienstraße – Alte Knochenhauerstraße

Auch hier hat der Krieg einige Baudenkmäler übrig gelassen. Die Fachwerkhäuser stammen aus der Zeit vor 1500. Das Haus Nr. 11, 1470 erbaut, zeigt die älteste noch im alten Aufbau erhaltene Hausfront, Figurenknaggen und Balkenköpfe sowie den typischen Treppenfries. Daneben das Haus Nr. 12, gegen 1490 erbaut, erhielt 1740 die barocke Haustür. Das größte Fachwerkhaus – Alte Knochenhauerstraße 11 – wurde 1489 errichtet. Das heutige Restaurant Ritter St. Georg zeigt ebenfalls Figurenknaggen und Balkenköpfe sowie den Treppenfries an den Schwellbalken.

Der Wehrgang im Michaelisviertel

Diesen Häusern gegenüber erhebt sich ein Klinkerbau, der 1875 für die Jüdische Gemeinde eingeweiht wurde. Rechts daneben stand bis 1940 die Synagoge, die bereits 1938 in der »Reichskristallnacht« zerstört und dann für einen Bunkerbau abgerissen wurde. Ein Synagogenneubau befindet sich seit 2006 im Innenhof dieses Gebäudekomplexes.

Literatur:
Gruner, Manfred; Braunschweig – Stadtrundgänge: Touristischer Stadtführer (ISBN 978-3980324342)

Von Manfred Gruner

Das Jüdische Gemeindehaus mit Ritter St. Georg

Fastnacht/Karneval in Braunschweig

Für viele auch hier die fünfte Jahreszeit

Fastnacht/Karneval wird im Braunschweiger Land seit dem frühen Mittelalter gefeiert. Im Braunschweiger Stadtbuch von 1293 finden wir die erste schriftliche Erwähnung, vermutlich die älteste in Deutschland. Der Fastnachtsbrauch, der aus jener Zeit stammt, war der »Schoduvel«, das Schaulaufen oder Vertreiben des Teufels, der Dämonen. Dieser »Schoduvel« wird noch heute im Karnevalsumzug mitgeführt. Es ist ein in schwarzes Tierfell Vermummter mit Teufelsmaske. Die Fastnachtsfeiern im Braunschweiger Land waren ursprünglich unanständige, lächerliche Umläufe unter allerlei Vermummungen. Erst später wurden die Feste, zu denen auch die Heischezüge gehörten, von Maskeraden ersetzt, bei denen aber weiterhin allerhand Unfug getrieben wurde, teilweise an heidnische Bräuche angelehnt. Als die derben Späße überhand nahmen, griff die Obrigkeit ein und verbot Fastnachtsfeiern während der Weihnachtstage. Ausführliche Maskenbeschreibungen finden wir schon in Urkunden und Schriften aus den Jahren 1408 und 1477, die im Stadtarchiv aufbewahrt werden.

Fastnachtsumzüge gab es im Mittelalter auch schon. Auf dem Lande waren es die Heischezüge, man erheischte Esswaren und Getränke, um damit die Fastnachtsfeier ausrichten zu können. In der Stadt Braunschweig hatten sich die Gildegesellen mit ihren Mädchen zu maskierten Umzügen zusammengefunden. Mehr als 300 Pferde mit ihren kostümierten Reitern zogen durch die Stadt, jedes Weichbild (Stadtteil) hatte eigens für den Umzug geschneiderte Kostüme. Aus den Jahren 1544 und 1573 sind uns genaue Schilderungen dieser Umzüge überliefert.

Der Elferratswagen der Braunschweiger Karneval-Gesellschaft von 1872 e.V. (Foto: Siegfried Nickel)

Till-Ordensträger Rolf Zuckowski im Kreise seiner Fans (Foto: Bernd Ratayczak)

Coffee-Sisters 2013 (Foto: Kerstin Musiol)

Die Büttenabende der Braunschweiger Karnevalsvereine sind gesellschaftliche Höhepunkte. Hier das Männerballett Die Okergirls der BKG. (Foto: Michael Völkel)

Der Präsident der Karnevalsvereinigung der Rheinländer, Karsten Heidrich, mit drei Tanzmariechen (Foto: Andre Ehlers)

Aber auch der Adel hatte die Fastnacht für sich entdeckt. Eine Einladung in das Hoch-Fürstliche Residenzschloss zu Blankenburg von 1731 zum Carneval (carnevale = Fortnahme des Fleisches, also der Beginn der Fastenzeit) belegt das. Die Carnevalslustbarkeiten begannen dort am 6. Januar 1731 und gingen bis zum 6. Februar, kontinuierlich, wie es heißt, von acht Uhr abends bis zwei Uhr nachts. Vierzehn Veranstaltungen gab es während der närrischen Zeit 1731 im braunschweigischen Blankenburg.

Im 19. Jahrhundert gründeten sich erstmals Karnevalsgesellschaften. In Braunschweig war es die Braunschweiger Karneval-Gesellschaft, die 1872 von dem Industriellen Max Jüdel gegründet wurde. Die zweite Gesellschaft ist die Karneval-Vereinigung der Rheinländer, die 1922 gegründet wurde. Diese Vereinigung entwickelte sich aus der Landsmannschaft »Vereinigung der Rheinländer«, die aus dem von Franzosen und Belgiern besetzten Rheinland vertrieben waren. Die dritte Gesellschaft in Braunschweig ist die Mascheroder Karnevalgesellschaft Rot-Weiß, die sich 1965 gründete. Diese drei Gesellschaften schlossen sich 1977 zum »Komitee Braunschweiger Karneval« zusammen, ein Zusammenschluss der weiterhin eigenständigen Karnevalsvereine.

Das Komitee Braunschweiger Karneval ist Ausrichter vieler Veranstaltungen. Ein großes Biwak auf dem Kohlmarkt zieht alljährlich viele Besucher an. Auch der größte Karnevalsumzug Norddeutschlands, der an die 280 000 fröhliche Menschen an den Straßenrand lockt, wird vom Komitee verantwortet. Die Idee zu diesem Karnevalsumzug hatten die Karnevalisten schon 1978. Ein Jahr später sollte er starten – er fiel wegen der Schneemassen aus. Am 10. Februar 1980 zog dann der erste Zug durch die Straßen. Heute ist es der größte Karnevalsumzug in Norddeutschland, und vermutlich der viertgrößte in Deutschland, der drei Stunden live im Fernsehen übertragen wird. Seit 2012 liegt die Verantwortung in den Händen des Zugmarschalls Gerhard Baller. 2015 war für ihn und alle Karnevalisten ein schlimmes Jahr! Wegen einer Terrorwarnung musste der Umzug kurzfristig abgesagt werden. Doch 2016 lief der Zug wieder wie in all den Jahren zuvor.

Aber auch das soziale Engagement der Karnevalisten muss erwähnt werden. So wird beispielsweise die Jugendarbeit großgeschrieben. Mehr als 200 Kinder und Jugendliche werden in Gruppen betreut, lernen Garde- und Showtänze, Singen und Büttenreden schreiben und vortragen. Und in der Seniorenarbeit sind alle drei Gesellschaften aktiv. Sie bringen denen Freude und Frohsinn, die nicht mehr zu den Veranstaltungen kommen können. An die 50 Senioreneinrichtungen werden jährlich besucht.

Fastnacht und Karneval sind also ein bedeutendes Traditionsgut und Teil des gemeinsamen europäischen Kulturerbes. Nach wie vor fest im christlichen Jahresablauf verankert, haben sie als Schwellenfest vor der österlichen Fastenzeit eine klare zeitliche Begrenzung. Am Aschermittwoch ist definitiv Schluss. So steht es in der Ethik-Charta des Bundes Deutscher Karneval.

Von Jürgen Hodemacher

Zauberhafte Weihnachtsstimmung in Braunschweig

Der traditionelle Weihnachtsmarkt bietet Unterhaltung und Vergnügen für seine Gäste

Alle Jahre wieder verwandeln sich die Plätze rund um den Dom St. Blasii und die Burg Dankwarderode in den stimmungsvollen Braunschweiger Weihnachtsmarkt. In eindrucksvoller historischer Umgebung öffnen vom 23. November bis 29. Dezember 2016 rund 150 Kunsthandwerker und Marktkaufleute ihre liebevoll geschmückten Hütten und Stände. Zu ihrem vielfältigen Angebot zählen unter anderem Holzspielzeug, Schmuckkreationen, Woll- und Fellprodukte sowie Adventsschmuck in unterschiedlicher Machart. Kulinarische Spezialitäten aus der Braunschweiger Region und aller Welt erfüllen manch lang ersehnte Gaumenfreude. Die Geschichte des Weihnachtsmarktes in der Löwenstadt reicht zurück bis in das Jahr 1505. Als einer der stimmungsvollsten und attraktivsten Märkte in Norddeutschland zieht er jedes Jahr mehrere hunderttausend Besucher nach Braunschweig. Auch die übrige Innenstadt erstrahlt in weihnachtlichem Glanz. Theater und Museen bieten ein abwechslungsreiches Kulturprogramm und auf dem Kohlmarkt lädt eine Eisbahn zu ein paar Runden auf Schlittschuhen ein.

Flöße im historischen Burggraben

Besonders beliebte Treffpunkte auf dem Weihnachtsmarkt sind die überdachten Holzflöße im historischen Burggraben der Burg Dankwarderode. Die Flöße mit den Namen Heinrich, Mathilde und Otto sind auf einen durch Lichteffekte funkelnden Untergrund aus Glaskieseln gebettet, der den ehemaligen Verlauf des Flusses Oker nachzeichnet. Etwas abseits vom lebendigen Marktgeschehen finden hier auch größere Gruppen Platz für eine gesellige Runde. Die Flöße sind online buchbar.

So sieht man den Weihnachtsmarkt vom Rathausturm.
(alle Fotos: Braunschweig Stadtmarketing GmbH)

Weihnachtsmarktführungen

Die »Weihnachtsmarktführung mit Blick hinter die Kulissen« beantwortet viele spannende Fragen rund um den traditionsreichen Weihnachtsmarkt. Ein Gästeführer erläutert Wissenswertes zu den historischen Orten rund um den heutigen Marktstandort und begleitet die Besucher zu einzelnen Marktleuten. Diese geben einen Einblick in das Schaustellerleben und erzählen manch unterhaltsame Anekdote. Für Gruppen bietet das Stadtmarketing die Führung »Weihnachtlicher Stadtspaziergang rund um den Burglöwen« an. Ein Gästeführer informiert über die Hintergründe der historischen Orte rund um den Braunschweiger Weihnachtsmarkt.

Lichterzauber aus der Höhe

Um dem Weihnachtsmarkt und der Löwenstadt auf die Dächer zu schauen, lohnt der Aufstieg auf den 61 Meter hohen Rathausturm inmitten des Marktes. Nach 161 Stufen bietet sich ein einmalig schöner Ausblick. Die Turmbesteigung ist sowohl allein als auch im Rahmen einer Stadtführung möglich.

Bunt und einladend sind die Hütten und Stände dekoriert.

Buntes Treiben vor dekorierten Hütten

Staunen, malen, basteln

Kinder erwartet auf dem Braunschweiger Weihnachtsmarkt ein vielseitiges, kostenloses Programm mit Puppentheater und Märchenstunden. In der Weihnachtswerkstatt können sie nach Lust und Laune malen, basteln und in der Weihnachtsbäckerei leckere Kekse zubereiten. So wird der Marktbesuch auch für die Kleinen zu einem unvergesslichen Erlebnis.

Die süßeste Versuchung seit es den Weihnachtsmarkt gibt

Mandel-Meier ist beliebter Treffpunkt voller Genuss

Ein wunderbarer Duft zieht über den Braunschweiger Weihnachtsmarkt und kündigt einen unvergesslichen Genuss an: frisch handgebrannte Mandeln nach altem Originalrezept von Markus Karl Meier – liebevoll bekannt unter dem Namen Mandel-Meier.

Seit Jahrzehnten zählt der Spezialitätenhändler zu den absoluten Originalen und sein Stand zum beliebten Treffpunkt auf dem Weihnachtsmarkt.

Markus »Mandel« Meier in Aktion! (Foto: Robert Kleinke)

Die Kunst des Mandelbrennens beherrscht Markus Meier in einzigartiger Weise. Schon als Fünfjähriger hat er am Stand von Lisa Pajewski interessiert zugeschaut und nicht geahnt, dass er 1993 das Geschäft übernehmen würde. Sein Informatik-Studium hängte er dafür kurzerhand an den Nagel. Der Umgang mit Menschen, das Entertainment, die Glück spendende Jahrmarktatmosphäre waren dem Kind einer Schaustellerfamilie viel wichtiger.

Seit über 20 Jahren steht Markus Meier nun schon hinter seinem Kupferkessel. »Neben dem richtigen Rezept und der Qualität der Zutaten kommt es vor allem darauf an,« sagt er, »dass meine Kunden dabei sind – dabei, wenn diese Köstlichkeit vor Ihren Augen entsteht!«. Den vielen großen und kleinen Gästen, die das Schauspiel fasziniert verfolgen, läuft schon vom Zusehen »das Wasser im Munde zusammen«!

Auf mehr als 80 000 Stammkunden kann Markus Meier stolz sein. Die rote Fliege, sein Markenzeichen, ist deutschlandweit geschützt – denn nicht nur bei der Herstellung seiner Mandeln zeigt er Sinn für das Besondere.

Und er ist seiner Kunst immer treu geblieben. Bis vor etwa 40 Jahren wurden gebrannte Mandeln immer handwerklich produziert: Durch reine Körperkraft im Kupferkessel mit Buchenholzlöffel – eine körperlich extrem anspruchsvolle Tätigkeit. Dann wurden Mandelrührmaschinen entwickelt, die alles einfacher machen sollten. Doch damit wurde das traditionelle Handwerk massiv dezimiert. Als einer der ganz wenigen in Deutschland führt Markus Meier seinen Kunden noch heute die traditionelle Herstellung vor. Die fröhlich gelaunten Gäste aufs Neue begrüßen zu dürfen – das ist für den Mandel-Weltrekordler der Grund, in der Freude an der »Süßen Sache« nicht nachzulassen.

Das Unternehmenswappen (Foto: Privat)

Viele Kunden wissen auch gar nicht, dass sie hier von einem echten Weltrekordler bedient werden: Markus Meier hat einst 30 Stunden den Buchenholzlöffel geschwungen und besitzt seit 2001 den Guinness-Buch-Weltrekord im Dauerhandmandelbrennen!

Beitrag von:
Markus Karl Meier
Parkkamp 1
38110 Braunschweig Thune
Tel. (01 77) 208 29 15
mandelmeier@aol.com

Der Dom

Ein Symbol der Braunschweiger Geschichte und Gegenwart

Laut Duden heißt Dom »Hauptkirche«. Das Wort wurde im 16. Jahrhundert aus dem französischen »dôme« entlehnt, das über das italienische »duomo« auf das kirchenlateinische »domus« (ecclesiae), das auf das »Haus der Christengemeinde« zurückgeht. Lateinisch domus heißt: »Bau, Haus«. In Braunschweig ist diese Hauptkirche zugleich »Haus« des Landesbischofs der evangelisch-lutherischen Landeskirche, nämlich dessen regelmäßige Predigtstätte.

Der Braunschweiger Dom ist seit Jahrzehnten die zentrale Kirche der Stadt mit sehr vielfältigen Angeboten. Seit dem 1. Advent 1968 finden dort zum Beispiel tägliche Gottesdienste statt, was für eine evangelische Kirche ungewöhnlich ist. Noch keiner ist seitdem ausgefallen. Das »Wort zum Alltag« wird in schriftlicher Form an jedem Tag verteilt, auch nach dem »Mittagsgebet« mit Orgelmusik am Sonnabend. Sehr populär ist die Domsingschule, in ihrer Größe und Art einmalig in Deutschland.

Domansichten (Foto: Stadt Braunschweig / Gisela Rothe)

Der Dom und Burglöwe (Foto: Braunschweig Stadtmarketing GmbH / Gerald Grote)

Domansichten (Foto: Stadt Braunschweig / Gisela Rothe)

Grabmal Heinrichs des Löwen und Mathildes, circa 1240 (Foto: Theofil Andreev)

Blick nach Westen auf die Orgel (1962) und Hindorf-Rosettenfenster (1982) (Foto: Theofil Andreev)

Bekannt sind die Domnächte, die Veranstaltungen mit der Stadt zu bestimmten Jubiläen, die Freisprechungsfeier der Handwerkskammer, Kooperationen mit dem Staatstheater und dem Landesmuseum und anderes mehr.
Der Dom ist mit seiner Geschichte nicht nur für Braunschweig und Niedersachsen wichtig. Mit dem Jahr 1166 besitzen wir ein Datum, das uns einen festen Ausgangspunkt sichert. In diesem Jahr wurde der Burglöwe, das Wappentier von Herzog Heinrich, auf dem Burgplatz aufgestellt, die erste große gegossene Freiplastik nördlich der Alpen – auch ein Hinweis auf die Weite und Ansprüche dieses Herrschers.
Die Anfangsarbeiten am heutigen Dom begannen 1173. Vorher stand hier eine Kirche, die 1030 von Godehard dem 14. Bischof von Hildesheim zur Ehre von Petrus und Paulus geweiht worden war. Sie wich dem neuen Dom zur Ehre von St. Blasius und Johannes dem Täufer. Die alte brunonische Stiftskirche ist in einigen Teilen noch erkennbar, es gibt Steine, die »Kratzspuren« zeigen, die innerhalb des neuen Mauerwerkes im Chorbereich verwendet wurden. Einige Säulenschäfte an einer kleinen Nordtür weisen ebenfalls auf den Bestand der Brunonenkirche hin. Daran knüpfen sich auch viele Legenden, zum Beispiel die vom treuen Löwen, der »seinem« Heinrich nahe sein will und an der Tür des Domes kratzt.
Dieses Haus Gottes steht, wie es der türlose Turmriegel im Westen und der mit dem Hauptschiff gleiche Jochdurchmesser in den Querarmen ausweisen, in der sächsischen Bautradition. Die Wölbungstechnik dagegen scheint in die Lombardei zu weisen, deren architektonische Merkmale auch am Dom zu Königslutter abzulesen sind. Ein Bezug zum Salomonischen Tempel ist oft vermutet worden. Eine nicht ausgeführte Herrscherempore könnte auch darauf hinweisen. Ein solcher Plan hat dem Selbstbewusstsein Heinrichs des Löwen entsprechen können. Blutsmäßig war er den Kaiserwürden nicht weniger weit entfernt als sein Vetter Friedrich Barbarossa, dessen Mitstreiter er war und dessen leidenschaftlicher Gegner er wurde.
Kurz vor dem Tode seines Stifters am 6. August 1195 war der Dom weitgehend fertiggestellt. Am 29. Dezember 1226, dem Todestag des Märtyrers Thomas Becket von Canterbury erfuhr der Dom zusammen mit der Hereinnahme dieses Heiligen in das Patrozinium des Hochaltars durch Bischof Konrad von Hildesheim seine Gesamtweihe. Ein Dokument darüber befindet sich im Niedersächsischen Staatsarchiv in Wolfenbüttel. 1275 wurde das gotische Glockenhaus fertig gestellt. Im Laufe der Zeit kam es zu vielen Altarstiftungen. Eine Erweiterung des Baukörpers wurde notwendig. 1322 erfolgte eine Erweiterung nach Süden unter Herzog Otto dem Milden und seiner Gemahlin Agnes von Brandenburg, deren Holzplastiken im südlichen Seitenschiff zu sehen sind.
In der zweiten Hälfte des 15. Jahrhunderts wurde das nördliche Seitenschiff abgebrochen und durch eine zweischiffige spätgotische Halle ersetzt. Der Dom erhielt zwischen 1469 und 1474 hiermit ein Beispiel des englischen Perpendicular Styles, der erstmalig im Kreuzgang der Cathedrale von Gloucester erbaut worden war (1377).
Die Reformationszeit ließ insgesamt 31 Nebenaltäre verschwinden. Die evangelische Auffassung

Hoher Chor mit Wandmalereien in Secco – Technik (zweites Viertel 13. Jahrhundert) (Foto: Theofil Andreev)

vom Gottesdienst machte auch vor Heiligenfiguren und Holzplastiken nicht halt. Die Auseinandersetzungen zwischen Fürstenhaus und Stadt, die 1671 beendet wurden, bezeugen diese Entwicklung. Selbst der Siebenarmige Leuchter wechselte mehrfach seinen Standort! Der sogenannte Welfenschatz wurde gleichfalls abtransportiert, später vom Haus Hannover wegen

akuter Geldnot in die Vereinigten Staaten von Amerika verkauft. Inzwischen gehören viele wieder erworbene Stücke zur Stiftung Preußischer Kulturbesitz.
Ein dunkles Kapitel ist das sogenannte Dritte Reich. Der Dom wurde zu einer »Nationalen Weihestätte« umgestaltet. Ausschachtungsarbeiten fanden statt, um eine neue Gruft für Heinrich den Löwen zu schaffen. Die Malereien von Essenwein im Langhaus wurden beseitigt und durch Sgrafittos im Obergaden ersetzt. Lediglich das Domgeläut blieb bis in die letzten Kriegstage erhalten und konnte danach von einer »Glockensammelstelle« wieder zurückgeführt und sogar ergänzt werden. Das Grabmal Heinrichs des Löwen und

Blick vom Rathausturm (Foto: Braunschweig Stadtmarketing GmbH / Gerald Grote)

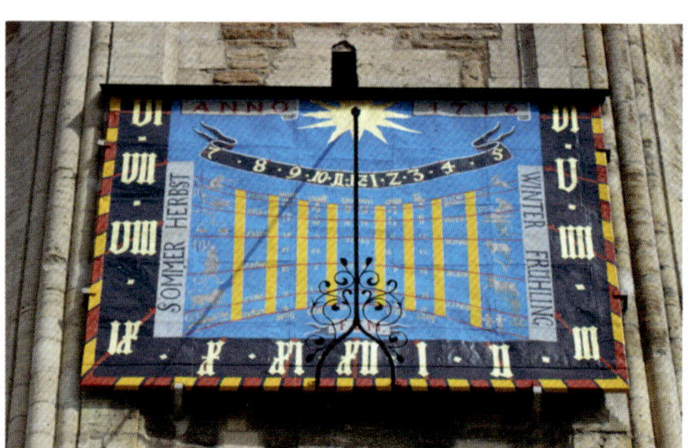

Tafelsonnenuhr am südlichen Turm von 1761 (Foto: Braunschweig Stadtmarketing GmbH / Gerald Grote)

Künstlersignatur am nordwestlichen Langhauspfeiler (Foto: Theofil Andreev)

seiner zweiten Gemahlin Mathilde von England gehört zu den verbliebenen wesentlichen Kunstwerken. Es ist aus Schaumkalkstein. Ihr Schöpfer ist dem Namen nach nicht bekannt. Die Tradition weist auf die Schulen von Chartres und Reims. Die beiden sind als Idealfiguren dargestellt. Untersuchungen am Skelett Heinrichs haben ergeben, dass der Herzog in der Länge nur 1,62 Meter, seine Gemahlin aber mindestens 1,85 Meter maß! Der höfische Stil, den Mathildes Mutter Eleonore von Aquitanien gepflegt hat, schlägt im Dom in der Gestaltung vieler Figuren durch.
Der Marienaltar mit seinen fünf Bronzesäulen, auf denen die Mensa ruht, gehört zu den kunsthistorischen Besonderheiten. Sein Weihedatum: 8. September 1188, Tag der Geburt Mariens. Das Kapitell der Mittelsäule zeigt eine aufblühende Lilie, die Blume der Reinheit (auch die der Maria). Die vier tragenden Säulen zeigen prachtvoll gestaltete stilisierte Adler (Christussymbole). Übrigens, die mittlere Säule war ein »Reliquiengrab«.
Das Imervardkreuz hat seinen Namen von einem offensichtlich irischen Künstler, der in den Gürtelenden verzeichnet ist. Das Kreuz gehört zum sogenannten Volto-Santo-Typ, zu einer Gruppe von Großkreuzen, wie eins zum Beispiel in Lucca in Italien zu sehen ist. Eine Datierung um 1170 ist wahrscheinlich. Das Kreuz ist ein großes Pluszeichen, es streicht die Schuld durch. Es symbolisiert den Satz »Gott kennt auch Dich und hat Dich lieb«.

Blick auf Marienaltar (1188) und Siebenarmigen Leuchter (1190) (Foto: Braunschweig Stadtmarketing GmbH / Thomas Ammerpohl)

Der Siebenarmige Leuchter (1188) symbolisiert als »Lebensbaum« die Hoffnung der Christen, sogar über das Sterben hinaus. Deshalb steht er heute wieder über den Gräbern und dem Altar.
Die Malereien im Dom gehören zu der Gruppe der Secco-Malereien. Eine Senkrechtzeile an einer Eingangssäule lautet in Übersetzung aus dem Lateinischen: »Wenn ich beleben könnte, was ich zu gestalten weiß, müssten die Figuren zu Recht unter den Göttern wohnen!« Besonders auf dem Hohen Chor sind viele biblische Szenen und Figuren aus der Kirchengeschichte (z.B. die Heilige Helena) in der alten Farbigkeit zu erkennen. Die Restaurationen in der Nachkriegszeit sind als geglückt zu bezeichnen!
Eine Figur wird in den nächsten Jahren in besonderer Weise mit dem Braunschweiger Dom in Verbindung gebracht werden – es ist die Kaiser Ottos IV. Der einzige Welfenkaiser ist im Dom bestattet. Seine Grabplatte liegt vor dem Marienaltar.
Der Dom gehört zu den meistbesuchten Gebäuden in Braunschweig. Es ist eine den Menschen zugewandte Kirche. Kirche in dieser Form stellt eine GmbH dar – eine »Gemeinschaft mit besonderer Hoffnung«.

Von Armin Kraft, Propst und Domprediger a.D.

Immobilienberatung ist Kümmern bei PROFICON

Mike Hübner und sein Team sind die kompetenten Makler rund um die Immobilie

Mike Hübner arbeitet nicht als Immobilienmakler – er lebt Immobilien. Und so hat er sich mit Proficon-Immobilien zum kompetenten Ansprechpartner und Makler bei Verkauf und Vermietung von Immobilien in unserer Region entwickelt.
Immobilienberatung bedarf Vertrauen. Entscheidend sind daher das Beratungskonzept und die Arbeitsweise eines Immobilienberaters. Und da kümmert sich der Profi-Makler Mike Hübner wirklich um alles. Das beginnt mit der Auswahl der angebotenen Immobilien und endet mit der Zahlung, den Eintragungen im Grundbuch und erforderlichen Abrechnungen.
Wer sich als Verkäufer, Käufer, Vermieter oder Mieter für die Zusammenarbeit mit Proficon-Immobilien entscheidet, bekommt ein Rundum-Sorglos-Paket, denn Mike Hübner kümmert sich. Bevor eine Immobilie ins Angebot des Unternehmens aufgenommen wird, werden alle rechtlichen und wirtschaftlichen Fakten (zum Beispiel Grundbuch und Abrechnungen) geprüft. Wenn sich ein Kunde für eine Immobilie entschieden hat, organisiert Mike Hübner alles, was noch zu tun ist: Finanzierung, Kaufvertragsvorbereitung, Abrechnungen, Übergabe und und und … Der Kunde hat bei Proficon-Immobilien immer einen persönlichen Ansprechpartner an seiner Seite, der sich um alles kümmert – auch nach Vertragsabschluss.

Mike Hübner und Sabine Knispel (Foto: Proficon)

Sie möchten Ihre Immobilie vermieten? Auch hierfür bietet Proficon-Immobilien vielfältige Dienstleistungen an. Dazu findet zunächst eine Eigentümerberatung statt, bei der ein individuelles Vermietungskonzept zu der jeweiligen Immobilie besprochen und erarbeitet wird. Der Vermietungsservice ist sehr auf Sicherheit bedacht und umfasst alle notwendigen Prüfungen, Mietvertragsgestaltung, sowie An- und Ummeldungen. Mit diesem Servicepaket wird der Eigentümer entlastet, geht auf »Nummer sicher«, und vermeidet Risiken, bevor sie entstehen.
Für die Verwaltung von Immobilien bietet Proficon-Immobilien ebenfalls vielfältige Konzepte an und ist mit seiner Erfahrung ein zuverlässiger Partner. Proficon-Immobilien übernimmt dabei alle Aufgaben rund um den Vermietungsservice, die Eigentümerbetreuung sowie die kaufmännische und technische Verwaltung. So sind Immobilien nicht nur eine sichere Kapitalanlage, sie werden auch professionell verwaltet, damit der Wert des Vermögens erhalten bleibt.
Immobilienberater gibt es viele, aber nur wenige mit Auszeichnung! Proficon-Immobilien und Mike Hübner sind in den letzten Jahren von Deutschlands größtem Immobilienportal, ImmobilienScout, aufgrund hoher Kundenzufriedenheit mehrmals als Premium-Partner ausgezeichnet

Foto: Fotolia

worden. Darüber hinaus sind die Unternehmensabläufe von der Deutschen Immobilienakademie nach den hohen Standards der DIN 15733 zertifiziert.

»Das erfreulichste an der Unternehmensentwicklung sind die vielen Empfehlungen und Kunden, die schon mehrfach Immobiliengeschäfte mit uns getätigt haben«, fasst Mike Hübner zusammen. Dies ist sicher ein Beleg für hohe Beratungsqualität und Serviceorientierung.

Verkauf, Vermietung, Verwaltung – bei Proficon und Mike Hübner ist alles rund um die Immobilie KÜMMERN.

Die schönsten Fachwerkhäuser Braunschweigs

Sichtbare Spuren einer vergessenen Tradition

Selbst viele Braunschweiger wissen nicht, dass ihre Stadt einst als eine der schönsten, reichsten und eindrucksvollsten Fachwerkstädte Deutschlands bekannt war. Für den berühmten Theaterkritiker Alfred Kerr war sie ein »Schatz«, »etwas Liebes, das man auf seinem Weg findet«, und er sah Straßenzüge, »darin wundersam eine alte krause Zeit gewahrt blieb«.

Die Fachwerkstadt Braunschweig ist im Zweiten Weltkrieg untergegangen. Aber immerhin: 70 der etwa 2000 Fachwerkhäuser aus der Zeit von etwa 1470 bis zum 18. Jahrhundert haben das Bombardement des Krieges überstanden, darunter 15 aus den Jahren vor 1500. Das ist etwas ganz Besonderes, denn die wenigen heute noch vollständig erhaltenen Fachwerkstädte weisen nur noch selten Häuser aus spätgotischer Zeit auf.

Die Ansicht der Braunschweiger Fachwerkhäuser wird durch waagerechte und senkrechte Linien bestimmt. Das Holzwerk ist auf das eigentliche Fachwerkgerüst beschränkt, also das statisch notwendige Gerippe für Wand, Decke und Dach. Schmückende Zutaten wie im hessisch-fränkischen Fachwerk fehlen. Ein Dreiecksverband aus Streben, Ständer und Schwelle bzw. Deckenbalken macht den Holzbau winkelsteif und widerstandsfähig gegen die Horizontalkräfte des Windes. Die Zwischenräume zwischen den wandbildenden Hölzern heißen Gefache und werden erst nach Aufrichtung des Gerüstes entweder mit Lehmputz auf einem hölzernen Flechtwerk oder mit Bruch- oder Backsteinen ausgefüllt.

Als die konstruktive Entwicklung des Fachwerkbaus nicht weiter verbessert werden konnte, wandte sich gegen Ende des 15. Jahrhunderts das Interesse der Bürger dem Schmuck der Hausfronten zu. Die weiten Geschossvorkragungen, von Knaggen (Konsolen) gestützt,

Hinter der Magnikirche 1 (alle Fotos: Theofil Andreev)

Hinter der Magnikirche 5

Stiftsherrenhäuser

Stiftsherrenhäuser

Alte Knochenhauerstraße

Damm 4, Knaggen

Burgplatz, Veltheimsches Haus

erhielten zunächst den stark plastischen »Treppenfries«, eine auf- und absteigende Treppe, die jeweils den Zwischenraum zwischen zwei Ständern ausfüllt. Zu diesem Treppenfries gehört zeitgleich immer die tief eingeschnittene, langgezogene Kerbknagge. Treppenfriese und Kerbknaggen sehen wir an den Stiftsherrenhäusern 8, an der Kleinen Burg, dem Ensemble in der Alten Knochenhauerstraße (mit dem bedeutendsten noch erhaltenen mittelalterlichen Fachwerkgebäude Ritter St. Georg), am Haus Ritterstr. 24 und Hinter der Magnikirche 1 und 5. Sie alle sind in der Zeit zwischen 1479 und 1500 entstanden. Braunschweig ist besonders stolz auf diese Häuser.

Der Treppenfries, als doppelte oder sogar dreifache Treppe ausgebildet, oft auch bereichert durch kleine figürliche Darstellungen in Flachschnitzerei, wie in der Alten Knochenhauerstraße, wird durch den Bügelfries abgelöst, dem der Laubstab folgt. Denn die Verzierungen am Fachwerkbau sind Modeerscheinungen. An ihnen lässt sich das ungefähre Entstehungsdatum der Häuser mühelos ablesen. Diesen Laubstab sehen wir unter dem Dach am Haus Damm 4, erbaut 1535 (siehe unten). Dort hat man ihn belassen, nachdem alle anderen herrlichen Fachwerkverzierungen, bis auf die Knaggen unter der ersten Vorkragung nach Mode des frühen 19. Jahrhunderts abgebeilt wurden.

Mit Bewunderung betrachten wir noch heute den Veltheimschen Lehnhof, gebaut 1573. Das Stadthaus einer Adelsfamilie hat drei hohe Wohngeschosse, kein Zwischengeschoss und auch keinen Speicher. Ein besonderes Statussymbol ist der hohe Erker.

Die Konsolen der Überhänge sind mit Blattornament belegt, die Schwellen zeigen die Fortentwicklung des Laubstabes: den Kettenfries mit Diamantquader über den Balkenköpfen, Taubänder und auf den Ständern hufeisenförmige Perlreihen.

Diese Perlreihen sehen wir auch am Haus Ritterstraße 23; dazu Rollkonsolen und ornamentierte Schiffskehlen zwischen den Balkenköpfen. Über dem alten Eselsrückensturz findet sich die Datierungsinschrift »1608«. Im Vergleich zum 100 Jahre älteren Nachbarhaus haben die Raumhöhen deutlich zugenommen, der Überhang dagegen ist zurückgenommen worden. Die Gefache sind nicht mehr mit einem Staken-Flechtwerk für Strohlehm, sondern mit Ziegelzierverbänden ausgefüllt. Das 17. Jahrhundert und der Beginn des 18. Jahrhunderts

Alte Knochenhauerstraße

Ritterstraße 24

Ritterstraße 23

präsentieren das Fachwerk in seiner Vollendung!
Ohne wesentliche Veränderungen blieb dagegen das Haus des Krämers und Ratsherren Friedrich Huneborstel – das heutige Gildehaus, gebaut 1524 – über die Jahrhunderte bestehen. Und wie unsere Vorfahren vor knapp 500 Jahren

Schuhstraße (alle Fotos: Theofil Andreev)

Ölschlägern 23

staunen wir noch heute über dieses Bilderbuch aus Holz. Schauen wir vom Beginn der ersten Vorkragung bis zur Traufe: Da tummeln sich Nixen und Putten, Sol (die Sonne) mit Strahlenkranz präsentiert stolz sein Zepter, während sich ein Löwe an seine Beine schmiegt. Darüber bringt jemand unter dem Deckmantel des Narren sein Schäfchen ins Trockene, in der Knaggenreihe unter der Traufe begleitet ein Bauer seine Bäuerin zum Markt, Patrizier und Patrizierin sind einander zugetan, die fünf Sinne stellen sich recht drastisch dar. Auf den unteren Ständern sind Sol die anderen sechs Planetengötter rechts und links zugeordnet, so dass sich eine korrekte Reihenfolge der Planetengötter des damals noch herrschenden Ptolemäischen Weltbildes mit der Erde als Mittelpunkt ergab. Herr Huneborstel zeigte seine Bildung! Nun sind alle diese Figuren in Hoch- und Flachschnitzerei nicht unbedingt die Erfindung des Künstlers – das war wahrscheinlich ein Simon Stappen – sondern es gab Vorlagenbücher und Kalenderblätter unter anderem von Burgkmair und Dürer.
Das Gildehaus stand ursprünglich im Stadtteil Sack. Dort sollte es abgerissen werden. Die Stadt kaufte 1902 Fassade und Dachstuhl und ließ beides einem Neubau am Burgplatz vorblenden bzw. aufsetzen. So wurde am Burgplatz eine lange bestehende Baulücke geschlossen: die erste »Traditionsinsel« war geschaffen worden.
Das Huneborstelsche Haus ist ein gutes Beispiel für die mittelalterlichen Bürgerhäuser: Im Erdgeschoss wurde gearbeitet und gewohnt. Hinter dem Portal lag die hohe Däle, in die an einer Seite niedrige Zwischengeschosse als Schlafräume eingehängt wurden, während die andere Seite die Durchfahrt der Wagen in den Hof ermöglichte. Alle weiteren Geschosse einschließlich des hohen Daches dienten der Lagerung von

Burgplatz, Gildehaus

Chronogramm

Waren. Die Fenster waren vergittert, damit der Wind die Waren trocknen bzw. trocken halten konnte. Der Lastenaufzug in den Dachbereich erfolgte durch ein Winderad.

Neben all diesen prächtigen Häusern gibt es einige, die nur als »Buden« bezeichnet werden, entweder aufgrund ihrer geringen Größe, wie das Haus Ölschlägern 23 (er-

Ziegenmarkt

Mandelnstraße 2/3

baut um 1500) mit nur drei Gefachen, oder wegen ihrer dreieckigen Grundform, wie das Haus Schuhstraße 17 mit nadelspitzem Giebel und geschwungenem Dach. Diese »Bude« wurde Ende des 16. Jahrhunderts erbaut und zeigt auf ihren drei Saumschwellen das Facettband (ebenfalls eine Weiterentwicklung des Laubstabes) am ersten und zweiten Oberstock, begleitet von einem Tauband. Ein kleiner Fenstererker erlaubt es den Bewohnern, den angrenzenden Kohlmarkt zu überblicken.

Das beherrschende Schmuckmotiv der Renaissance war die Halbrosette, aus der sich der scharfkantige Fächer entwickelte. Einen solchen Fächer zeigt das Haus Jakobstr. 2. In unmittelbarer Nachbarschaft steht das mit 20 Spann Länge (ein Spann ist der Abstand von Ständer zu Ständer) größte von Kriegsschäden verschont gebliebene Holzgebäude der Stadt. 1561 errichtet, wird es heute als Studentenwohnheim genutzt.

Im Eckbau zur Jakobstraße, dem Nebengebäude, ist ein sogenanntes Chronogramm eingeschnitten (begleitet von Tauband und Perlen): »Da PaCeM IehoVa VrbI BrVnsVIga«. Gib Frieden Herr der Stadt Braunschweig. Stellt man die Großbuchstaben zusammen, ergibt sich MDCVVVVIII, die Jahreszahl 1623. Und diese Friedensbitte hat geholfen! Braunschweig blieb im Dreißigjährigen Krieg von Brandschatzung und Überfällen verschont. Allerdings brach unmittelbar nach dem Krieg die Pest aus, die ein Drittel der Bevölkerung dahinraffte. Die Stadt verarmte. Und so hatten die versammelten Herzogsheere 1671 keine große Mühe, die Stadt einzunehmen. Der Hof, fast 400 Jahre in Wolfenbüttel ansässig, zog 1753 in Braunschweig ein – und mit ihm der Baustil des Barock. Ein völlig neues Schönheitsempfinden, vermittelt von der neuen Oberschicht der Höflinge, Offiziere und Beamten, teilte sich der Bürgerschaft mit. Die Vorkragungen, die zum Ende des 17. Jahrhunderts immer weiter zurückgenommen worden waren, verschwanden nun völlig. Ein edles und seltenes Beispiel für diese Übergangszeit ist das Pfarrhaus Hinter der Magnikirche 7 von 1705. Seine Fassade ist nahezu schmucklos. Die Fenster sind zu Gruppen zusammengefasst, die Mitte wird betont. Das Haus scheint in sich selbst zu ruhen.

Nach dem Verlust der Selbstständigkeit 1671 musste die Stadt auch noch eine große Garnison aufnehmen. Da es noch keine Kasernen gab, wurden die Soldaten in den Bürgerhäusern einquartiert. Das war eine schwere Belastung. Aber man wusste sich zu helfen: die Dachgeschosse wurden ausgebaut. So entstanden Mitte des 18. Jahrhunderts in Braunschweig die vielen Zwerchhäuser auf den Dächern.

Die vier Fachwerkhäuser, die den Übergang vom Kohlmarkt in den Ziegenmarkt bilden, zeigen die Abkehr vom traditionellen bürgerlichen Wohn-Speicherhaus in Braunschweig, die unter dem Einfluss des Barock einsetzte: Die Ständer werden zwischen den Fenstern zu Paaren zusammengestellt, die Balkenköpfe hinter Brettprofilen versteckt, das Fachwerk sehr häufig mit Ölfarbe überstrichen, ein Massivbau imitiert.

Die Braunschweiger Bürgerhäuser wandten schon sehr früh, gegen Ende des 15. Jahrhunderts, ihre Traufenseiten den Straßen zu – wie an dem oben beschriebenen Ensemble auch zu sehen ist, – so dass sich eine kontinuierliche Zeilenbebauung ergab. Die Giebelseiten blieben stets ohne Tür oder Tor. Erst am Ende des 19. Jahrhunderts lebte die Liebe zum Fachwerk wieder auf. Aus Trümmern auferstanden ist das Haus Mandelnstraße 2/3. Die Fassade wurde einem massiven Neubau von 1974 vorgeblendet. Auf Schwelle, Ständern und Fußbändern breitet sich reicher Renaissancedekor aus: Beschlagwerk, Perl- und Taustäbe, Volutenkonsolen und eine lange Hausinschrift. Auch Zimmermanns- und anderes Werkzeug sind dargestellt. Das Motto für diesen Wiederaufbau ist oberhalb der originalen Reste zu lesen: »Was du ererbt von deinen Vätern, erwirb es, um es zu besitzen.«

Von Brigitte Windt

Jakobstraße 2

Hinter der Magnikirche 7

Wir sind Gastgeber. Wir sind Veranstaltungen.

Die Stadthalle ist Treffpunkt für Events aller Art

Als Marktführer der Region Braunschweig-Wolfsburg bietet die Stadthalle Braunschweig Betriebsgesellschaft mbH jährlich rund eine Million Besuchern in ihren drei Veranstaltungsstätten, der Stadthalle Braunschweig, Volkswagen Halle Braunschweig (Seite 114) und dem Eintracht-Stadion (Seite 136) ein vielfältiges Programm aus Konzerten, Shows, Kongressen, Business-Events, Messen und Märkten sowie Sportveranstaltungen

Die Stadthalle Braunschweig: klangvolle Adresse mit einzigartigem Programm- und Veranstaltungsangebot. Vielfältig und vielseitig bespielbar, garantiert die Stadthalle Braunschweig, das »Mutterhaus« der Betriebsgesellschaft, ein besonders umfangreiches Angebot für die Menschen in unserer Stadt und Region. Als die Stadthalle Braunschweig 1965 eingeweiht wurde, galt sie als eine der modernsten Hallen jener Zeit. Und dank ihrer flexibel nutzbaren Räume für unterschiedliche Veranstaltungsformate bei einer Gesamtkapazität von bis zu 3500 Besuchern, erfüllt sie auch heute die Anforderungen eines zeitgemäßen Kultur- und Kongresszentrums.

Ein gesellschaftlicher Treffpunkt in der Löwenstadt: die Stadthalle Braunschweig (Foto: Marek Kruszewski)

Musikalische Sternstunden

Ein besonders von Musikern und Publikum gleichermaßen hochgelobtes Markenzeichen der Stadthalle Braunschweig ist die Akustik, die in Zusammenarbeit mit der Physikalisch-Technischen Bundesanstalt (PTB) Braunschweig entwickelt wurde. Dieses besondere »Klangereignis« durften die Gäste der Stadthalle Braunschweig bei über 1000 Sinfoniekonzerten erleben, die das Braunschweiger Staatsorchester in den letzten 50 Jahren hier spielten. Partner der ersten Stunde sind auch die Philharmonischen Meisterkonzerte, die internationale Stars der Klassik-Szene im Großen Saal präsentieren.

Größtes Kongresszentrum der Region

Die Stadthalle Braunschweig ist das größte Kongresszentrum in der forschungsintensivsten Region Europas und bewährter Austragungsort von internationalen Tagungen, Kongressen, Parteitagen und Jahreshauptversammlungen. Die weitläufigen, zu verbindenden und separierbaren Foyers der Stadthalle eignen sich hervorragend für kongressbegleitende Ausstellungen, Messen oder Catering und laden zu einem kommunikativen und informativen Austausch ein.

Mittelpunkt des gesellschaftlichen Lebens in Braunschweig

Neben ihrer herausragenden Stellung als Kongress- und Kulturzentrum ist die Stadthalle Braunschweig ein Mittelpunkt des gesellschaftlichen Lebens in der Löwenstadt. Die klassisch gehobenen Tanz-Bälle wurden mit den Jahren von Abi-Bällen, Entlassungsfeiern und Ü-30-Partys abgelöst. Ein fester Bestandteil und geselliges Ereignis sind, von Beginn an bis heute, die Abschluss- und Debütbälle der örtlichen Tanzschulen.

Von Kerstin Lange

Galaveranstaltungen, Bankette, Empfänge, Firmen- und Jubiläumsfeiern finden im Großen Saal und im Congress Saal statt. (Foto: Stadthalle Braunschweig Betriebsgesellschaft mbH)

Showtime: Braunschweiger Tanzschulen und Vereine tanzten sich bei der Jubiläumsparty »50 Jahre Stadthalle« durch 5 Jahrzehnte. (Foto: Marek Kruszewski)

Die Stadthalle Braunschweig ist immer eine »Erste Adresse« für die Ausrichtung von Verbandskongressen, Jahreshauptversammlungen, Parteitagen oder wissenschaftliche Symposien. (Foto: Hans Sachs)

Gern gesehen: Die Dauerausstellung »Veranstaltungsplakate aus 50 Jahren Stadthalle Braunschweig« befindet sich in den Treppenaufgängen zum Großen Saal. (Foto: Marek Kruszewski)

Stadthalle und Löwenkrone – Eine glückliche Symbiose

»Wir sind das Haus für Feiern«

»Wir sind das Haus für Feiern«, sagt Ronny Hunsen, Pächter des Restaurants Löwenkrone in der Stadthalle. Zentral in unmittelbarer Nähe zur Innenstadt und zum Bahnhof gelegen, sowie mit ausreichend Parkmöglichkeiten für Pkw und Busse, bietet das Restaurant einen guten Treffpunkt für Veranstaltungen aller Art und durch die Anbindung an die Stadthalle auch aller Größenordnungen.
Die Anforderungen im Veranstaltungs-Catering steigen stetig, werden immer spezifischer und individueller. Ronny Hunsen, der bereits seit 2005 in der Löwenkrone tätig ist, schätzt die gute Zusammenarbeit mit den Kollegen aus der Stadthalle: »Geht nicht, gibt's nicht!« Das Zusammenspiel zwischen Restaurant, Veranstalter und Stadthalle funktioniert reibungslos, man vertraut einander. »Nahtlos an die Arbeit der Vorgänger anknüpfen«, das war immer die Maxime der Pächter, deren Anzahl sich in den letzten 50 Jahren mühelos an einer Hand abzählen lässt. Diese Beständigkeit in der Führung stärkt und verbindet, da sind sich sowohl Stadthalle als auch Löwenkrone einig.

Stilvoller Eingangsbereich im Grünen (alle Fotos: Kerstin Lange)

Grün wo man auch hinschaut

Hell und gemütlich

Ronny Hunsen hat es mit seinem Vorgänger Karl König geschafft, sein Unternehmen in drei gastronomische Bereiche zu teilen, die durch ein perfektes Team wie ein Uhrwerk ineinander greifen.

Die Löwenkrone

Mit dieser verbinden heute viele Gäste Gemütlichkeit, Wohlbehagen und eine lockere und doch komfortable Atmosphäre. Vor allem aber eine Speisekarte, die Erlesenes für jeden Geschmack bietet. Das Motto des Teams um Ronny Hunsen lautet: Wir kochen mit Herz.
Zu jeder Tageszeit sowie bei speziellen Themenabenden sind kulinarische Genüsse für jeden Gaumenfreund eine Selbstverständlichkeit. Für Feiern jeder Art stehen etwa 250 Plätze zur Verfügung, die liebevoll und dem Anlass entsprechend eingedeckt werden. Auf der herrlichen Sonnenterasse wird dabei zur Begrüßung gern ein Sektempfang gereicht. Verschiedene Buffets unterschiedlicher Art und für jeden Geschmack tragen zur gelungenen Feier bei.

Die Stadthalle

Ohne sie wäre die Löwenkrone undenkbar. Ronny Hunsen und sein Team beweisen bei Seminaren, Konzerten und Events jeder Art ein Gespür dafür, was der Gast in Bezug auf die Bewirtung wünscht. Es versteht sich von selbst,

Die gemütliche Terrasse

dass die Küche der Löwenkrone der Jahreszeit entsprechendes zu bieten hat und ihre Angebote auf jeden Gästeumfang ausrichten kann.

Das Catering

Lieferungen in und um Braunschweig und in die ganze Region sind kein Problem. Entsprechende Angebote erfüllen dabei alle Wünsche des Bestellers. Außer der Lieferung von Speisen und Getränken ist man auch gern bei dem Ausleihen von Equipment wie Geschirr, Bestuhlung, Zelten und dem Engagieren von Personal behilflich.

Ausreichend Platz auch für Feierlichkeiten

Beitrag von:
Stadthallen-Gastronomie Hunsen GmbH
Leonardplatz 14 · 38102 Braunschweig
Tel. (05 31) 707 070 · Fax (05 31) 707 077 7
info@loewenkrone.de

Braunschweigs schaurig-schöne Wasserspeier

Der Hund an der Kirche St. Katharinen (alle Fotos: Hornhard Windt)

Wen erschrecken sie heute noch, die rätselhaften Gestalten, die hoch oben an den Dächern und Türmen der alten Braunschweiger Kirchen hocken? Es sind die Wasserspeier. Sie dienten vor der Erfindung von Regenrinnen und Fallrohren aus Metall der Ableitung des Regenwassers von den großen Dächern.

Aber sie hatten im Mittelalter wohl auch noch einen anderen Zweck. Sie sollten böse Geister abwehren, die nach damaliger Auffassung vor ihren eigenen Abbildungen zurückschreckten. Überall vermuteten unsere Vorfahren Dämonen. Bei Unwettern glaubte man eine »wilde Jagd« am Himmel zu erkennen und geisterhaftes Wolfsgeheul und Hundegekläff zu hören. Deshalb stellen auch viele Wasserspeier in Braunschweig Wölfe und Hunde dar. Aber das sind nicht die freundlichen Begleiter des heutigen Bürgers, die dort abgebildet werden, sondern es sind ziemlich unfreundliche Bestien. Böse glotzen sie auf uns herab, wie der Hund an der Kirche St. Katharinen. Der große Reißzahn und die lange Zunge lassen diesen Hund gefährlich aussehen. Die Hinterbeine und der Hinterleib befinden sich auf dem Gesims, während die Vorderbeine sich am Mauerwerk abstützen. Man hat den Eindruck, dass er schon im Absprung begriffen ist. Noch bedrohlicher wirkt ein Wasserspeier in Form eines Wolfes am Dach der Kirche St. Andreas. Er ist total abgemagert, die vier Zehen (auf dem Bild nur drei zu sehen) sind mit scharfen Krallen versehen, das Maul zeigt nur noch Reißzähne. Die Augen liegen in tiefen Augenhöhlen. Seltsam, dass die Vorderfüße des Wolfs als menschliche Hände ausgebildet sind, die das Maul zum Speien aufreißen. Hier wird deutlich, dass kein wirklicher Wolf gemeint ist, sondern ein dämonisches, unnatürliches Wesen.

Aber nicht nur an Kirchen finden sich Wasserspeier. An der Laube des Altstadtrathauses hockt neben anderen Bestien ein merkwürdiger Löwe. Auch bei ihm haben die Vorderpranken die Form von Händen. Indem er die Zähne fletscht, zeigt er seine großen Reißzähne. Die wulstigen Augenbrauen und die

Der Wolf am Dach der Kirche St. Andreas

Der Löwe an der Laube des Altstadtrathauses

Der Affe an der Laube des Altstadtrathauses

hervorquellenden Augen unterstreichen den finsteren und bösartigen Charakter dieses Tieres. Dieser Löwe ist ganz eindeutig als eine teuflische Gestalt konzipiert.

Im Zoo sind Affen als ausgesprochen spaßige Tiere beliebt. Nicht so die Affen, die sich als Wasserspeier an Braunschweiger Gebäuden finden. Der Affe an der Laube des Altstadtrathauses wirkt eher unheimlich. Mit seinem überlangen linken Vorderarm stützt er sich auf seinen Fuß, mit seinem rechten Arm reißt er sein Maul auf. Tiefe Augenhöhlen unter dicken Augenbrauenwülsten unterstreichen sein grimmiges Aussehen. Ein weiterer Affe kauert auf dem Gesims der Kirche St. Martini, die Arme auf seine Knie gestützt. Er lugt aus tiefen Augenhöhlen mit schräggehaltenem Kopf auf den Betrachter. Dass er nichts Gutes im Schilde führt, merkt man spätestens, wenn man das Gesicht erkennt, das sich auf seinem Bauch abzeichnet. Ein Buchillustrator, der den sprechenden Baum eines Märchens abbilden will, ist gut beraten, dem Baum einen Mund auf die Rinde zu malen. So ist es mit dem Gesicht auf dem Bauch des Affen: Dieser Affe ist von einem Dämon befallen, einem unheilvollen Geist, auf den das grinsende Gesicht nur zeichenhaft Bezug nimmt und den man »in Wirklichkeit« nur indirekt, nämlich an den Untaten des Affen erkennt.

Zu den häufigsten Wasserspeier-Tiergestalten gehört der Ziegenbock. In der Vorstellung des Mittelalters hatte der Teufel seine wichtigsten Merkmale – Ziegenbart, Hörner und gespaltene Hufe – vom Ziegenbock geerbt. Dieser Umstand genügte, um den Ziegenbock in Verruf zu bringen und ihm einen festen Platz unter den Wasserspeiern zu sichern. Allerdings handelt es sich meistens nicht um einen gewöhnlichen Ziegenbock. Mit Wolfsrachen und Reißzähnen, wie an der Kirche St. Andreas, war ihm eine unheimlichere Wirkung auf den Betrachter sicher.

Der Affe auf dem Gesims der Kirche St. Martini

Der Ziegenwolf an der St. Andreas Kirche

Der Drache mit Raubtierkopf und Fledermausflügeln am Dom

Sehenswert sind auch die Wasserspeier am Dom (St. Blasius), vor allem ein Drache mit Raubtierkopf und Fledermausflügeln, eine Verkörperung des Teufels. Nicht alle Wasserspeier in Braunschweig sind wirklich alt. Krieg und Umwelteinflüsse haben viele Originale zerstört oder bis zur Unkenntlichkeit verstümmelt. Aber die Wasserspeier prägen so sehr das Bild mittelalterlicher Kirchen, dass sie stets nach den alten Vorlagen erneuert worden sind. Sie haben längst ihre Funktion als Wasserableiter verloren und sind zu Bauschmuck geworden. Aber immer noch erinnern sie an die Vorstellungen und Ängste der Menschen, die vor Hunderten von Jahren in der Stadt gelebt haben.

Es lohnt sich also, die Dächer und Türme der Kirchen und alten Gebäude Braunschweigs etwas genauer zu betrachten.

Von Hornhard Windt

Paläste für Bürger

Stadtvillen im Grüngürtel Braunschweigs

Die Stadt Braunschweig war bis in die zweite Hälfte des 18. Jahrhunderts von einem Stern aus 16 spitz zulaufenden Bollwerken und dazwischen liegenden, spitz nach außen weisenden befestigten Inseln, sogenannten Ravelins umgeben, die von einem breiten Wassergraben umflossen wurden. Eine gewaltige Befestigungsanlage nach französischem Vorbild, bot dieses Verteidigungssystem jedoch gegen die neuen Geschütze mit ihren immer größeren Reichweiten schon bald keinen hinreichenden Schutz mehr. Mehr noch, es schnürte die Stadt regelrecht ein – Betreten und Verlassen der Stadt war nur durch enge Tore und über lange hölzerne Zugbrücken möglich. Darüber hinaus war die Instandhaltung überaus aufwändig, sodass bald ein allmählicher Verfall der Verteidigungsanlage einsetzte.
Der Herzog Carl Wilhelm Ferdinand berief im November 1801 eine »Wall-Demolierungs-Kommission«, deren Leitung bald an Peter Joseph Krahe fiel. Auf ihn geht die Umgestaltung der Stadtbefestigung Braunschweigs, eine Glanzleistung der Ingenieurstechnik und Stadtplanung, zurück: Die Wälle wurden geschleift – es wurde abgebrochen, aufgeschüttet, eingeebnet, Höhenunterschiede ausgeglichen, die alten Stadtein- und -ausgänge in moderne Toranlagen umgewandelt, neue Brücken gebaut und Wasserstand und Fließgeschwindigkeit des Umflutgrabens durch zwei neue Wehre reguliert. Es entstand ein polygonaler Promenadenring, der die alte Sternform widerspiegelte. Die geraden Straßen wurden mit einer doppelten Baumreihe bepflanzt, die Gelenkstellen an den Knickpunkten als geometrische Plätze ausgebildet. Auf dem neuen Terrain entstanden Parks und großzügig geschnittene Privatgrundstücke, deren Verkauf die immensen Kosten milderte.

Villa Löbbecke, Inselwall 11

Diese Villa wurde 1881/1882 von Constantin Uhde erbaut. Ihre Arkaden sind nach Süden gerichtet und durch einen in Sandstein gearbeiteten Puttenfries besonders hervorgehoben. Der rechte Eckrisalit trägt ein Turmbelvedere. Da die Villa auf einer Anhöhe liegt, kann sie sich in dem vor ihr liegenden Bammelsburger Teich spiegeln. Diese Villa diente lange Jahre als Gästehaus der Universität Braunschweig.

Villa Löbbecke, Inselwall 11 (alle Fotos: Hornhard Windt)

Petritorwall 26

Petritorwall 26

Der Berliner Architekt Friedrich Lilly erbaute 1868 diese Villa in gelben Ziegeln mit zurückhaltend in profiliertem Werkstein gearbeiteten Fenstereinfassungen. Der zweiachsige Risalit trägt eine Vasenattika. Das umlaufende Kranzgesims wird von einem damastähnlichen Fries begleitet. Diese Villa besticht durch ihre klare Linienführung und erinnert an klassische Vorbilder.

Hohetorwall 11

Der Senatspräsident Dr. Hans Wolf ließ diese Villa von den Architekten Fröhlich und Baumkauff 1903 errichten. Das Besondere an diesem glatt verputzten Bau sind die farbig gefassten Verzierungen der Fenster und des vorspringenden Wintergartens. Sie zeigen ebenso wie der Rankenfries in der Brüstungszone des Obergeschosses einen vegetabilen Putzdekor. Blumen und Pflanzen waren die Lieblingsmotive des Jugendstils. In dem großen mit alten Bäumen bewachsenen Garten spielte die spätere Dichterin

Ricarda Huch als Kind, denn der Garten gehörte ihren Großeltern.

Hohetorwall 14

Reichen Werksteinschmuck verwandten die Architekten Fröhlich und Baumkauff 1887 für diese Villa. Sie wurde auf einen hohen Quadersockel gesetzt und in gelbem, zweifarbig gebändertem Ziegelmauerwerk aufgeführt. Markante Fensterverdachungen, scharf geschnittene Gesimse und den Bau beherrschende Dachaufbauten kennzeichnen diese im Neorenaissancestil errichtete Villa.

Wilhelmitorwall 29

Diese Villa ist sicher eine der schönsten Stadtvillen Braunschweigs. 1841 wurde sie von dem genialen Architekten Carl Theodor Ottmer erbaut. Die Villa besteht aus zwei langgestreckten, einander gegenüberliegenden Baukörpern, die mit ihren Schmalseiten zur Straße bzw. zum Garten zeigen und durch einen zurückliegenden Mitteltrakt verbunden sind. Dem vorderen Bereich ist eine leicht vorspringende Terrasse und zum Garten hin eine breite Freitreppe vorgelagert. Der Mitteltrakt ist wunderschön ausgeführt: Rundbögen laufen auf kannelierten korinthischen Pilastern zusammen, die zweizonig geöffnet sind und im Erdgeschoss hochrechteckige Fenstertüren und in den Bögen Halbkreisfenster zur Belichtung des Mezzaningeschosses umschließen. Verspielt wirkende Kapitelle krönen die strengen Pilaster. Die Stirnseiten der Seitentrakte haben jeweils ein ädikulagerahmtes Fenster und – im Mezzaninbereich – eine darüber eingelassene Rosette. Der gesamte Bau steht auf einem Werksteinquadersockel mit segmentbogigen Öffnungen. Eine Villa von klassischer Schönheit!

Wilhelmitorwall 29

Wilhelmitorwall 25

Diese Villa stammt wie die Villa am Petritorwall 26 von Friedrich Lilly. Sie wurde im Jahr 1873 errichtet. Lilly orientierte sich am Palastbau der italienischen Renaissance. Dies zeigt der markante Turmbelvedere und eine zweigeschossige, antikisierende Portikusarchitektur, die dem Garten zugewandt ist. Hier ist die Fassade aufgelockert und gestaffelt, während die Fassaden zum Wilhelmitorwall und zur Ferdinandstraße hin straff gegliedert und symmetrisch aufgebaut sind.

Dieses sind Beispiele für die Bebauung des westlichen Wallringes. Viele weitere können aus Platzgründen nicht vorgestellt werden. Besonders sehenswert sind die Villa »Salve Hospes« am Lessingplatz und die Villa Bülow an der Celler Straße, auch die schönen Gründerzeitvillen auf dem Löwenwall.

Von Brigitte Windt

Hohetorwall 11

Hohetorwall 14

Wilhelmitorwall 25

Die Löwen Classics – Reitsport auf höchstem Niveau

Das Internationale Weltranglistenturnier in Springen und Dressur

Alljährlich findet im Frühjahr in der Volkswagen Halle in Braunschweig das Internationale Reitturnier Löwen Classics statt. Mit der Premiere im Jahr 2002 begann die Veranstaltungsreihe als ein solides und nationales Hallenturnier. Mittlerweile hat es sowohl im Braunschweiger Veranstaltungskalender als auch im deutschen sowie internationalen Turnierkalender einen festen Platz eingenommen und gehört zu den bekanntesten Reitturnieren Europas.

Eine Erfolgsgeschichte, die der umsichtigen und klugen Arbeit der Turniermacher zu verdanken ist.

Alles begann im Jahr 1990, als Bäckermeister Axel Milkau an der Theke seines Freundes Clemens Backhaus im Hotel Heyer in Lehndorf saß und auf die Idee kam, ein großes Reitturnier ins Leben zu rufen. Von dieser Idee begeistert, stieg Backhaus mit 50 DM als erster Sponsor ein. Noch heute erinnert der Schein eingerahmt an diesen ersten Schritt in Richtung Löwen Classics.

Es wurde die Interessengemeinschaft »Braunschweiger Stadtmeisterschaften« ins Leben gerufen, welche als Marketinginstrument für den Reitsport fungierte und die Region und ihre Wirtschaft indirekt auf die späteren Löwen Classics vorbereitete.

1992 wurde der Verein »Team BS e.V.« als logische Konsequenz gegründet, der die BS-Stadtmeisterschaften ausrichtete. Im Zuge dessen wurde auch ein Wirtschaftspool mit über 20 Firmen gegründet, der medienwirksam viele

v. l.: Franke Sloothaak (Sportlicher Direktor), H. G. Winkler, Axel Milkau (Turnierleitung) (alle Fotos: Foto-Design Gr. Feldhaus®)

Förderprojekte finanzierte. In den nachfolgenden acht Jahren wurden Medienpartnerschaften im bisherigen Niemandsland der Reiterei geschlossen, um damit die Attraktivität gegenüber Sponsoren zu steigern.

Nanna Skodborg Merrald auf Traneenggaards Akondo sicherten sich den zweiten Platz im Grand Prix Kür U25

Im Jahr 2000 wurde der Markenbaustein »BS-Stadtmeisterschaften« an den Verein »Braunschweiger Turnierreiter« übertragen und die bis heute federführende T.-BS Sportmarketing GmbH wurde gegründet. Noch im selben Jahr hat Axel Milkau die HGW Marketing GmbH mit Hans Günter Winkler als Vermarkter und sportlichen Leiter dazugewinnen können und das erste nationale Hallenreitturnier mit einem Gesamtetat von 700 000 DM fand 2002 in der Volkswagen Halle statt.

Nach zwei Jahren entstand der für die Stadt werbeträchtige Name »Löwen Classics« und bereits 2005 wurde diese immer größer werdende Veranstaltung international im Springen und der Dressur durchgeführt. Das i-Tüpfelchen, neben dem Spitzensport der Weltklasse-Reiter aus dem In- und Ausland, ist die besondere, familiäre Atmosphäre aufgrund eines vielfältigen Rahmenprogramms für Jung und Alt mit Show und Livemusik.

Ende 2014 bekamen die Löwen Classics einen neuen Sportdirektor. Eine wahre Trophäe: Der

Atemberaubende Atmosphäre in der Volkswagen Halle

Christian Ahlmann und Colorit auf dem Weg zum Sieg am Sonntagnachmittag

Holger Wulschner mit seinem BSC Cavity im Großen Preis von Volkswagen

Mannschaftsolympiasieger, Europa- und Doppelweltmeister Franke Sloothaak bringt seitdem erfolgreich seine Erfahrungen mit ein.

Rund 32 000 Zuschauer, darunter auch Gesichter aus Wirtschaft, Politik und Fernsehen, ließen sich dieses Event 2016 nicht entgehen. Sie feuerten mehr als 200 Reiter aus über 17 Nationen in nationalen und internationalen Sportprüfungen an. Die Arena glich einem Hexenkessel.

Von einer Thekenidee zu einem internationalen Weltranglistenturnier mit einem Etat von 1,5 Millionen Euro – Braunschweig kann stolz darauf sein, als Austragungsort aufzutreten. Und der Ausbau geht ständig weiter, z.B. mit der seit 2010 integrierten Deutschen Hallenmeisterschaft der Springreiter (Mannschaft), dem Deutschen Hallenchampionat der Springreiter sowie dem HGW-Bundesnachwuchschampionat.

Dank der vielen ehrenamtlichen Helfer und der so wichtigen Sponsoren konnte 2016 das 15-jährige Jubiläum gefeiert werden. Die Veranstaltung ist der sichtbare Ausdruck für eine Marke geworden. Löwen Classics versteht sich nun als ein Oberbegriff für Sport, für Serien und soziale Projekte und steht für eine Idee, die der Region gut tut. Das dazugehörige Sportzentrum Löwen Classics ist vom Landessportbund Niedersachsen als Landesstützpunkt in Niedersachsen zertifiziert worden. Es hat seinen Standort in Braunschweig/Alt Lehndorf. Zusammen mit den flächendeckenden Aktivitäten rund um die Marke Löwen Classics drückt es Braunschweig den Stempel einer neuen Reiterhochburg in Niedersachsen auf.

Des Weiteren beschäftigen sich die Löwen Classics mit der Konzeption und Entwicklung von langfristig angelegten Projekten, die dem Reitsport generell und dem Pferdesport in Niedersachsen speziell dienen. Gespeist werden diese Ideen durch den täglichen Kontakt zum Sport, durch die enge Verbindung zwischen Spitzensport und Basisarbeit, soziale Projekte und Kultur.

Wir freuen uns auf 2017, um erneut hochkarätigen Reitsport in der Volkswagen Halle zu sehen.

Der Braunschweiger Shantychor

Maritimes Liedgut hat in Braunschweig viele Freunde

Braunschweig hat als alte Hafen- und Hansestadt eine lange Tradition. Daran anknüpfend haben sich Sänger und Sängerinnen mit großem Interesse an Shanties und dem maritimen Liedgut zusammengefunden, um gemeinsam zu singen und sich an der Nostalgie alter Seemannsgeschichten zu erfreuen. Wobei die gute alte Zeit der Seefahrt gar nicht immer so angenehm war. Die Shanties bringen zum Ausdruck, welche harte und entbehrungsreiche Arbeit auf alten Segelschiffen geleistet werden musste. Dabei sorgten Vorsänger, die Shantymen, für Antrieb und Motivation bei der Mannschaft, zum Beispiel beim Ankerholen, um im Rhythmus und mit Gesang unterschiedlichster Art die schwere Arbeit auf den Schiffen zu erledigen.

Der Braunschweiger Shantychor wurde 1986 von dem alten Fahrensmann Hermann Strien gegründet. Der Chor ist seitdem ein fester Bestandteil der Braunschweiger Kulturszene.

Das Bewahren, die Pflege und Verbreitung des maritimen Liedgutes, insbesondere der traditionellen Shanties, hat sich der Chor zu seiner Aufgabe gemacht.

Bereits zur Gründungsversammlung am 11. Januar 1986 erschienen 29 Mitglieder, von denen heute noch einige aktiv dabei sind. Schnell entwickelte sich der Chor zu seiner heutigen Größe von 57 Mitgliedern, davon 44 Männer und

Braunschweiger Shantychor 2014 auf dem Löwenwall (Foto: E. Claus)

Der Shantychor mit seiner Vorstellung bei der Braunschweiger Kulturnacht 2014 (Foto: E. Claus)

Der Vorstand des Shantychores v.l. Rolf Bosse, Manfred List, Karin Dube, Rainer Anders, Klaus Steinwedel. Es fehlt Dieter Lüddecke. (Foto: privat)

Der Chor beim Shantychortreffen 2016 in Cuxhafen vor maritimer Hafenkulisse (Foto: privat)

13 Frauen. Instrumental verstärkt wird er durch Schlagzeug, Akkordeons, Gitarren und einer stimmungsvollen Mundharmonika. Im Laufe der Jahre wurde ein großes Repertoire aus Shanties und maritimen Liedern erarbeitet. Die eigenen Arrangements der bekannten und beliebten Melodien werden teils in vierstimmigen Sätzen vorgetragen. Seine schönsten Lieder präsentiert der Chor auf eigenen CDs.
Nach den ersten zaghaften Auftritten Ende der 1980er Jahre kann der Chor inzwischen auf über 400 Konzerte in der Region Braunschweig zurückblicken. Inzwischen ist der Braunschweiger Shantychor ein musikalischer Botschafter der Stadt. Auch außerhalb Braunschweigs hat es zahlreiche Auftritte bei Shantychortreffen an der Nord- und Ostsee (Cuxhaven, Bremerhaven Rügen, Warnemünde, Hamburg,) gegeben. Der Chor begeisterte auch hier sein Publikum mit seinen gefühlvoll vorgetragenen Liedern. Die Instrumentalisten unterstützen hierbei die Sänger und sorgen für den schwungvollen Rhythmus.
Musikalische Höhepunkte des Chores sind die eigenen Konzerte im Congress-Saal der Stadthalle Braunschweig, aber auch in dem Veranstaltungszentrum »Brunsviga«, auf die sich der Chor intensiv und konzentriert vorbereiten muss. Die ausverkauften Konzerte lockten Besucher aus der gesamten Region an. Der Chor nimmt seine Zuhörer mit auf eine musikalische Reise über die Weltmeere. Mit den zündenden Melodien springt der Funke der Begeisterung schnell auf das Publikum über und es bedankt sich am Ende mit meeresähnlich rauschendem Beifall für ein schönes, maritimes Konzert.
Der Chor pflegt darüber hinaus ein aktives Vereinsleben mit Braunkohlwanderungen, Spargelradtouren, Chorfahrten, Weihnachtsfeiern und geselligen Veranstaltungen, bei denen natürlich auch die Freude an der Musik und der Gesang im Vordergrund stehen. Die fröhliche Stimmung sorgt für freundschaftliche Kontakte untereinander. Seemannsschmaus, und Seemannsbrause kommen in der »Kneipe vom Chor« selbstverständlich auch nicht zu kurz.
Wer Lust hat auf maritimen Gesang und Geselligkeit in froher Sangesrunde ist herzlich eingeladen, dienstags ab 17.45 Uhr bei den Proben im Gemeindezentrum Rüningen, Thiedestr. 28, 38122 Braunschweig, dabei zu sein und mit uns zu singen.
Auf Kurs hält uns seit 2009 unser Chorleiter Anatoll Krug, der für frischen Wind und neue Impulse gesorgt hat und unseren Liedern neuen Pep gegeben hat.

Wir hoffen weiterhin auf eine Handbreit Wasser unter dem Kiel, damit wir noch lange auf musikalischen Wellen segeln und unseren Sangesfreuden nachgehen können.

Von Manfred List

Chorfahrt nach Tangermünde mit Gesang auf der Elbe (Foto: privat)

Der Chor bei einer geselligen Runde nach einer Radtour beim Spargelessen (Foto: privat)

Auftritt beim Tag der Shantychöre in Cuxhafen (Foto: E. Claus)

Der Shantychor als Patenchor beim von der Bürgerstiftung Braunschweig veranstalteten Bürgersingen auf dem Magnikirchplatz (Foto: E. Claus)

Künstlerische Vielfalt unter einem Dach – das Staatstheater Braunschweig

Anspruchsvolles Programm in allen Sparten: Musiktheater, Schauspiel, Tanztheater und Junges Theater

Das Staatstheater Braunschweig blickt auf eine über 300-jährige Geschichte zurück. Bereits 1690 eröffnete Herzog Anton Ulrich von Braunschweig-Lüneburg mit dem Theater am Hagenmarkt eines der ersten öffentlichen Theaterhäuser im deutschsprachigen Raum.
Zunächst als Opernbetrieb geplant, fanden hier ab Mitte des 18. Jahrhunderts auch regelmäßig Schauspielaufführungen statt. Zu den bedeutendsten gehören die beiden Uraufführungen »Emilia Galotti« von Gotthold Ephraim Lessing (1772) sowie »FAUST – Der Tragödie Erster Teil« von Johann Wolfgang von Goethe (1829).

Erich Kästners »Emil und die Detektive« in einer Inszenierung von Krystyn Tuschhoff, Ensemble des Jungen Staatstheaters

Staatstheater Braunschweig, Großes Haus (alle Fotos: Volker Beinhorn)

»Spielzeitshow im Rahmen des Theaterfestes«

Auf der Bühne des Hagenmarkt-Theaters spielten zunächst nur Wandertruppen, darunter auch die der Prinzipalin Friederike Caroline Neuber, eine der berühmtesten Schauspielerinnen ihrer Zeit. Mit der Gründung des Nationaltheaters 1818 erhielt die Stadt schließlich eine Bühne mit fest engagiertem Ensemble. Den Anforderungen eines modernen Theaterbetriebes genügte das damals bereits mehrfach umgebaute und erweiterte Haus allerdings schon bald nicht mehr, sodass Mitte des 19. Jahrhunderts ein Theaterneubau beschlossen wurde. Am 1. Oktober 1861 wurde das neue Haus am Steinweg, das heutige Große Haus des Staatstheaters Braunschweig, eingeweiht. Seitdem ist es mit kurzen Unterbrechungen fast durchgängig bespielt worden. So konnte es nach dem Zweiten Weltkrieg innerhalb von nur drei Jahren bereits im Dezember 1948 wieder eröffnet werden und war damit eines der ersten norddeutschen Theater der Nachkriegszeit.

Heute werden in den Spielstätten Großes Haus, Hausbar, Kleines Haus, dem Studio-Theater U22 und dem Haus Drei jährlich über 30 Premieren, zehn Sinfoniekonzerte sowie zahlreiche Repertoirevorstellungen und Sonderveranstaltungen gezeigt. Musiktheater, Schauspiel, Tanztheater, Junges Staatstheater und das bereits 1587 als herzogliche Hofkapelle gegründete Staatsorchester Braunschweig bilden die fünf Sparten des Staatstheaters Braunschweig. Neben Inszenierungen von Klassikern in neuer Lesart oder spartenübergreifenden Produktionen sind es die Auseinandersetzungen mit zahlreichen zeitgenössischen Autor(inn)en, Komponist(inn)en und Theaterstoffen und -stücken, die den Spielplan prägen. Ein umfangreiches theaterpädagogisches Angebot für alle fünf Sparten sowie die 2010 gegründete Bürgerbühne »Stadt-Theater« ergänzen das Programm. Für alle Besucher/innen jeden Alters werden zudem regelmäßig Publikumsgespräche, Probenbesuche und Einführungen zu einzelnen Stücken angeboten.

Eine gute Gelegenheit, das Staatstheater Braunschweig in seiner Vielfalt kennen zu lernen, bietet das Theaterfest zu Beginn der Spielzeit. Seit 2003 zeigt das Staatstheater auch Opern- und Musicalaufführungen unter freiem Himmel: Jedes Jahr im Sommer werden auf dem Braunschweiger Burgplatz hochkarätige Inszenierungen in einer eigens für dieses Open-Air aufgebauten Arena produziert – ein fester und beliebter Bestandteil des Spielplans, der das kulturelle Leben in der Stadt bereichert.

Darüber hinaus ist das Staatstheater regelmäßig Initiator von Festivals und Themenreihen. Das europäische Festival für junge Regie »Fast Forward« bringt seit 2011 mit Produktionen aus ganz Europa den Theaternachwuchs nach Braunschweig und steht für Nachwuchsförderung, Begegnungen, künstlerischen Austausch sowie für Regiehandschriften des Theaters von morgen. Seit 2012 vernetzt die »Themenwoche INTERKULTUR« das Theater mit Gruppen und Initiativen der Stadt. Es bündelt die vielfältigen inter- und hyperkulturellen Aktivitäten des Staatstheaters und ergänzt sie um partizipative Projekte, Gastspiele und Veranstaltungen, die die gesamte Stadtbevölkerung einbeziehen. Das Festival »Theaterformen« präsentiert alle zwei Jahre mit Künstlerinnen und Künstlern aus der ganzen Welt die Formenvielfalt des internationalen zeitgenössischen Theaters in Braunschweig. Mehr Information:
www.staatstheater-braunschweig.de

»Ragtime« – Das Musical unter der musikalischen Leitung von Georg Menskes in einer Inszenierung von Philipp Kochheim, Musicalensemble

»Hexenjagd (The Crucible)« unter der musikalischen Leitung von Christopher Hein in einer Inszenierung von Hugh Hudson, Musiktheaterensemble

»Am sechsten Tag ...« Tanzstück von Tiago Manquino, Tanztheaterensemble

Theodor Fontanes »Effi Briest« in einer Inszenierung von Shirin Khodadadian – Tobias Beyer und Pauline Kästner

Bürgerstiftung Braunschweig

Mitten in Braunschweig – MitDenken – MitTragen – MitGestalten!

Vor der eigenen Haustür gibt es viel zu tun! Dieser Meinung waren 2003 rund 100 Braunschweiger Bürgerinnen und Bürger und gründeten gemeinsam die Bürgerstiftung Braunschweig. Gemeinsam hat man einfach angefangen und da angepackt, wo Hilfe benötigt wird oder etwas verbessert werden kann.
Das erste und noch heute erfolgreich laufende Projekt ist die Leseförderung an Braunschweiger Schulen und Kitas mit dem Titel »Auf dem Weg zum Buch«. Inzwischen nehmen rund 70 Schulen und Kitas im Stadtgebiet teil. Rund 190 ehrenamtliche LesePaten sind regelmäßig im Einsatz um mit den Kindern und Jugendlichen zu lesen, Fragen zu beantworten oder einfach zu motivieren, denn »Lesen soll Spaß machen!«. Neben der Koordination der Ehrenamtlichen gehören die Einrichtung eines gemütlichen Lesezimmers und die Ausstattung mit immer neuem Lesestoff zum Projekt. Über die Jahre haben sich viele Spender an den Kosten beteiligt und so konnten bis heute mehr als 350 000 Euro allein in dieses Projekt fließen.
Das Erfolgsrezept der Bürgerstiftung Braunschweig ist der außerordentlich hohe Bekanntheitsgrad in der Stadt. Mit der Idee des Bürger-Brunch startete man 2005 in Braunschweig eine Idee, die deutschlandweit kopiert wurde. An 1000 Bierzeltgarnituren versammelten sich damals erstmalig rund 10 000 Bürger zur längsten Frühstückstafel der Stadt und zeigen seitdem beim Brunch ihre Unterstützung. Daneben fin-

Vorstand Bürgerstiftung Braunschweig März 2016 (Foto: Bettina Krause)

Bürgersingen auf dem Magnikirchplatz (Foto: Andreas Borrmann)

Bildung im Vorübergehen (Foto: Bettina Krause)

Gemeinsam lesen und lernen (Foto: Marek Kruszewski)

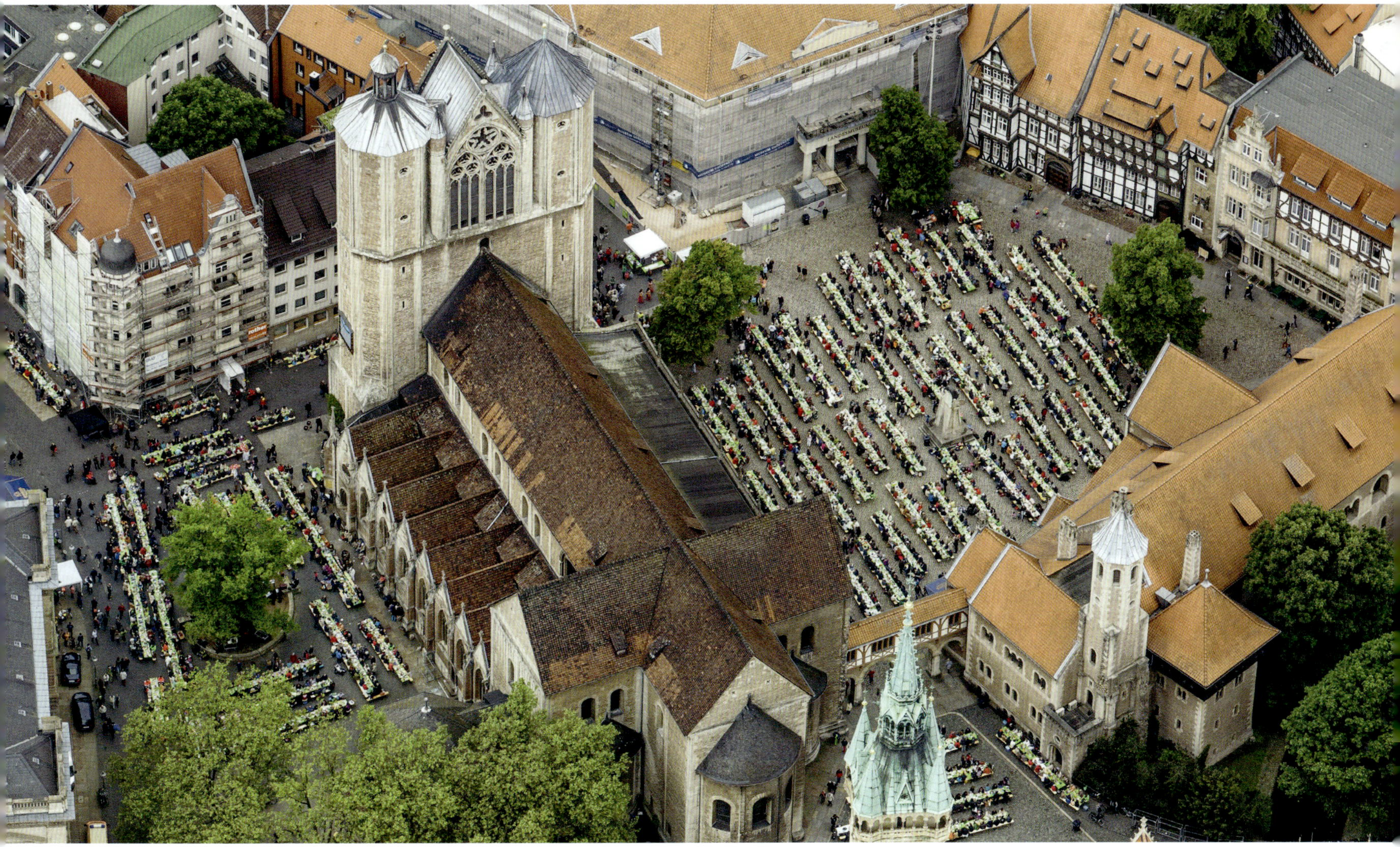

BürgerBrunch 2013 (Foto: Peter Sierigk)

den regelmäßig ein Jazzfrühschoppen und ein Golfturnier statt. Oder die Bürgerstiftung lädt zu den Erbrechtstagen und zelebriert gemeinsam mit Bürgern das Braunschweiger Traditionsmahl beim »Braunkohl-Bankett«.

Der regionale Bezug steht dabei immer im Vordergrund und so kann man in vielen Projekten Braunschweig besser kennen lernen: »12 x Braunschweig« führt einmal monatlich in Kooperation mit den Stadtteilheimatpflegern jeweils in einen anderen Stadtbezirk. Die Persönlichkeitstafeln erinnern an Braunschweiger Persönlichkeiten und die Straßennamenzusatzschilder des Projektes »Bildung im Vorübergehen« erklären Bergriffe wie »Ruhfäutchen« oder Namensgeber wie »Georg Eckert«.

Seit 2013 findet von Mai bis September immer mittwochs das »Bürgersingen« auf dem Magnikirchplatz statt. Patenchöre übernehmen die Leitung eines Termins und regen zum gemeinsamen Singen an. Mehr als 300 Bürger jeden Alters treffen sich zum zwanglosen MitSingen oder MitSummen. Und sollte es regnen, kann man einfach in die Magnikirche zum Kooperationspartner ausweichen. Dann erklingt »Geh aus mein Herz und suche Freud« oder »Wir lagen vor Madagaskar« im Kirchenschiff und alle sind begeistert. Der Reiz des »Bürgersingens«, das übrigens ursprünglich eine Idee der Bürgerstiftung Halle war, ist die Zwanglosigkeit: Man kommt wenn man Lust hat, man geht wenn man Lust hat, man singt, summt oder hört einfach zu.

Überregional ist die Arbeit der Bürgerstiftung Braunschweig seit Jahren anerkannt. Ein besonderer Moment war, als Karin Heidemann-Thien und Ulrich E. Deissner 2013 aus den Händen von Bundespräsident Joachim Gauck das Bundesverdienstkreuz erhalten haben. Aber auch formelle Prüfungen von Transparency Deutschland, das seit 2004 regelmäßig verliehene Gütesiegel des Bundesverbands Deutscher Stiftungen und das Qualitätssiegel für gute Treuhandstiftungsverwaltung zählen neben verschiedenen Preisen für ausgezeichnete Projekte zum Lob der Braunschweiger.

Zentrum der Beschäftigung ist und bleibt aber die Stadt an der Oker. 80 Projekte werden pro Jahr realisiert. Die Themen reichen von Bildung bis Natur, von Sport bis Kultur, von Integration bis bürgerschaftliches Engagement. »MitMacher« werden immer gesucht: Menschen mit Zeit, mit etwas mehr Zeit, mit noch viel mehr Zeit, Menschen, die neue Aufgaben suchen, Menschen, die Glück im Leben hatten und etwas zurückgeben wollen – sie alle können sich bei der Bürgerstiftung Braunschweig engagieren.

Von Ulrich E. Deissner

Das Städtische Museum

Das Museum zeigt eine bedeutende Sammlung einzigartiger Exponate

Städtisches Museum Braunschweig (Foto: Sandor Kotyrba)

Blick in den Lichthof des Museums (Foto: Sandor Kotyrba)

Seit 2012 präsentiert das Städtische Museum Braunschweig die neu konzipierte Dauerausstellung. Gezeigt wird eine Auswahl von circa 1500 Exponaten aus der Sammlung des 1861 von Bürgern gegründeten Museums. Das »Haus am Löwenwall« ist ein Aushängeschild Braunschweiger Baukunst. Die Fassade des 1906 nach Entwürfen des Stadtbaumeisters Max Osterloh (1851 bis 1927) erbauten Bauwerks beeindruckt durch neobarocke Formen in Verbindung mit großzügig komponierter Fenstergestaltung. Im Innern ist der Charme der Jugendstilausstattung mit ihrer spielerischen Detailfreudigkeit und Farbigkeit zu entdecken. Der achtzehn Meter hohe Lichthof ist zu einem großzügigen Raum der Begegnung geworden.

Der Rundgang durch die Sammlungen beginnt im Erdgeschoss. Durch den Mummebogen betritt der Besucher die Formsammlung. Der Maler und Typograph Walter Dexel (1890 bis 1973) wurde 1942 von der Stadt Braunschweig mit dem Aufbau der Sammlung von Gebrauchsgegenständen beauftragt. Für die »Formsammlung der Stadt Braunschweig – Institut für handwerkliche und industrielle Formgebung« stellte Dexel Gegenstände des alltäglichen Lebens zusammen. Die renommierte Sammlung umfasst etwa 5500 Objekte aus Metall, Holz, Keramik, Glas und Stein. Nach 1945 wurde das Sammlungsgebiet konsequent auf antikes, außereuropäisches, ostasiatisches und zeitgenössisches Gebrauchsgut ausgedehnt, sodass ein Überblick über die Entwicklung von Alltagsgegenständen im Laufe der Jahrhunderte geschaffen wurde.

Weiter geht es durch die international bedeutsame Sammlung historischer Musikinstrumente. Neben der umfangreichen Sammlung von Tasteninstrumenten der in Braunschweig beheimateten Klavierbaufirmen sind hier vor allem Blas-, Streich- und Zupfinstrumente aus verschiedenen Jahrhunderten zu sehen. Dank großzügiger Stiftungen (überwiegend von der Familie Grotrian-Steinweg) konnte das Städtische Museum eine überregional bedeutende Sammlung aufbauen. Zu den besonderen Schätzen gehören die Jugendgeige des Komponisten Louis Spohr sowie der Hammerflügel von Grotrian Steinweg aus dem Besitz der Pianistin Clara Schumann.

Die Klaviersammlung im Museum (Foto: Dirk Scherer)

Im ersten Obergeschoss wandelt der Besucher in der Ethnographischen Abteilung auf den Spuren fremder Kulturen. Braunschweiger Bürger, Abenteurer, Seefahrer, Händler oder Soldaten brachten von fernen Kontinenten wertvolle Gegenstände mit. Carlos Götting etwa trug in Nordamerika, Japan, China, Indien oder Ägypten zahlreiche völkerkundliche Gegenstände und Reisefotografien zusammen. Seine Sammlung spendete er kurz vor seinem Tod 1899 samt 50 000 RM für den Bau des Städtischen Museums. Heute umfasst die Ethnographische Sammlung mit den Schwerpunkten Afrika, Indonesien, Melanesien und Alt-Peru etwa 8000 Exponate. Zu den Besonderheiten zählen Ahnenmasken und -figuren aus der Südsee, Alt-Peruanische Keramik, und Kunst- und Kulturgüter der Nordamerikanischen Indianer.

Spitzenstücke der Braunschweiger Möbelkunst von Barock bis Biedermeier werden in der Kunstgewerbe-Sammlung gezeigt. Ein Kennzeichen für Braunschweiger Möbel des 18. Jahrhunderts

Gemäldegalerie (Foto: Dirk Scherer)

Gemäldegalerie (Foto: Dirk Scherer)

sind feine Elfenbeineinlagen und ausgesuchte Nussbaumfurniere. Sehenswert sind die Tische der Manufaktur van Selow (1756 bis 1772) mit Tischblättern aus Glasperlmosaiken.
Durch die Sammlung Buchler ist eine der größten Sammlungen Braunschweiger Silbers im Museum zu sehen. Ein weiterer Schauraum zeigt Porzellan aus Fürstenberg und Fayencen aus Braunschweiger Manufakturen. Es werden zudem Objekte der Lackwarenmanufaktur Stob-

Malanggan-Masken (Foto: Peter Sierigk)

wasser präsentiert, deren kleine Schnupftabakdosen Bildmotive von Landschaftsdarstellungen über Portraits berühmter Persönlichkeiten bis hin zu Stadtveduten zeigen. Es ist die größte öffentliche Sammlung von Lackwaren der Manufaktur, die als eine der bedeutendsten deutschen Lackmanufakturen gelten darf.

Auf dem Weg zur Gemäldegalerie im 2. Obergeschoss kommt der Besucher am Kirchenfenster aus St. Katharinen aus dem Jahr 1533 und an Werken der Bildschnitzkunst und der Goldschmiede vorbei, die die einstiege prächtige Ausstattungen der Braunschweiger Kirchen dokumentieren. Mit Conrad Borgentrik und dem »Meister von Rethen« (Levin Storch) sind auch zwei namentlich bekannte Braunschweiger Bildschnitzer vertreten.

Für die städtische Gemäldesammlung legte der 1832 gegründete Kunstverein mit seiner Schenkung von 31 Gemälden den Grundstein. Durch die Bürger und Künstler, die mit ihren Vermächtnissen die Kunstsammlung vergrößerten, wurde für eine breite Vielfalt gesorgt. Neben Portraits-, Landschafts- und Genrebildern finden sich auch Historiengemälde, Darstellungen der antiken Mythologie, sowie Tiermalerei und Stillleben. Arbeiten von Künstlern der HBK Braunschweig bilden den Abschluss des Museumsrundgangs.

Conrad Borgentrik, Marienaltar 1483 (Foto: Dirk Scherer)

Das Altstadtrathaus

Braunschweiger Stadtgeschichte an einem historischen Ort

Es handelte sich um einen Glücksfall, als der Rat der Stadt Braunschweig Ende der 1980er Jahre entschied, das Rathaus der Altstadt, dessen Ursprünge in das letzte Drittel des 13. Jahrhunderts zurückgehen, dem Städtischen Museum für die Präsentation einer Ausstellung zur Geschichte der Stadt Braunschweig zur Verfügung zu stellen.
Das Altstadtrathaus, welches als Zentrum patrizisch-bürgerlicher Repräsentation wie kein anderes die Tradition städtischer Selbstständigkeit und städtischen Selbstbewusstseins verkörpert, erschien besonders geeignet, die politische, wirtschaftliche, gesellschaftliche und kulturelle Entwicklung der Stadt im Verlauf der Jahrhunderte zu präsentieren. Das Altstadtrathaus, welches zu den bedeutendsten gotischen Profanbauten Norddeutschlands zählt, liegt am Altstadtmarkt, einer der fünf sogenannten Traditionsinseln, die nach den Zerstörungen des Zweiten Weltkriegs noch an das alte Braunschweig erinnern. Das einzigartige Ensemble von Altstadtrathaus, Martinikirche, Gewandhaus und Bürgerhäusern rund um den Altstadtmarkt ist ein Anziehungspunkt für Touristen wie auch für Braunschweiger, die hier mittwochs und samstags den Wochenmarkt besuchen.

Altstadtrathaus (Foto: Braunschweig Stadtmarketing GmbH / Gerald Grote)

Ausstellung in den Kellergewölben (Foto: Städtisches Museum)

Während das Obergeschoss des Altstadtrathauses mit seinen repräsentativen Sälen (Dornsen) städtischen Empfängen und anderen Veranstaltungen vorbehalten ist, steht der Laubengang mit dem Figurenprogramm der sächsischen und welfischen Herrscher aus dem 15. Jahrhundert jedem Besucher offen. Die sogenannte Gaußhalle im Erdgeschoss wie auch die historischen Gewölbekeller zeigen die Ausstellung zur Geschichte der Stadt Braunschweig. Die Inszenierung der Stadtgeschichte im Altstadtrathaus als dem zentralen Ort städtischer Repräsentation und Eigenständigkeit steht in einem bewussten Kontrast zur herzoglich geprägten Landesgeschichte in den Landesmuseen am Burgplatz, dem durch prachtvolle Bauten Herzog Heinrichs des Löwen gekennzeichneten Architekturensemble.
Wer das Altstadtrathaus betritt, wird eingangs durch ein großes historisches Modell Braunschweigs empfangen, welches die Stadt in ihrem Schicksalsjahr 1671 (Verlust der Unabhängigkeit) darstellt. Außerdem kann man hier ganz aus der Nähe die Originalschale des Marienbrunnens studieren, während auf dem Marktplatz heute nur eine Kopie steht. In der Folge erschließen sich dem Besucher in den Ausstellungsräumen des alten Kellergewölbes sowie in Sonderausstellungen im Erdgeschoss – die wechselvollen Geschicke der alten Hansestadt von ihren Anfangstagen im 9. Jahrhundert bis in die Gegenwart. Herausragende Exponate wie beispielsweise der Hochzeitspfennig von Heinrich dem Löwen, die Ablasstruhe von Tetzel, die Porträts Braunschweiger Hansekaufleute, die

Querflöte Friedrichs des Großen oder Kameras von Voigtländer und Rollei ziehen den Besucher in ihren Bann und dokumentieren darüber hinaus Braunschweigs überregionale Verbindungen.
Die Ausstellung ist attraktiv für Einheimische und Gäste der Stadt. Braunschweigs Schulklassen erkunden am Modell und in der Ausstellung ihre Wurzeln, Touristen informieren sich in einem informativen Ausstellungsrundgang über Braunschweigs Geschichte. Eine zusätzliche Besonderheit ist, dass der Aufsichtsdienst im Altstadtrathaus mit Hilfe von Braunschweiger Bürgerinnen und Bürgern durchgeführt wird, die aus Interesse an der Geschichte ihrer Stadt ehrenamtlich tätig sind. Das Engagement dieser Braunschweiger, die auch für Führungen und Vorträge zur Verfügung stehen, wird durch hohe Besucherzahlen belohnt. Es vermittelt zudem eindrucksvoll, dass diese Dependance des Städtischen Museums im Altstadtrathaus ein überaus lebendiges Museum ist, welches von der Bevölkerung nicht nur akzeptiert, sondern darüber hinaus tatkräftig unterstützt wird.
Und es stellt einen weiteren wirklichen Glücksfall dar, dass hier Museum und Bürgerengagement in einem Gebäude zusammentreffen, das wie kein anderes in der Braunschweiger Geschichte bürgerliche Selbstverwaltung und Selbstbestimmung repräsentiert hat.

Städtisches Museum Braunschweig

Große Dornse des Altstadtrathauses (Foto: Städtisches Museum)

Historisches Modell der Stadt Braunschweig (Foto: Städtisches Museum)

Spitzensport Basketball in Braunschweig

Erfolgreiche Stars und hoffnungsvolle Talente

Die Basketball Löwen Braunschweig sind bereits seit vielen Jahren ein sportliches Aushängeschild für die Stadt Braunschweig und bestritten in der Spielzeit 2015/2016 ihre 25. Bundesliga-Saison. Trotz immer wiederkehrender struktureller Veränderungen und dem überraschenden Ausstieg des früheren Namenssponsors New Yorker im Sommer 2014, haben sich die Braunschweiger in der Basketball Bundesliga etabliert und sich erfolgreich den Anforderungen einer sportlich stetig stärker herausfordernden Liga gestellt. Mit dem neuen Namen Basketball Löwen Braunschweig und in den Farben des alten Braunschweiger Landes (gelb/blau) gehen sie seit dem Ausstieg des Namenssponsors auf Korbjagd. Dabei waren die Wahl des Namens wie auch die Farben eine bewusste Entscheidung, um ihre Identifikation mit der Stadt und Region Braunschweig zu symbolisieren. Fan-Identifikation mit dem Klub haben die Löwen-Basketballer sowohl in der Vergangenheit wie auch heute unter anderem über ihre Spieler erreicht. Importakteure wie Center Kyle Visser und Guard Immanuel McElroy, aber auch die Braunschweiger Eigengewächse Nils Mittmann, Lucas Gertz sowie Cornelius Adler spielten bzw. spielen über viele Jahre bei den Löwen in der ersten Liga.

Löwen-Center Kenny Frease dunkt den Ball kraftvoll durch die Reuse.

Youngster Robin Amaize entwickelte sich stark und zeigte mehrfach sein Talent.

Die Volkswagen Halle – eine moderne Basketball-Arena (alle Fotos: Ingo Hoffmann)

Dabei präsentierten sich die Löwen jüngst wie auch in den vergangenen Jahren auf dem Parkett in der Volkswagen Halle erfolgreich. Das zeigt auch ein Blick zurück: In der Spielzeit 2009/2010 drangen die Braunschweiger Basketballer bis in das Playoff-Halbfinale vor und belegten am Ende den vierten Platz. Ein Jahr später landeten die Braunschweiger auf einem ausgezeichneten Platz fünf, um in der Saison 2011/2012 mit Platz sieben einmal mehr zu untermauern, dass sie ein Playoff-Team sein können. Nachdem sich der Braunschweiger Basketball-Bundesligist 2011 zum ersten Mal für das Beko BBL-TOP FOUR in Bamberg qualifiziert und dort das Finale erreicht hatte, gelang auch in der darauf folgenden Saison die Teilnahme an der Pokal-Endrunde. In den Saisons 2014/2015 und 2105/2016 verpassten

Lucas Gertz ist ein Braunschweiger Eigengewächs und hat sich vom Nachwuchsspieler zum Profi entwickelt.

Nicolai Simon setzt sich gegen seinen Gegenspieler durch.

So werden Siege gefeiert.

Amin Stevens beim Passversuch

die Löwen die Playoffs in einer zunehmend stärker und wettbewerbsfähiger werdenden BBL nur denkbar knapp und schlossen die Spielzeiten unter der Regie von Trainer Raoul Korner jeweils auf einen sehr guten neunten bzw. zehnten Platz ab. Insgesamt drei Jahre lang hatte der Österreicher die sportliche Verantwortung bei den Basketball Löwen, ehe er sich nach dem Ende der Saison 2015/2016 dazu entschied, den Klub zu verlassen, um eine neue Herausforderung zu suchen.

Der ehemalige Nationalmannschaftstrainer Frank Menz hat an seiner Stelle die Trainer- und Sportdirektor-Position bei den Basketball Löwen übernommen und setzt dabei noch mehr auf junge, deutsche Akteure. Menz plant ein nachhaltiges, aber auch zukunftsorientiertes Konzept, in dem es gilt, den deutschen Nachwuchs zu fördern und ihn an die Basketball-Bundesliga heranzuführen. Dieser Ansatz geht einher mit dem ohnehin schon langjährig erfolgreichen Braunschweiger Jugendkonzept. Ein Beispiel dafür ist Dennis Schröder. Der Bundesliga-Standort Braunschweig hat in der Saison 2012/2013 mit Dennis Schröder einen neuen deutschen Basketball-Star hervorgebracht, der nicht nur zum »besten deutschen Nachwuchsspieler« und zum »Most Improved Player« der BBL gewählt wurde, sondern seit der Saison 2013/2014 bei den Atlanta Hawks in der stärksten Liga der Welt (NBA) für Furore sorgt. Dennis Schröder ist dabei nur die Spitze einer Nachwuchsarbeit, die zahlreiche Bundesliga- und Nationalspieler hervorgebracht hat. Mit Lars Lagerpusch steht ein aktueller Nachwuchs-Nationalspieler als nächster Braunschweiger Rohdiamant im Kader der Basketball Löwen.

Um auch in Zukunft die frühe professionelle Ausbildung sowie Förderung von Talenten zu gewährleisten, haben sich die Basketball Löwen im Sommer 2015 durch eine langfristige Kooperation mit dem ProB-Ligisten MTV Herzöge Wolfenbüttel breiter aufgestellt. Dort sammeln die Nachwuchsstars Spielpraxis in der 2. Basketball-Bundesliga (ProB). Zusammen mit dem langjährigen und zweiten Nachwuchs-Kooperationspartner SG Braunschweig verfolgt man die Vision, den Basketball in der Region sowie die Jugendarbeit gemeinsam zu stärken. Bei der SG Braunschweig haben jüngere Talente die Möglichkeit, für die Junior Löwen Braunschweig in der Nachwuchs-Basketball-Bundesliga (NBBL/U19) oder Jugend-Basketball-Bundesliga (JBBL/U16) auf Korbjagd zu gehen. Zudem stehen mit dem Förderverein Leistungssportzentrum Basketball Braunschweig e.V. (LBB) und der IGS Franzsches Feld zwei weitere exzellente Partner in Sachen Jugendförderung seit Jahren zur Seite. Die Basketball Löwen sehen das Fundament für eine erfolgreiche Zukunft in der Jugend. Diesen Weg, der auch viel Geduld und Beharrlichkeit erfordert, wollen und werden sie in den kommenden Jahren zusammen mit Frank Menz gehen.

Die Kinder machen den Unterschied!

Musik kennt keine Grenzen – vor allem bei Kindern

Benefizkonzert Schloss-Arkaden Braunschweig (alle Fotos: Michael N. Henne und Ilka Schibilak)

Bei Kindern und Jugendlichen das Interesse für klassische Musik zu wecken und zu fördern – dieses Ziel hat sich der Verein KinderKlassik.com gesetzt. Seit Juli 2013 zeigt der Verein, der von Instrumentalpädagogen, Kulturmanagern und Eltern von musizierenden Kindern für die Region Braunschweig gegründet wurde, seine kreative Vitalität und beeindruckende Vielseitigkeit. Das Besondere: ein Jugendvorstand bestimmt maßgeblich die strategische Ausrichtung der Vereinsarbeit mit und repräsentiert den Verein KinderKlassik.com in der Öffentlichkeit.

Viele erfolgreiche Veranstaltungen und Projekte wurden bereits an verschiedenen Orten durchgeführt: Benefizkonzerte in den Schloss-Arkaden für ein blindes Mädchen und eines im Herrenhaus Sickte für unbegleitet geflüchtete Kinder. »Die Notenfee Fasola« besuchte regionale Kindergärten, es gab Kissenkonzerte für die Kleinsten im Städtischen Museum und eine von Vereinsjugendlichen selbst komponierte und arrangierte Kinderoper im Roten Saal. Die Teilnahme an den Cellotagen in Hamburg, Auftritte beim Klavierfestival »Tastentaumel«, beim »Regionalen Musikfest«, beim »Tag des offenen Denkmals«, beim »Tag der Hausmusik« und der »Braunschweiger Kulturnacht« gehörten zu den Angeboten. Weitere Höhepunkte waren Konzerte im Rahmen von »Klassik im Klinikum« und von »Kultur und Kanapee« auf dem Braunschweiger Hauptfriedhof, eine Konzerttournee mit unserem »Pianist in Residence«, Alexander Vorontsov, und ein Workshop mit den Wise Guys.

Auftritt beim 3. Regionalen Musikfest mit Tsuzumi, July, Daniel und Mert

Förderpreis des Rotary Club Braunschweig-Hanse 2015 für Klassik im Klinikum

Die individuelle musische Erziehung und Bildung von Kindern und Jugendlichen liegt dem Verein besonders am Herzen. Besuche der Philharmonischen Meisterkonzerte, Workshops mit Schauspielern und Profimusikern, eigene interdisziplinäre Projekte, Konzertauftritte und die Kooperation mit weiteren Vereinen, Verbänden und Institutionen gehören zu den umfassenden Vereinsaktivitäten. Der Verein KinderKlassik.com hat mittlerweile auch fest etablierte Veranstaltungen. Seit dem Sommer 2014 erklingt ein gesamtes Wochenende lang Klassik im Rahmen der Sommerkonzerte im Schloss Richmond. Eine weitere Konzertreihe sind die Winterkonzerte im Café Haertle am Theater. Immer montags vor Weihnachten werden hier kleine Kaffeehauskonzerte gespielt, welche gerade für die jüngsten Musiker ein ideales Podium bieten, um erste Bühnenerfahrungen zu sammeln.

Im Sommer 2016 wurde die erste DVD »Da ist Musik mit drin – eine musikalische Zeitreise«, welche in den ZeitRäumen in Bodenstedt aufgenommen wurde, veröffentlicht. Eine CD-Produktion mit Nachwuchsmusikern des Vereins ist geplant.

Alle unsere Ideen und Aktionen können nur verwirklicht werden durch das Wirken aller Ehrenamtlichen, die im Verein organisiert sind, durch die pädagogische Unterstützung engagierter regionaler Musikpädagogen und durch unsere Förderer, die Braunschweigische Sparkassenstiftung, den Bürgerverein ZeitRäume, die Braunschweigische Stiftung, Dr. Kurth und Ruth Gahnz Stiftung, Gemeinde Vechelde, Hans und Helga Eckensberger Stiftung, Inner Wheel Club Braunschweig, Klavierbaufirma Grotrian-Steinweg, Lessing-Raabe-Loge, New Yorker Musische Akademie im CJD Braunschweig, Die Öffentliche, passagio e.V., Piano Schibilak, Rotary Club Braunschweig-Hanse, Stadt Braunschweig, Stiftung Großes Waisenhaus.

Um auch zukünftig die kulturell interessierten Kinder und Jugendlichen in der Braunschweiger Region optimal zu fördern und für ihre Talente Räume der Entfaltung zu schaffen, bittet der Verein auch weiterhin um Unterstützung. Sach- und Geldspenden sind genauso willkommen wie eine aktive Vereinsmitgliedschaft. Der Verein KinderKlassik.com fördert alle jungen Menschen, die Lust auf mehr Konzertauftritte, Projekte oder einfach nur auf »mehr Klassik« haben.

Bitte besuchen Sie unsere Homepage www.kinderklassik.com oder die Seite auf Facebook/kinderklassikev, welche ausschließlich vom Jugendvorstand gepflegt wird und aufzeigt, wie aktiv der Verein ist.

Vielleicht sehen wir uns bei einer unserer kommenden Veranstaltungen – wir würden uns sehr freuen!

Von Ilka Schibilak und Uwe Gelowik

Die Notenfee Fasola besucht regionale Kindergärten.

Treffen und Workshop mit der A-cappella-Band Wise Guys

Unser Jugendvorstand Leon am Set für die DVD Produktion

Auftritt beim Tag des offenen Denkmals: Anna und Birte

Engagierte Nachwuchsmusiker: Sonja, Niklas, Nora, Marlene und Tabea

Celloquartett in historischen Kostümen – DVD Produktion in den ZeitRäumen Bodenstedt

Lions – WE SERVE – weltweit und in Braunschweig

Where there is a need, there is a Lion. Dieser Satz ist Inhalt für die Lions weltweit und selbstverständlich auch in Braunschweig.

Angefangen hat es im Juni 1917 in Chicago. Unter der Regie von Melvin Jones, einem erfolgreichen Unternehmer in Chicago, fanden sich gut 300 Bürger bereit, eine Vereinigung zu gründen, die sich als Ziel die Unterstützung ihrer Gemeinden setzte. Dies war der Beginn einer Erfolgsstory der besonderen Art.

Nach gut 100 Jahren sind es fast 1,4 Millionen Menschen in über 200 Nationen, die das Lions Motto WE SERVE tagtäglich zum Wohle ihrer Mitmenschen umsetzen. Lions ist heute eine der größten NGO Organisationen und bei Hilfs- und Regierungsorganisationen als Partner für Menschen in Not anerkannt.

Lions Clubs International erweitert seine Ziele für Hilfseinsätze jeden Tag – auf lokaler Ebene und in allen Teilen der Welt. Die Bedürfnisse sind zahlreich und die Dienstleistungen der Lions vielfältig. Lions setzen sich für die Sehkraft, Gesundheit und Umwelt ein und unterstützen jugendliche und ältere Menschen und helfen in Zeiten der Not.

Ob in Krankenhäusern oder Seniorenzentren, ob in Regionen, die von Naturkatastrophen heimgesucht wurden, ob in Schulen oder Brillenrecyclingzentren – in 200 Ländern weltweit setzen sich Lions ehrenamtlich ein, um zu helfen, zu führen, zu planen und zu unterstützen. Weil wir vor Ort sind, können wir bei ganz spezifischen Bedürfnissen in unseren Gemeinden behilflich sein. Und weil wir weltweit agieren, können wir auch grenzübergreifend aktiv werden.

Aus der großen weiten Lionswelt nach Deutschland und nach Braunschweig.

Projekte, mit denen Geld für die Unterstützung unterschiedlichster Organisationen gesammelt wird: Weihnachtsbaum-Verkauf ... (alle Fotos: Lions-Archiv)

... und der Verkauf von Suppen

Der erste Lionsclub in Deutschland wurde 1951 in Düsseldorf gegründet, heute sind es über 1500 Lionsclubs in Deutschland mit mehr als 50 000 Damen und Herren.

Die deutschen Lions Clubs sind im Multi-Distrikt 111-Deutschland der Internationalen Vereinigung zusammengeschlossen. Schwerpunkte des Engagements sind u.a. verschiedene Programme für Kinder und Jugendliche sowie der weltweite Kampf gegen Blindheit. Die Lions-Jugendprogramme umfassen den internationalen Jugend- und Schüleraustausch, die Präventionsprogramme Lions-Quest, Klasse 2000 und Kindergarten plus, Lions Young Ambassador, den Friedensplakatwettbewerb sowie den Lions Jugend-Musikpreis. Daneben engagieren sich Lions im Bereich Gesundheit und Prävention, helfen nach Katastrophen, organisieren Hilfslieferungen und tragen zum Erhalt deutscher Kulturdenkmäler bei.

In Braunschweig waren es 30 Herren, die als erste Stadt in Niedersachsen im Dezember 1954 den Lionsclub Braunschweig gründeten.

Heute sind es sieben Lionsclubs mit über 250 Damen und Herren sowie einem LEO Club – die Jugendorganisation der Lions, die in Braunschweig für die Lionsidee aktiv tätig sind.

Es sind dies neben dem ersten Lionsclub die Lionsclubs Braunschweig Alte Wiek, Braunschweig Dankwarderode, Braunschweig Klinterklater, Braunschweig »Die Leoniden«, Braunschweig Löwenherz und Braunschweig Eulenspiegel. Dazu kommt der LEO Club Heinrich der Löwe.

Im Projekt »Eine Region für Kinder« erhalten Kinder Hilfe, deren Eltern an psychischen Problemen oder an einer Suchterkrankung leiden (oben). 100 Jahre Lions (unten)

Bekannte Projekte der Lions in Braunschweig, auf denen Geld für die Unterstützung von Organisationen der unterschiedlichsten Art gesammelt wird, sind der Weihnachtsbaum-Verkauf, der Verkauf von Weihnachtskugeln mit Tombola, der Verkauf von interessanten Braunschweig-Kalendern, Walk-n-Art, ein Projekt mit den Schulen in Braunschweig, der jährliche Büchermarkt, Wir sammeln für 4K, Benefiz Konzerte und als eine gemeinsame Aktion der Braunschweiger Lions und LEOs das Weihnachtsplätzchen backen in den Schloss-Arkaden.

Mit dem LEO Projekt Profs@Turntables legen Professoren für einen guten Zweck in einigen Discos in Braunschweig auf.

Abgerundet werden diese größeren Projekte durch eine Vielzahl von mittleren und kleineren Aktionen, alle immer mit dem Ziel im Sinne von WE SERVE Menschen, die unsere Hilfe benötigen, zu unterstützen.
Ein Projekt, bei dem mehrere Lionsclubs gemeinsam ein Ziel vor Augen haben, ist »Braunschweig bewegt was«. Schirmherr dieses Projektes ist der Oberbürgermeister der Stadt Braunschweig Ulrich Markurth. Für dieses Projekt wurde der Verein »Eine Region für Kinder e.V.« gegründet.

Das Projekt »Eine Region für Kinder« haben Lions aus Braunschweig ins Leben gerufen, um Kindern aus Familien, deren Mütter oder Väter an psychischen/seelischen Erkrankungen oder einer Suchterkrankung leiden, zu helfen. Es wird in Kooperation mit den fünf großen Institutionen in unserer Stadt ein Zentrum geschaffen, wo ehrenamtliche Helfer ausgebildet werden sollen, die sich dann um die Kinder in den Familien kümmern können; ganz individuell auf jedes Kind und seine Familie abgestimmt.

Verleihung Lions Young Ambassador award

Residenzschloss mit Quadriga

Nach Plänen von Carl Theodor Ottmer zwischen 1831 und 1841 erbaut. Im Zweiten Weltkrieg wurde es so stark beschädigt, dass es 1960 vollständig abgetragen werden musste. Im Jahr 2006, 46 Jahre nach dem Abriss, wurde die Hauptfassade mit Schlossvolumen am ursprünglichen Platz weitgehend originalgetreu wiedererrichtet. Dafür verwendete man mehr als 600 Originalteile und arbeitete anhand alter Pläne und historischer Fotos.

Foto: Braunschweig Stadtmarketing GmbH/Steffen und Bach GmbH

Foto: Braunschweig Stadtmarketing GmbH/Gerald Grote

Heimbs Kaffee – Im Zeichen des Löwen

Original Braunschweiger Kaffeekultur seit 1880

Kaffee ist das Lieblingsgetränk der Deutschen. Rund 162 Liter trinkt jeder Bundesbürger pro Jahr – das sind etwa zwei Tassen am Tag. Damit ist Kaffee sogar beliebter als Bier, Wein und Wasser.

Braunschweig ist bekannt für seine lange Kaffeetradition. Bereits 1714 eröffnete in der »Stadt des Löwen« das erste Kaffeehaus, das sich zusammen mit weiteren schnell zum beliebten Treffpunkt von Bürgertum und Hofadel entwickelte. Als eine der ältesten Röstereien Deutschlands prägt Heimbs die Braunschweiger Kaffeekultur seit über 135 Jahren entscheidend mit. Die Geschichte der Kaffeemanufaktur reicht bis ins Jahr 1880 zurück, als Ferdinand Eichhorn das »Spezialgeschäft in Kaffee und Thee« eröffnete – damals mit einem Bestand von 60 Sack. 1920 trat Carl Heimbs als Teilhaber in das Unternehmen ein und baute es in den folgenden Jahren zur Rösterei aus. Nach dem Tod des Firmengründers im Jahr 1934 wird Heimbs schließlich zum Markennamen. Heute zählt das Unternehmen zu den wichtigsten Kaffeepartnern in der gehobenen Gastronomie in Deutschland. Als Zeichen seiner Verbundenheit mit Braunschweig trägt es das Wahrzeichen der Stadt, den goldenen Löwen, im Firmenemblem.

Heute ist Kaffee aus dem Alltag der meisten Menschen nicht mehr wegzudenken. Die Lust am Ausprobieren und Genießen ist groß und das Bewusstsein für guten Kaffee steigt. Die Verbraucher interessieren sich mittlerweile dafür, woher die Bohnen kommen, wie sie schmecken, welche Unterschiede es gibt. Kaffee ist ähnlich wie Wein zum Genussmittel geworden, bei dem der pure Genuss wieder in den Vordergrund rückt. Qua-

Der erste Firmensitz von Heimbs befand sich am Steinweg 10 im Stadtkern von Braunschweig und lief damals noch unter dem Namen des Gründers Ferdinand Eichhorn. (alle Fotos: Heimbs Kaffee GmbH & Co. KG)

lität spielt dabei eine ebenso wichtige Rolle wie die Art der Zubereitung. So entdecken moderne Kaffee-Aficionados den handgebrühten »Pour Over Coffee« neu und experimentieren für das optimale Geschmackserlebnis mit unterschiedlichen Zubereitungsarten – vom klassischen Handfilter und Aeropress über die French Press und Chemex-Kanne bis hin zum Syphon.

Klasse statt Masse

Die Qualität der eigenen Produkte liegt Heimbs sehr am Herzen. Deshalb hat sich das Braun-

Außenansicht des heutigen Heimbs Unternehmenssitzes im Rebenring 30

Während des Röstvorgangs werden von Hand Kaffeeproben entnommen und geprüft.

Bis zur Verarbeitung lagert der Rohkaffee in 60 kg-Säcken verpackt im historischen Gewölbekeller.

Im Zuge des Qualitätsmanagements führen die Heimbs Röstmeister Farbwertkontrollen durch.

Zweimal täglich finden bei Heimbs Verkostungen von neuen Kaffeelieferungen und aktuellen Produkten statt.

Innerhalb der Rösterei befindet sich eine große Siloanlage für den Rohkaffee.

schweiger Unternehmen für die Verwendung hochwertigster Bohnen und gegen eine Massenproduktion entschieden. Der Rohkaffee wird ausschließlich in Einzelpartien eingekauft und in 60-Kilogramm-Säcken angeliefert. Bis zur Verarbeitung lagert der Kaffee – damals wie heute – im historischen Gewölbekeller von 1880. Umgeben von hohen Backsteinmauern herrschen hier das ganze Jahr über ideale Bedingungen, bei einer konstanten Raumtemperatur von 18 bis 22 Grad und relativer Luftfeuchtigkeit von etwa 62 Prozent.

»Wir haben uns der Kaffeekultur und nicht dem Massenmarkt verschrieben. Pro Charge werden nur 20 Kilogramm Kaffeebohnen schonend geröstet.«

Klaus Rödel, Geschäftsführer Heimbs Kaffee

Auch der Röstvorgang erfolgt bei Heimbs auf sehr aufwändige, traditionelle Weise. Um jeder Bohne ihren individuellen Charakter zu entlocken, werden diese nur in kleinen Chargen geröstet und entsprechend ihrer Provenienz behandelt. Dabei berücksichtigen die Röstmeister nicht nur das Anbaugebiet, sondern auch den Zeitpunkt der Ernte und die Größe der Bohnen.

»In Zeiten von ›schneller, weiter, mehr‹ ist das aufwändige aerotherm-Verfahren ungewöhnlich – aber das einzige, das unsere hohen Ansprüche erfüllt.«

Den feinen Unterschied in der Qualität der Heimbs-Kaffees macht am Ende das besondere aerotherm-Röstverfahren. Bei dieser

Die neu errichtete Lagerhalle verfügt über ein modernes Hochregallager.

Schlafende Ziegen in Afrika

Um die Entdeckung des Kaffees ranken sich viele Legenden. Sicher ist, dass die Kaffeepflanze aus Afrika stammt, genauer gesagt aus dem tropischen Bereich in Äquatornähe. Manche leiten den Namen von der äthiopischen Provinz »Kaffa« ab – bis heute wird dort Kaffee angebaut. Im 9. Jahrhundert sollen sich äthiopische Hirten aus der Region darüber gewundert haben, dass ihre Ziegen so munter waren und nachts nicht schliefen. Sie beobachteten, dass die Tiere die roten Früchte eines Strauches fraßen, probierten diese selbst und entdeckten so ihre anregende Wirkung. Wer den Effekt von Kaffeebohnen tatsächlich als erstes entdeckt hat, bleibt jedoch bis heute ein Geheimnis.

Traditionsinsel Magniviertel

Braunschweigs heimelige, heimliche Altstadt

Am Eingang zum Magniviertel

Das Weichbild Altewiek – das heutige Magniviertel – war im Mittelalter eine der fünf Städte, die gemeinsam mit den vier anderen Weichbilden Braunschweig bildeten. Im 11. Jahrhundert hieß dieser Bereich Brunswiek (Brunesquik) und war somit Namensgeber für die spätere Stadt Braunschweig. Von den fünf Weichbilden war die Altewiek der wirtschaftsschwächste, was noch heute am Fachwerkhausbau gut ablesbar ist. Außer der Kirche St. Magni gab es hier im Mittelalter keine Steinbauten. Auch das Altewiek-Rathaus, das vor der St.-Aegidien-Kirche stand und 1752 abgerissen wurde, war als Holzbau errichtet worden.
Im Zweiten Weltkrieg hat dieses Viertel weniger Bomben abbekommen als die Neustadt oder der Hagen. In den 1960er Jahren plante die Stadtverwaltung viele der alten Häuser abzureißen, da sie nicht mehr den modernen Wohnqualitäten entsprachen. Das rief die Bürger des Magniviertels auf den Plan, die den Verein »Bürgerschaft Magniviertel« gründeten und somit den Abriss verhindern konnten. Seit 1974 wird jedes Jahr am ersten Septemberwochenende das »Magnifest« mit Kleinkunstdarbietungen und Marktständen durchgeführt. Es ist das eigentliche Altstadtfest der Stadt Braunschweig.
Die ursprüngliche Lebensader – der Handelsweg in Ost-West-Richtung vor dem norddeutschen Hügelland – die spätere Reichsstraße 1 – führte durch dieses Gebiet (Langedammstraße – Oelschlägern – Am Magnitor). Heute ist das Magniviertel verkehrsberuhigt, Straßenbahnen und Kraftfahrzeuge fahren über die Georg-Eckert-Straße seitlich vorbei.

St.-Magni-Kirche

Von dieser Kirche hat das Stadtarchiv eine Weihenotiz aus dem Jahr 1031 mit dem ersten Namenszug »brunesguik« – Brunswiek, aus dem sich im 16. Jahrhundert der Name Braunschweig entwickelt, zum ersten Mal für das Jahr 1573 belegt. Ursprünglich eine kleine Dorfkirche, entwickelte sie sich im Lauf der Jahrhunderte zu einer großen dreischiffigen Hallenkirche. Sie wurde im Zweiten Weltkrieg stark zerstört und nicht im vorherigen Stil in den 1950er und 1960er Jahren rekonstruiert. Man sollte außen und innen sofort erkennen, dass dies eine Neugestaltung ist, die an die Zerstörungen erinnern soll. Der Posaunenbläser – der »Rufer« – an der Giebelwand des Chorbereichs hat die gleiche Aussage. Auf der Südseite (Platzseite) sind die ehemaligen Kirchenfenster aus Lärmschutzgründen zugemauert worden. Auf der Nordseite entstand ein 23 Meter langes Betonsprossenfenster, das den »Zug des israelischen Volkes mit Moses an der Spitze durch das Schilfmeer« darstellt.
Im Innern der Kirche kann man viele alte und neue Kunstwerke betrachten: In der Vierung schwebt über dem Altar aus Elmkalkstein Chris-

Die St.-Magni-Türme

Der Magnikirchplatz (alle Fotos: Manfred Gruner)

Hinter der Magnikirche

tus als Gekreuzigter und zugleich als Auferstandener, den ein Kranz von Engeln umkreist. Diese erscheinen aus der Ferne wie ein Dornenkranz Christi. Beides sind Arbeiten von Ulrich Henn aus dem Jahr 1964. Im rechten Seitenschiff ist der ehemalige Barockaltar von 1730/1734 aufgebaut. Wie durch ein Tor gelangt man in die Taufnische mit dem bronzenen Taufbecken (1468). Etliche Epitaphien und neugestaltete Glasfenster schmücken die Kirche.

Hinter der Magnikirche

Die Fachwerkhäuser in dieser Straße sind zum größten Teil hierher versetzt worden. Das Haus Nr. 1 stand bis 1913 am Oelschlägern 29, es musste dem Durchbruch für die Schlossstraße weichen. Der untere Teil des Hauses stammt aus dem Jahr 1510 (Treppenfries), das obere Stockwerk mit Zwerchgiebel kam 1645 dazu. Haus Nr. 2 stand bis zur Zerstörung im Zweiten Weltkrieg in der Auguststraße 33. Einige Balken von 1517 integrierte man 1960 in den Neubau. Das Haus Nr. 4 war das Pfarrhaus der St.-Ulrici-Kirche, die bis 1544 auf dem Kohlmarkt stand. Haus Nr. 5 wurde um 1500 tatsächlich an dieser Stelle errichtet und bezeugt, dass hier nicht die Reichsten der Stadt wohnten. Interessant ist auch Haus Nr. 5, das 1705 für den Pastor der St.-Magni-Kirche in der Barockzeit gebaut wurde.

Wilhelm-Raabe-Gedenkstein

Auf der östlichen Seite des Magnikirchplatzes steht seit 1975 der Raabe-Gedenkstein aus Elmkalk. Bereits von 1931 bis zur Einschmelzung 1941 hatte hier ein Raabe-Brunnen gestanden. Wilhelm Raabe (1831 bis 1910) wohnte seit 1870 in verschiedenen Häusern des östlichen Ringgebietes, zuletzt in der Leonhardstraße 29 a. Dort befindet sich auch eine Wilhelm Raabe Gedächtnisstätte.

Herrendorftwete

Diese Twete blieb vom Feuersturm fast verschont und zeigt bei dem großen Eckgebäude (heute Stadthotel und Restaurant Magnitor), wie ein Grundstück ursprünglich aussah. Es wurde 1490 gebaut und war das Haus des Bürgermeisters der Altewiek.

Am Magnitor

Diese Straße führte ursprünglich in Richtung Magnitor, der Ostausfahrt der Stadt. Hier finden Sie viele Gaststätten und erhalten gebliebene Fachwerkhäuser: Nr. 7 – 1806 gebaut; Nr. 10/11 von 1590; Nr. 13 und 14 sind noch 100 Jahre älter – 1490 gebaut.

Steinskulptur von Jürgen Weber »Die große Verweigerung«

Sie steht am Ende der Straße Am Magnitor vor dem Städtischen Museum. Der Bildhauer Jürgen Weber war von 1961 bis zu seiner Emeritierung 1996 Professor an der TU Braunschweig auf dem Lehrstuhl für elementares Formen im Fach-

Die Herrendorftwete

Gemütlichkeit am Magnitor

Am Magnitor

bereich Architektur und hat viele aussagekräftige Kunstwerke geschaffen. Dieser Mann auf dem Steinsockel könnte ein Bürger sein, der mit seiner Verweigerung dafür sorgte, dass das Magniviertel nicht abgerissen wurde.

Städtisches Museum am Löwenwall
Das Museum lädt seit 1906 an dieser Stelle zum Besuch ein. Es gehört zu den größten kunst- und kulturgeschichtlichen Museen Deutschlands. Im Haus am Löwenwall werden Kunstobjekte der Malerei, Möbel-, Porzellan- und Goldschmiedekunst sowie Teile der ethnographische Sammlungen und historische Musikinstrumente aus aller Welt gezeigt. Die Geschichte der Stadt Braunschweig wird in der Außenstelle des Städtischen Museums, im Altstadtrathaus, gezeigt.

Gaußschule
Namensgeber dieser 1907 errichteten Schule ist der 1777 in Braunschweig geborene Mathematiker, Astronom, Geodät und Physiker Carl Friedrich Gauß. Als Schuljunge fiel er bereits seinem Lehrer auf. Bei der Aufgabe, die Zahlen von 1 bis 100 zu addieren, legte er nach wenigen Minuten die Lösung auf das Katheder: 5050. Der kleine Fritz hatte die erste und letzte Zahl zusammengezählt: 1 + 100 = 101, danach 2 + 99 = 101 usw. 50 x 101 = 5050. Damit hatte er die arithmetische Reihe entwickelt. Auf den alten 10-DM-Scheinen war Gauß abgebildet, im Hintergrund u.a. Göttingen. Dort war er seit 1807 als Professor angestellt und auch Direktor der Sternwarte. In Braunschweig erinnern der Gaußberg mit Gaußdenkmal und die jährliche Verleihung der Gaußmedaille von der Braunschweigischen Wissenschaftlichen Gesellschaft an diese außergewöhnliche Persönlichkeit.

Löwenwall
Nachdem die Bastionärsbefestigung des 18. Jahrhunderts demoliert wurde, entstand im Osten der Wallanlagen 1822/1823 diese Platzanlage. Ursprünglich hieß sie bis 1904 Monumentplatz, danach Löwenwall. Die gesamte Anlage nebst der Doppelreihe mit Kastanienbäumen und Obelisk entwarf der Architekt und Hofbaumeister Peter Joseph Krahe. Er gestaltete auch den gesamten Wallring und viele Villen in der Stadt.

Haus der Stiftungen – Gerloffsche Villa – Löwenwall 16
Links von der Gaußschule steht die Gerloffsche Villa, die sich der Zuckerhändler Louis Gerloff von dem damaligen Stadtbaurat Ludwig Winter 1888/1889 bauen ließ. Seit 2006 beherbergt sie das Haus der Stiftungen – eine Koordinierungsstelle für die vielen Stiftungen in der Stadt Braunschweig und dem gesamten Umland.

Ritterstraße
Im nördliche Teil der Ritterstraße, der von der Straße »Am Magnitor« abzweigt, stehen noch viele Häuser aus dem 15. bis zum 19. Jahrhundert: Ritterstraße 21 und 22 gebaut um 1520 – Ritterstraße 23 aus dem Jahr 1608 – Ritterstraße 24 errichtet 1490 mit dem doppelten Treppenfries.

Volksfreundhaus
Das »Rote Schloss«, der rote Backsteinbau in der Schlossstraße 8, bezogen die Sozialdemokraten 1914. In der eigenen Druckerei erschien bis 1933 der »Braunschweiger Volksfreund«, eine der ältesten sozialdemokratischen Zeitungen Deutschlands. Nach der Machtergreifung folterten hier die Nationalsozialisten viele Menschen, wovon eine Gedenktafel im Eingangsbereich Zeugnis gibt.

Ackerhof
Zwischen der Langedammstraße und dem Oelschlägern steht das älteste datierte Haus Braunschweigs von 1432 aus der Zeit der Gotik. Die Jahreszahl ist unter der Regenrinne an der Langedammstraße zu finden. In der Barockzeit wurden das Obergeschoss und das Dach verändert.

Happy Rizzi-House
Das bunte Haus am Ackerhof entwarf der US-amerikanische Künstler James Rizzi auf Anregung des Galeristen Olaf Jaeschke und des Architekten Konrad Kloster. In den drei Häuserblöcken gibt es kein Fenster, das einem anderen gleicht, alle sind verschieden. Der Komplex wird von einer großen Braunschweiger Bekleidungsfirma als Verwaltungsgebäude genutzt.

Von Manfred Gruner

Ritterstraße Klint

Der Braunschweiger Tanz-Sport-Club

Vom Kindertanz bis zum Weltmeistertitel

Der Braunschweiger Tanz-Sport-Club, kurz Braunschweiger TSC oder BTSC genannt, 1962 von Mitgliedern eines Tanzkreises der Tanzschule Münich gegründet, ist seit mehr als zwei Jahrzehnten national wie international ein Synonym für hochklassigen Tanzsport. Mit über 500 Mitgliedern ist er derzeit der größte Tanzsportverein Niedersachsens.

Basierend auf einer dreigeteilten Vereinsstruktur im Leistungsbereich mit Breiten-, Leistungs- und Jugendsport sowie mit Gesundheits- und Rehasport auf der Präventionsebene bietet der Braunschweiger TSC aktuell ein breit gefächertes Tanzangebot für Jung und Alt, Anfänger und Fortgeschrittene. Dabei steht den Mitgliedern des Vereins mit dem Tanzsportzentrum in der Böcklerstraße eine hervorragende Infrastruktur für die Ausübung ihres Sports zur Verfügung. Vier große, mit Tanzparkett und Spiegel ausgestattete Säle bieten sowohl dem Leistungssport als auch dem Breitensport optimale Trainingsmöglichkeiten.

Seit 1994 beherbergt der Braunschweiger TSC das Landesleistungszentrum des Niedersächsischen Tanzsportverbandes. Die Räumlichkeiten werden vom Verband für Lehrgänge und Weiterbildungen genutzt. Mit Kadermaßnahmen von Tanzsport Deutschland, die in den Räumen des BTSC durchgeführt werden, mutiert das niedersächsische Landesleistungszentrum in Braunschweig dabei immer mehr zum Bundesstützpunkt.

Aushängeschild des Vereins ist die A-Standardformation. Als 10-facher Weltmeister, 10-facher Europa- und 17-facher Deutscher Meister genießt sie Weltruhm und ist damit eine der erfolgreichsten Standardformationen der Welt. Für die zahlreichen Erfolge verlieh der Bundespräsident dem Team wiederholt das »Silberne Lorbeerblatt« der Bundesrepublik Deutschland. Vater dieses Erfolges ist Cheftrainer Rüdiger Knaack, der wohl beste Formations- und Einzeltrainer im Bereich Standardtanz. Dabei setzt Knaack immer wieder neue Maßstäbe bei den von ihm entwickelten Choreographien wie »Phantom der Oper«, »Zarah«, »West Side Story«, »Conquest of Paradies«, »Lulu«, »Jekyll & Hyde«, »Magic of Love«, »Celine«, »Musica é«, »Music Cultures«, »Ballads of Rock«, »Immortality« und »In constant touch«. Durch tänzerische Umsetzung beliebter Melodien oder weltbekannter Pop-Musik zu immer schnelleren Rhythmen und wechselnden, schwierigeren Bildern revolutionierte Knaack das Formationstanzen stets aufs Neue.

Neben der Formation trainiert Rüdiger Knaack auch die Turnierpaare des Vereins, wobei er oft erfolgreiche Einzelpaare entdeckt und fördert. So wurden u.a. Alexander Stendel/Jasmin Ringwelski 2009 und 2010 Deutsche Meister der Jugend. Aktuell macht das seit 2011 zusammen tanzende Paar Daniel Radu/Anne Weber von sich reden. Mit Platz sechs im Jahr 2013 sowie

Daniel Radu und Anne Weber (Foto: Michael Steffan)

Showauftritt BTSC-Kids – TanzGala 2015 (Foto: Paul- Dieter Reif)

Lindy Hop – beim LöwenLindy 2015 (Foto: Michael Steffan)

Platz fünf im Jahr 2014 tanzten die beiden bereits zweimal im Finale der Deutschen Meisterschaft der Hauptgruppe S Standard, der höchsten deutschen Amateurklasse.

Eine wichtige Säule des Braunschweiger TSC ist der Breitensport. Er schafft die Grundlage für eine gesunde Vereinsarbeit und ist die Basis des Clubs. Eine Vielzahl an ausgebildeten und engagierten Trainerinnen, Trainern, Übungsleiterinnen und Übungsleitern stellt die Qualität des Trainings in vielen Gruppen sicher und sorgt damit für eine große Angebotspalette. Vom Standard- und Lateintanz, Ballett für Erwachsene, Bollywood-Dance, Lindy Hop, Orientalischen Tanz, Steptanz, Tango Argentino bis hin zum Aroha als Gesundheitssport – der Verein hat für die unterschiedlichsten Interessen etwas zu bieten.

Tanzen für Kinder ist im Braunschweiger TSC in unterschiedlichen Facetten möglich, u.a. in den Sektionen Standard/Latein, Nachwuchs-Formation und Hip Hop. Grundfertigkeiten wie Balancen und Körpergefühl können im Kinderballett erworben werden. Mit Kindertanz beginnend bis hin zum Erlernen kleiner Turnier-Choreographien für Breitensportwettbewerbe sowie Kinder- und Jugendturniere wird im Braunschweiger TSC für Durchgängigkeit gesorgt. Gemeinsame Showauftritte oder das gemeinsame Erarbeiten des Deutschen Tanzsportabzeichens (DTSA) unterstützen den Zusammenhalt in den Gruppen und bieten den Kindern und Jugendlichen die Möglichkeit, außerschulische Kontakte und Freundschaften zu knüpfen und zu pflegen.

Die Förderung und Unterstützung jugendlicher Tänzer aus Braunschweig und Umgebung liegt dem Braunschweiger TSC ganz besonders am Herzen: Vom Kindertanzen über Breiten- und Leistungssport bis hin zum Weltmeistertitel! Wer kann seinen Mitgliedern diese Kontinuität bieten? ... der BTSC kann!

Von Gaby Michel-Schuck und Thomas Perduns

A-Formation – Weltmeister 2014 (Foto: Michael Steffan)

Rüdiger Knaack, der Vater der Formationserfolge, mit WM-Pokal – Weltmeisterschaft 2014 (Foto: Michael Steffan)

A-Formation – Weltmeisterschaft 2015 – Bronzemedaille (Foto: Michael Steffan)

175 Jahre Botanischer Garten

der Technischen Universität Braunschweig

Der Botanische Garten im Jahr 1937 (Foto: Karl-Heinz Dierkes; alle anderen Fotos: Michael Kraft)

Der Botanische Garten Braunschweig, eine der ältesten Einrichtungen der Technischen Universität, kann auf eine 175-jährige Geschichte zurückblicken. Er wurde 1828 als Einrichtung einer Anatomieschule gegründet. Da dieser kleine Garten den vielfältigen Ansprüchen bald nicht mehr genügte, verteidigte Johann Heinrich Blasius, damaliger Naturwissenschaftler und Leiter des Anatomiegartens, hartnäckig das Projekt zur Gründung eines Botanischen Gartens. 1840 gelang ihm die Verwirklichung dieses Plans.
Das Jahr 1840 ist also das Gründungsjahr des Botanischen Gartens des Collegium Carolinum, der heutigen Technischen Universität Braunschweig. Noch heute erinnert die Schlucht am Wasserfall und das am Wirtschaftshof gelegene ehemalige Kanalwärterhaus aus dem 17. Jahrhundert, an die Gründungsjahre.

Fangorgane der Venusfliegenfalle (Dionaea muscipula)

Krugfalle (Cephalotus follucularis) im Karnivorenhaus

1989 ist aus Anlass des großen Jubiläums – der Botanische Garten der Technischen Universität Braunschweig wurde 150 Jahre alt – der gemeinnützige Verein »Freunde des Braunschweiger Botanischen Gartens e.V.« ins Leben gerufen worden.

Der Förderverein verwendet die Spendengelder für besonders wichtige und sichtbare Projekte im Botanischen Garten und konnte bereits zahlreiche große Projekte verwirklichen.

Durch den Zukauf eines direkt südlich angrenzenden Geländes, dem ehemaligem Leu-Sportplatz, wurde der Botanische Garten 1995 auf etwa drei Hektar vergrößert.

Lange Zeit fehlte es im Braunschweiger Botanischen Garten an einer zusätzlichen Schnittstelle, zwecks Vernetzung zwischen der Universität und den Schulen der Region. Durch die Gründung der Grünen Schule Braunschweig im Jahr 2005 lassen sich auch in Braunschweig umfassende Bildungs- und Erlebnisangebote aus der Vielfalt der Pflanzenwelt insbesondere für Schülerinnen und Schüler, aber auch für Interessierte aller Altersgruppen umsetzen. Als Schulhaus dient seitdem das ehemalige Kanalwärterhaus, welches erstmals 1747 auf einem Braunschweiger Stadtplan zu finden war.

Beinahe anderthalb Jahrhunderte war das alte Tropenhaus einer der größten Anziehungspunkte im Botanischen Garten. Eine Ära, die im Jahr 2000 endete, denn das 1886 errichtete Gebäude musste aus Sicherheitsgründen für die Öffentlichkeit geschlossen werden.

Blick in die systematische Abteilung

Der Bauerngarten aus der Vogelperspektive

Kulturelle Veranstaltung im Botanischen Garten

Damals ließen die Finanzen keine entscheidenden Baumaßnahmen zu. Im Jahr 2005 war es dann endlich soweit. Die Abrissarbeiten des alten Tropenhauses begannen und zwei Monate später wurde die neue Gewächshauskonstruktion montiert. Der Neubau steht seit seiner Eröffnung im April 2006 nicht nur den Lehrenden und Studierenden der Universität zur Verfügung, sondern auch all jenen Besuchern, die ihre »Braunschweiger Tropen« mehrere Jahre missen mussten.

Die Sammlung der fleischfressenden Pflanzen (Karnivoren) gehört mit zu den artenreichsten Sammlungen Niedersachsens, diese wird seit dem Jahr 2010 in einem eigens dafür errichteten Gewächshaus präsentiert.

Seit fast sechs Jahrzehnten hat eine außergewöhnliche Wasserpflanze, die Victoria cruziana, ihr Zuhause im Botanischen Garten der Technischen Universität Braunschweig. Die tropische Riesenseerose ist gleich in mehrfacher Hinsicht beeindruckend: Ihre Blätter haben einen Durchmesser von bis zu zwei Metern – ein Kind könnte problemlos darauf Platz nehmen. Und die Pflanze blüht hinreißend schön. Die »Victoria cruziana« ist eine der größten Attraktionen des Botanischen Gartens. Das Victoria-Gewächshaus, in dem sie kultiviert wird, ist jedoch mittlerweile so stark gealtert, dass es nicht mehr zu sanieren ist. Doch dank der Unterstützung vieler Förderer kann der dringend notwendige Neubau des Victoria-Gewächshauses nun realisiert werden. Im Jahr 2017 wird es dann endlich wieder soweit sein, Victoria kann sich auf ihren großen Auftritt vorbereiten!

Blüte der Tropischen Riesenseerose (Victoria cruziana)

Riesen-Lauch (Allium giganteum) in der systematischen Abteilung

In einer Zeit, in der der Zugang zu Wildstandorten auch bei nicht in ihrem Bestand gefährdeten Arten durch viele Länder immer eingeschränkter gehandhabt wird, ist der Gewächshausbereich des Botanischen Gartens in zunehmendem Maß eine bedeutende Materialquelle für Forschungsarbeiten und Lehraufträge auf unterschiedlichsten Gebieten.

Auch in Zukunft wird unser Botanischer Gärten ein zentrales Element der Forschungslandschaft sein. Der lebende Organismus, die ganze Pflanze ist Ausgangspunkt und zugleich Ziel der botanischen Forschung. Die ganze Pflanze ist die Klammer, welche die in vieler Hinsicht auseinanderstrebenden Teildisziplinen der Botanik letztlich doch zusammenhält.

Von Michael Kraft,
Leiter des Botanischen Gartens

Öffnungszeiten

Freiland
Montag bis Sonntag
8.00 – 18.00 Uhr (Sommermonate)
Montag bis Freitag
8.00 – 16.00 Uhr (Wintermonate)
Samstag bis Sonntag
9.00 – 16.00 Uhr

Schaugewächshäuser
Dienstag / Donnerstag
11.00 – 17.00 Uhr (Sommermonate)
Samstag / Sonntag sowie an Feiertagen
13.00 – 17.00 Uhr
Dienstag / Donnerstag
11.00 – 15.30 Uhr (Wintermonate)
Sonntag sowie an Feiertagen
13.00 – 15.30 Uhr

Bitterorange (Poncirus trifoliata) an der systematischen Abteilung

Dendrobium bigibbum im Orchideenhaus

Herbstimpression

Beitrag von:
Technische Universität Braunschweig
Botanischer Garten
Humboldtstraße 1 · 38106 Braunschweig
Tel. (05 31) 391-5888
botgart@tu-braunschweig.de
www.tu-braunschweig.de/ifp/garten

Braunschweig aus der Vogelperspektive

Ein Logenplatz am Himmel

Eine Fahrt in einem Heißluftballon ist ein unvergessliches Erlebnis. Doch am Anfang steht die Arbeit. Die Philosophie des Piloten ist, dass jeder Mitfahrer im Heißluftballon wissen muss, wie der Ballon zusammengebaut wird und wie er funktioniert. So wird der Korb mit vier Gasflaschen bestückt, von denen jede eine Fahrtzeit von 20 bis 30 Minuten garantiert. Verbunden werden die Gasflaschen mit einem Brenner, der später den über 3000 Kubikmeter großen Ballon mit heißer Luft versorgen wird. Sorgfältig wird der Korb mit der Ballonhülle verbunden, die aus sehr leichter Kunststoffseide besteht, aber eine hohe Zugfestigkeit vorweist. Immerhin kann sie eine Masse von mehr als einer Tonne tragen.

Nachdem diese vorbereitenden Maßnahmen beendet sind, wird der Ballon durch ein Gebläse mit kalter Luft gefüllt. Beim Aufrüsten des Heißluftballons wird das gesamte Luftfahrzeug komplett mit Zubehör peinlich genau durch den Piloten überprüft. Dann ist es endlich soweit. Alle Fahrgäste und der Pilot begeben sich an Bord. Mit

Heißluftballone beim Start

Ein Gasballon wird für den Start vorbereitet. (alle Fotos: Frank Stahlkopf)

kräftigen Brennerstößen wird die Hülle mit heißer Luft gefüllt und plötzlich erhebt sich das Luftfahrzeug und gewinnt schnell an Höhe.

Von diesem Augenblick an taucht man ein in eine andere Welt. Ich selbst hatte mich auf viele Fragen an den Piloten vorbereitet, doch ich mochte gar nicht reden, nur genießen. Wer eine Garantie dafür haben möchte, einmal für rund 60 Minuten vom Stress des Alltags abzuschalten und einzutauchen in eine Oase der Ruhe und unvorstellbarer Schönheit, der sollte sich ein solches Erlebnis nicht entgehen lassen.

In einer Höhe von 300 bis 1000 Metern entdeckt man die Stadt Braunschweig aus einer bisher nicht gekannten Sicht. Immer wieder variiert der Pilot die Höhe, um unterschiedliche Luftströmungen und damit verschiedene Fahrtrichtungen abzuwägen. Wenn die Fahrtbedingungen es erforderlich machen, kann so ein Ballon bis in eine Höhe von 3000 Metern steigen, doch die schönste Sicht hat man in der Höhe bis 1000 Meter. Auffällig ist, dass im Korb nicht viel geredet wird. Jeder Einzelne der vier Mitfahrer genießt den Augenblick und ist fasziniert von der herrlichen Aussicht. Man möchte es gar nicht glauben, wenn der Pilot sagt, dass er sich auf die Landung vorbereitet, denn die Zeit ist im wahrsten Sinne des Wortes wie im Fluge vergangen.

Durch das vorsichtige Öffnen der oberen Ventilkappe an der Ballonhülle kann der Pilot das Absinken genau bestimmen. In etwa 100 Metern

Höhe sagt er: »Dort unten auf einer abgelegenen Wiese des Flughafens werden wir landen«. Es ist fast nicht zu glauben, aber ein paar Minuten später stehen wir wieder auf der Erde, eben punktgenau auf der avisierten Fläche. Und alle finden es sehr schade, dass ein unvergessliches Erlebnis zu Ende ist. Das Begleitfahrzeug steht schon neben uns und bringt uns zur Taufe, die jeder Ballonfahrer bei der ersten Fahrt erlebt.

Wenn man einmal die Fahrt in einem Heißluftballon genießen konnte, kann man sich eigentlich kaum vorstellen, dass dieses unvergessliche Erlebnis noch getoppt werden könnte. Doch nun durfte ich »die Königsklasse« des Ballonfahrens kennen lernen. Und keine Formulierung kann nur annähernd die Schönheit und den Genuss einer Fahrt mit dem Gasballon beschreiben. Hier wird die Ballonhülle nicht mit heißer Luft sondern mit Wasserstoff befüllt und so kann eine Fahrt beginnen, die absolut lautlos ein Gleiten am Himmel ermöglicht.

Nachdem alle vorbereitenden Maßnahmen zum Aufrüsten beendet sind, wird der Ballon in etwa zwanzig Minuten durch einen eigens bestellten Trailer mit etwa 1000 Kubikmeter Wasserstoff gefüllt. Alle Einrichtungen und Geräte werden auf ihre Funktion überprüft und dann geht alles ganz schnell. Für die fünf Mitfahrer heißt es, in den Korb zu klettern. Ringsherum ist der Korb mit gefüllten Sandsäcken bestückt. Und nur durch Reduzierung dieses Gewichts startet der Ballon und gewinnt schnell an Höhe. Damit taucht man ein in ein Erlebnis, das an Genuss, Idylle und Romantik kaum zu überbieten ist. Im Unterschied zum Heißluftballon starten die Piloten ihren Gasballon gern in der Nacht bei sternklarem Himmel. Völlig geräuschlos schwebt der Ballon dem Sonnenaufgang entgegen und der herrliche Blick, die Welt von oben zu genießen, macht alle Mitfahrer sprachlos.

Der Ausblick ist herrlich und durch Regulierung des Gewichts kann der Ballon in unterschiedlichen Höhen unterschiedliche Windrichtungen einordnen. Schon das Abwerfen einer Schaufel Sand kann bewirken, dass der Gasballon um mehrere Meter steigt.

Während der gesamten Fahrt herrscht absolute Stille, lediglich der Straßenverkehr in den Städten oder das Hundegebell am Boden sind zu hören. Die Fahrt mit einem Gasballon dauert etwa fünf bis sechs Stunden. Der Pilot versichert uns jedoch, dass auch Fahrten von mehreren Tagen möglich sind. Jeder ist für sich in seiner »Traumwelt« voller Genuss und dem Gefühl, dass dieses Erlebnis einzigartig ist.

Auch in einer Gruppe zu fahren ist ein Genuss.

Ein einmaliges Erlebnis – Braunschweig aus luftiger Höhe

Voller Einsatz für ein Lächeln

Neue Ideen für Braunschweigs Zähne – artline Dentallabor

Wer sorgt eigentlich für den Zahnersatz? Einerseits, klar, der Zahnarzt. Die andere Seite allerdings bleibt zumeist verborgen: Hinter den Kulissen stellen Dentallabore jene Kronen, Inlays und andere prothetische Versorgungen her, mit denen der Patient jahrelang leben, kauen und lächeln wird. Direkter Kontakt zum Patienten: in der Regel Fehlanzeige. Doch mit dieser Art der geschäftlichen Zusammenarbeit ist Stefan Pietsch nicht zufrieden. Als er 2003 artline, das Dentallabor im ARTmax, eröffnet, geht er neue, fast visionäre Wege: mehr Transparenz, mehr Patientennähe, Analyse und Beratung vor Ort. Und daraus wird eine Braunschweiger »Erfolgsstory«.

Das soll also ein Labor sein ... man stutzt für einen Moment, wenn man zum ersten Mal die großzügige Lobby betritt. In Mintblau und Bambus versprüht sie eher den nüchternen Charme eines modernen Hotels. Bequeme Sessel ducken sich neben eine Zimmerpflanze, in einer Nische scheint es Kaffee zu geben. Nicht weniger als 490 Quadratmeter fassen die hohen Wände: Beklemmungen? Ein Fremdwort. »Gehört alles zum Konzept«, erläutert Geschäftsführer Stefan Pietsch, »natürlich kann man ein Dentallabor auch in irgend einem Keller einrichten und Zahnarztpraxen beliefern. Aber wir wollten von Anfang an auch den direkten Draht zu den Patienten – und die sollen sich hier nicht nur gut beraten, sondern auch wohl fühlen.«

Wohl fühlt sich der kleine Junge auf dem Behandlungsstuhl nicht unbedingt. Aber das wäre auch zuviel verlangt: wegen dieses Fahrradunfalls neuerdings fehlt ihm ein Schneidezahn. Diagnose des behandelnden Zahnarztes: eine Krone. Bei artline wird nun die präzise Passform und die genaue Farbanpassung ermittelt. So entlastet der Spezialist den Allrounder. Das ist effizienter und im Ergebnis besser als die zahnärztliche Rundum-Versorgung. Denn nur wenn alle Parameter stimmen, ist der Aufbau so gut wie unsichtbar. Und der Kleine kann sein Malheur vergessen.

Volle Konzentration, der Weg zum Erfolg

Natürliche Zähne vom Spezialisten

Hightech Geräte sind die Grundvoraussetzung. (alle Fotos: artline Dentallabor GmbH)

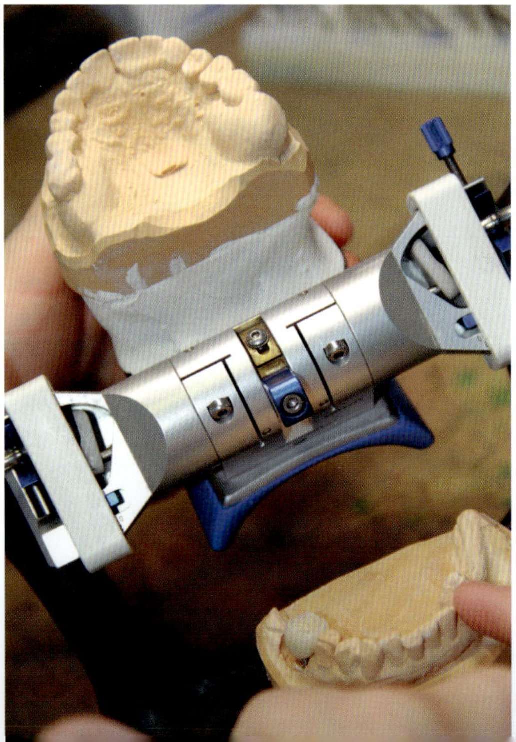

Zahnersatz – Investition ins eigene Lebensgefühl

Die Kreationen von Stefan Pietsch und seinem Team sieht jeder. Aber zufrieden ist er erst, wenn keiner sie bemerkt – ob Kasse oder privat, Pietsch ist Perfektionist. Zur Beratung zieht man sich in sein ruhiges Büro zurück. Hier steht der Taktstock des Termingeschäfts erst einmal still. Zeit für umfassende Erklärungen – und, ja, Kaffee gibt's auch! Welche Maßnahmen sind erforderlich? Wie lässt sich das optimale ästhetische Gesamtbild erreichen? Und: Was kostet das alles? Alternativen gibt es immer. Auch der Zahntechniker-Meister wünscht sich den viel beschworenen »mündigen Patienten«, doch ist er auch bereit, durch umfassende Aufklärung seinen Teil beizutragen. »Man muss sich Zeit nehmen, um zusammen mit dem Patienten den idealen Kompromiss zwischen Kosten und Kos-

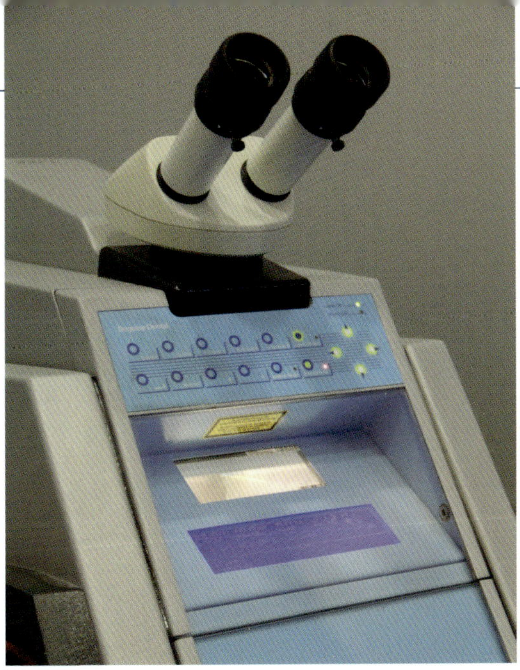

Lasergenaues arbeiten

Hier ist Fingerfertigkeit gefragt.

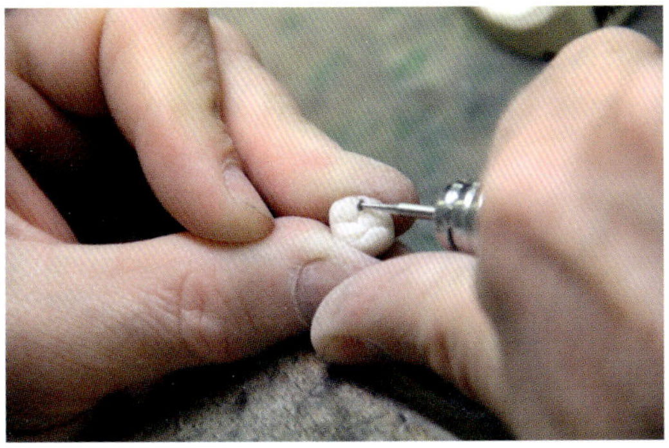

Hier muss jeder Schliff sitzen.

metik zu finden«, findet Pietsch, und man glaubt es ihm. Denn artline ist ein Handwerks- und Dienstleistungsbetrieb.

Alternativen gibt es immer. Einmal wünschte sich ein Patient den Braunschweiger Löwen auf seinem Backenzahn – als Glücksbringer für die Heimspiele. »Von medizinischem Nutzen kann zwar keine Rede sein, und sehen wird es auch niemand. Aber wenn's der Eintracht hilft ...«, lacht der bekennende Fußballfan. »Wir erfüllen gerne auch solche Wünsche.« Das ist das Schöne an Pietschs Beruf: »Es gibt immer etwas Neues. Natürlich geht es immer um Zähne, aber jeder Zahn ist unterschiedlich, jedes Gebiss eine neue Herausforderung.« Der persönliche Kontakt mit dem Menschen macht ihm Spaß.

Neue Ideen für Braunschweig

Das artline-Konzept hat sich inzwischen bewährt. Man könnte sogar von einer »Erfolgsstory« sprechen – ablesbar an den geschaffenen Arbeitsplätzen. Im Jahre 2003 ging es mit nur drei Angestellten los, heute sind es bereits 20 – und noch immer tritt man sich auf 490 Quadratmetern nicht gerade auf die Füße. Mittelständische Firmen gelten zu Recht als Jobmotor der Bundesrepublik. Hier finden sich Unternehmergeist, Mut zu neuen Ideen – und oft auch ein starker Partner, um sie zu verwirklichen. Der hieß in diesem Fall Heinz-Werner Twachtmann, Geschaftsführer eines bereits etablierten Dentallabors in Peine. Auf vier Schultern verteilt, wog das Investitionsvolumen nur noch halb so schwer. Damit war der Weg frei für den ambitionierten – und nicht gerade billigen – Start im ARTmax. »Das Wagnis war kalkuliert. Wir haben immer an unser Konzept geglaubt. Aber natürlich war das erste Jahr eine harte Zeit«, erinnert sich Stefan Pietsch. Terminarbeit rund um die Uhr. Michaela, seine Frau, entlastete ihn, wo immer es ging, stand vorne in der Küche, während ihr Mann hinten an den Modellen werkelte. »Wenn beide mitziehen, schweißt die gemeinsame Anstrengung sogar zusammen. Wir haben es nie bereut.« Das artline Dentallabor – auch für Stefan Pietsch eine Investition ins eigene Lebensgefühl. Und für die Patienten eine transparente Zusammenarbeit.

Beitrag von:
artline Dentallabor GmbH
Frankfurter Straße 4 · 38122 Braunschweig
Tel. (05 31) 8 86 19 69 · Fax (05 31) 8 86 19 68
www.artline-dentallabor.de

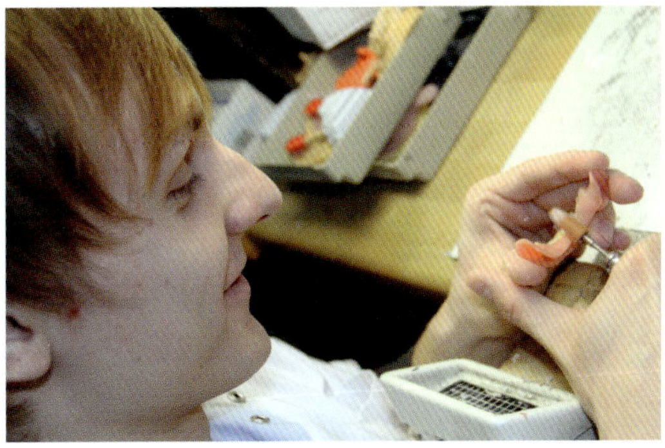

Mit künstlerischer Begabung ...

Nach bestandener Feuerprobe werden die Kronen jahrelang halten.

Motivierte Mitarbeiter sind ein wichtiger Baustein.

Soziale Verantwortung für (Berufs-)Anfänger

Soziale Verantwortung – großes Wort, nichts dahinter? Stefan Pietsch hält keine Sonntagsreden, sondern tut, was er kann

Für Stefan Pietsch bedeutet soziale Verantwortung stets ein Geben und Nehmen. Sein Betrieb wächst, also schafft er Arbeitsplätze. Er bildet aus und erhält dadurch Fachkräfte, die perfekt auf seine Ansprüche zugeschnitten sind. Er engagiert sich für soziale Zwecke, und die Gesellschaft, in der er lebt, dankt es ihm. Gerade auf die Jugend wird heutzutage viel geschimpft: Viele Schulabgänger sind unzureichend vorbereitet und oft noch nicht reif für die Ausbildung.

Deshalb ist auch Stefan Pietsch manchmal schon erschrocken über manche Bewerber. Da zählen scheinbar nur Handys, MP3s und Spielkonsolen. Viele sind noch gar nicht im richtigen Leben angekommen. Bei manchen ist es noch schlimmer: familiäre Probleme, Alkohol, Drogen, Depressionen. »Aber auch solchen kann und muss man eine Chance, eine Perspektive bieten«, so Pietsch.

Und er fühlt sich mit seinem Unternehmen heute verpflichtet, auf die Persönlichkeitsentwicklung seiner Auszubildenden einzuwirken. Das geschieht bei ihm ganz automatisch. Er erinnert sich: »Wir hatten früher auch ›kein Bock‹ auf Berufsschule und haben einfach nur gemacht, was von uns verlangt wurde. Da hilft nur persönliche Offenheit – eine Braunschweiger Tugend: Man muss den Jugendlichen den Blick für die Realität öffnen. Mit allen Konsequenzen. Zum Beispiel kriegen sie von mir nicht nur Übungsmaterial, sondern gelegentlich echte Terminarbeiten. Die müssen fertig werden, sonst sitzt der Patient auf einmal zur Mittagspause ›ohne‹ Zähne da.«

Und auf die Frage, was passiert, wenn es einmal daneben geht, lacht er und sagt: »Dann muss ich das wohl ausbaden. Das bedeutet zwar Aufwand, aber nur so lernen junge Menschen Verantwortung. Und nur so ziehe ich junge Erwachsene heran, die mir später wieder Arbeit abnehmen können.« Diese Logik ist leider aus vielen Köpfen verschwunden. Aber es funktioniert: In 13 Jahren artline wurde eine Vielzahl der Auszubildenden übernommen.

(alle Fotos: artline Dentallabor GmbH)

Modernes Design ...

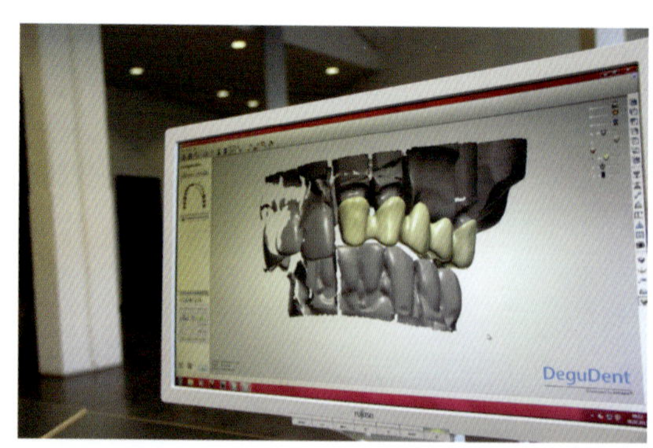

... und Hightech fließen hier ineinander.

Aus der Region – für die Region

Die Öffentliche übernimmt Verantwortung

Öfi, das Maskottchen der Öffentlichen Versicherung Braunschweig, mit Henri von den Basketball Löwen Braunschweig (Foto: Anne-Sophie Wittwer)

Als regionaler Finanzdienstleister des öffentlichen Rechts ist die Öffentliche Versicherung Braunschweig mehr als andere Unternehmen Teil der Gesellschaft und trägt eine besondere Verantwortung. Ihren Beitrag leistet die Öffentliche auf verschiedenen Ebenen: als Arbeit- und Auftraggeber, als Partner von Wirtschaft und Kommunen, zum Beispiel als Partner der Kreishandwerkerschaften vor Ort, sowie als Sponsor und Stifter. Das Verständnis des regionalen Dienstleisters von gesellschaftspolitischer Verantwortung schließt die Verpflichtung ein, als Unternehmen einen Mehrwert zu schaffen für Bildung und Kultur sowie Lebensressourcen nachhaltig zu wahren. Traditionell fördert die Öffentliche Kultur, Sport, Wissenschaft und Forschung, Umweltprojekte und soziale Einrichtungen. Um den Erhalt und die Vermittlung von Werten zu sichern, werden Institutionen und Projekte unterstützt, die auf gleiche Bildungschancen für alle setzen. Das sind beispielsweise Kindergärten, Früherziehungsmodelle, Gewalt- und Suchtpräventionsmaßnahmen, aber auch Schulen und Hochschulen bis hin zu Welcome Centern der Allianz für die Region, die dabei helfen, ausländische Fachkräfte und Familien hier in der Region zu integrieren.

Einen traditionellen Schwerpunkt des Engagements bildet außerdem die Schadenverhütung – Feuerwehren, Polizei, Verkehrswachten und DLRG sind hier bewährte Partner. Als eines der ersten Unternehmen in der Region hat sich die Öffentliche darüber hinaus dem Naturschutz verschrieben. Zentraler Inhalt ist die Förderung ökologischer Projekte, die z.B. über die hiesige Flora und Fauna informieren. Auf Naturlehrpfaden, mit dem Waldforum Riddagshausen – das gemeinsam mit der Öffentlichen beim IHK Sozialtransferpreis 2016 gewinnen konnte – oder im »Grünen Klassenzimmer« soll bei Kindern und Jugendlichen Verständnis für die Schätze der Natur geweckt werden. Die Öffentliche hat darüber hinaus ihr Umweltmanagement prüfen lassen: Der regionale Versicherer wurde 2015 nicht nur nach der international anerkannten Norm ISO 14001, sondern auch nach EMAS (Eco-Management and Audit Scheme, auch bekannt als EU-Öko-Audit) zertifiziert. Zum Zeitpunkt der Zertifizierung war die Öffentliche eines von insgesamt drei Unternehmen in Braunschweig sowie eines von zehn im gesamten Geschäftsgebiet, die die als höchster Standard für Umweltmanagementsysteme bekannte EMAS-Registrierung erhalten haben.

Die 1994 gemeinsam mit der NORD/LB gegründete Stiftung NORD/LB-ÖFFENTLICHE, die 2015 in »Die Braunschweigische Stiftung« umbenannt wurde, unterstützt zusätzlich als klassische Förderstiftung überzeugende Ideen und Initiativen in ihren satzungsgemäßen Projektfeldern Kunst und Kultur, Wissenschaft und Technik sowie Sport. Seit über 260 Jahren trägt die Öffentliche Versicherung Braunschweig Verantwortung für die Sicherheit und die Bewahrung des Braunschweiger Landes – ein Unternehmen aus der Region, für die Region.

Von Sebastian Heise

Das Hauptgebäude der Öffentlichen an der Theodor-Heuss-Straße (Foto: Thomas Gasparini)

Die Öffentliche Versicherung Braunschweig

Seit über 260 Jahren Partner der Region

Die Öffentliche Versicherung Braunschweig blickt auf über 260 Jahre Unternehmensgeschichte zurück. Sie ist Marktführerin in ihrem Geschäftsgebiet, welches das gesamte ehemalige Braunschweiger Land umfasst. In rund 160 Geschäftsstellen werden in einem der dichtesten Filialnetze Deutschlands rund 400 000 Kunden betreut – und damit nahezu jeder zweite Einwohner der Region. Mit weit über 1000 Mitarbeitern und einem Fokus auf Aus- und Weiterbildung gehört die »Öffentliche« so zu den wichtigsten Wirtschaftsfaktoren und zu den größten Arbeitgebern der Region. Daraus erwächst eine unternehmerische Verantwortung, die die Öffentliche auf verschiedenen Ebenen wahrnimmt – ein Antritt, aus dem sie vor über 260 Jahren überhaupt erst entstanden ist.

Seit September 1994 ist die Öffentliche direkt an der Theodor-Heuss-Straße zu finden.

Bereits im Jahr 1550 existierte in Braunschweig eine schriftliche Feuerlöschordnung – aber in den zahlreichen kleinen Dörfern im Umland gab es keine geregelten Schutzmaßnahmen und vor allem keine finanzielle Unterstützung, sodass die vielen Brandgeschädigten auf die Wohltätigkeit der restlichen Bevölkerung hoffen mussten.

Seitlicher Blick auf den Haupteingang (alle Fotos: Thomas Gasparini)

Dass dieses Prinzip auf Dauer keinen Bestand haben konnte, zeigte sich endgültig beim großen Brand von Schöppenstedt, der 1743 beim Mus-Kochen in einer Schmiede ausbrach: Über 100 Häuser und damit mehr als die Hälfte des gesamten Dorfes fielen den Flammen zum Opfer. Carl I. von Braunschweig-Wolfenbüttel (1713 bis 1780, ab 1735 Fürst von Braunschweig-Wolfenbüttel) sah die Notwendigkeit, an dieser Stelle einzugreifen, und sorgte für den Neuaufbau des Ortes Schöppenstedt sowie für die Einführung einer Brandkasse nach Hamburger Vorbild (die Hamburger Feuerkasse wurde 1676 gegründet und gilt als eine der ältesten Versicherungen der Welt). Das Elend der Schöppenstedter in Folge des Feuers führte also schlussendlich dazu, dass Carl I. per herzoglichem Beschluss Vorsorge betrieb, damit eine weitere Brandkatastrophe nicht mehr zu existentiellem und finanziellem Ruin gesamter Familien und sogar Ortschaften führen konnte.

Carl I. gründete 1754 die Braunschweigische Landesbrandversicherungsanstalt. Als Geburtstag der Öffentlichen gilt der 1. Juli 1754 – der Beginn der Wirksamkeit der Brandversicherung. Mit vier Mitarbeitern und Beitragseinnahmen von 6302 Talern (bei 8235 Talern, die für Brandschäden aufgewendet werden mussten) kam die erste Versicherung der Region dieser Aufgabe bereits 1756 nach. 1850 betrug der Umsatz bereits rund 130 000 Taler. 1919 übertrug der damalige Freistaat Braunschweig die Verwaltung der Gesellschaft der Braunschweigischen Staatsbank, die 1765 ebenfalls von Carl I. als erste Staatsbank auf deutschem Boden überhaupt gegründet wurde.

Persönliche Beratung und Kundennähe sind das Herzstück der Firmenphilosophie.

Blick in die sechsstöckige Rotunde des Direktionsgebäudes

Die Rotunde der Öffentlichen mit Werken des Braunschweiger Künstlers Gerd Winner

Aus der Braunschweigischen Staatsbank gingen 1924 die Öffentliche Mobiliarversicherungsanstalt und die Öffentliche Lebensversicherung hervor und im Laufe des 20. Jahrhunderts nahm das Unternehmen allmählich die heutige Form an: 1970 traten die drei Gesellschaften (Feuer, Mobiliar und Leben) zum ersten Mal unter dem gemeinsamen Namen Öffentliche Versicherung Braunschweig auf. 2002 verschmolzen dann auch die Landesbrandversicherungsanstalt und die Öffentliche Sachversicherung schließlich zu einem Unternehmen. Seitdem treten die Öffentliche Lebensversicherung Braunschweig und die Öffentliche Sachversicherung Braunschweig gemeinsam als Öffentliche Versicherung Braunschweig auf. Mehr als ein Vierteljahrtausend nach ihrer Gründung verwaltet die Öffentliche inzwischen ein Anlagevermögen von rund zwei Milliarden Euro. Ihr Geschäftsgebiet ist das ehemalige Braunschweiger Land – und da dieses zu Zeiten Carls I. auch zum Beispiel einen Teil des Harzes, Thedinghausen bei Bremen und den Bereich Holzminden umfasste, ist die Öffentliche Versicherung Braunschweig auch heute noch in all diesen Gebieten tätig. Damit ist sie einer von insgesamt elf öffentlichen Versicherern, die Deutschland untereinander in elf Geschäftsgebiete aufteilen – da diese historisch gewachsen optimal auf die Bedürfnisse der Menschen vor Ort abgestimmt sind. Im Gegensatz zu vielen anderen großen Unternehmen, die zum Beispiel Aktionären verpflichtet sind, ist die Öffentliche ein sogenanntes Unternehmen in Trägerschaft – die NORD/LB, das Land Niedersachsen, der Niedersächsische Sparkassenverband und die Stiftung Braunschweigischer Kulturbesitz teilen sich die Trägerrechte.

Zusätzlich zu einer intensiven Zusammenarbeit mit der Kommune und vielen kleinen und großen Betrieben sowie dem Handwerk und der Landwirtschaft vor Ort und einer engen Kooperation mit der Braunschweigischen Landessparkasse ist vor allem die ständige Nähe zu den Menschen ein zentrales Anliegen des regionalen Versicherers. Die Öffentliche kennt das Braunschweiger Land und seine Bedürfnisse dank der langen gemeinsamen Tradition besonders genau. Und sie erfüllt diese Verantwortung seit über 260 Jahren mit Leben. Das ist ihr unternehmerisches Selbstverständnis. Weitere Informationen finden Sie unter: www.oeffentliche.de.

Von Sebastian Heise

Beitrag von:
Öffentliche Versicherung Braunschweig
Theodor-Heuss-Straße 10
38122 Braunschweig
Tel. (05 31) 202-0 · Fax (05 31) 202-15 00
service@oeffentliche.de · www.oeffentliche.de

Klinikum Braunschweig: Weiterentwicklung und Konzentration

Krankenhaus-Umbau kostet rund 230 Millionen Euro

Die Betriebsleitung (v. l.): Pflegedirektor Ulrich Heller, Geschäftsführer Dr. Andreas Goepfert und Ärztlicher Direktor Dr. Thomas Bartkiewicz.

Das Klinikum Braunschweig, das mit über 3900 Mitarbeitern einer der größten Arbeitgeber der Stadt Braunschweig ist, hat sich trotz der schwierigen Rahmenbedingungen im Gesundheitswesen viel vorgenommen. Mit einem ehrgeizigen und innovativen Gesamtkonzept ordnet das Klinikum seine ehemals vier Krankenhaus-Standorte neu und errichtet zwei große medizinische Zentren.

Die Baumaßnahmen zum Zwei-Standorte-Konzept haben 2006 begonnen und werden bis zum Jahr 2023 in mehreren Realisierungsabschnitten umgesetzt. Das Projekt ist eines der größten Investitionsvorhaben in Braunschweig mit einem Budget von über 230 Millionen Euro. Damit ist das Klinikum Bauherr eines der größten Bauvorhaben, das in den nächsten Jahren in Braunschweig realisiert wird. Eine große Herausforderung liegt auch in dem Umstand, dass trotz der umfangreichen Baumaßnahmen parallel der eigentliche Krankenhausbetrieb weitergehen muss.

Das Klinikum Braunschweig verfügt über eine eigene Kindertagesstätte in Trägerschaft der Arbeiterwohlfahrt.

Die Luftbildaufnahme zeigt den Klinikum-Standort Salzdahlumer Straße mit dem Neubau des Bettenhauses. (Foto: Peter Sondermann; alle anderen Fotos: Klinikum Braunschweig/Jörg Scheibe)

Ziel ist es, dass das Klinikum Braunschweig trotz seiner beachtlichen Größe mit zurzeit 1428 Betten ein Krankenhaus der kurzen Wege wird. Davon profitieren sowohl die Patienten als auch die Mitarbeiter, weil alle Fachdisziplinen, die miteinander zu tun haben, in unmittelbarer räumlicher Nähe liegen werden. Es ist ein ebenso innovatives wie ehrgeiziges Mammutprojekt.

Ein Beispiel hierfür ist das chirurgische Zentrum, das am Standort Salzdahlumer Straße entstehen wird. Dort werden alle chirurgischen Disziplinen einschließlich der Unfallchirurgie und der zentralen Anlaufstelle für Notfallpatienten zusammengefasst. Ein neuer Hubschrauberlandeplatz auf dem Dach mit einer direkten Verbindung zur zentralen OP-Abteilung gehört selbstverständlich auch dazu.

In der Celler Straße, dem zweiten Zukunftsstandort, wird unter anderem ein Frauen/Mutter/Kind-Zentrum mit enger Verbindung zwischen Frauenklinik und der Kinderintensivstation realisiert. Die »Wand-an-Wand« Lösung zwischen Kreißsaal und der Neugeborenenintensivstation existiert bereits seit Anfang 2007 und ist die Voraussetzung für die Level-1-Versorgung, auch bei schwierigsten Komplikationen. Schwangere Frauen haben seitdem die Gewissheit, dass ihr Neugeborenes im Falle einer Erkrankung oder bei Problemen nach der Geburt im gleichen Haus verbleibt.

Auch aus ökonomischer Sicht bringt das sogenannte »Zwei-Standorte-Konzept« Vorteile. Denn durch die Nähe fallen zum Einen Transporte weg und können zum Anderen auch Geräte und Infrastruktur besser gemeinsam genutzt werden.

Das Klinikum Braunschweig hat vom Niedersächsischen Ministerium für Soziales, Gesundheit und Gleichstellung in 2016 eine Zusage über weitere 22 Millionen Euro erhalten. Mit dem Geld aus dem niedersächsischen Krankenhaus-Investitionsprogramm 2015 wird der zweite Realisierungsabschnitt im Zwei-Standorte-Konzept des Klinikums gefördert. Damit beträgt die Gesamtförderung für die Zusammenführung der vormals vier auf künftig zwei Klinikums-Standorte in Braunschweig inzwischen 42,4 Millionen Euro. Wie hoch die Fördersumme des Landes insgesamt sein wird, steht nicht fest. Eines ist jedoch klar: Das Klinikum wird einen erheblichen Betrag selbst finanzieren müssen. In die Finanzierung des Großprojektes fließen auch die Erlöse des Verkaufs der Standorte Gliesmaroder Straße und Holwedestraße ein. Das Geld dafür muss erst einmal erwirtschaftet werden, und dies ist im Gesundheitswesen nicht gerade einfach. Nicht umsonst schreiben bereits rund 30% aller Krankenhäuser derzeit rote Zahlen.

Nicht jedoch das Klinikum, das seit Jahren Überschüsse erwirtschaftet. Geld, das wieder in die Patientenversorgung zurückfließt: Sei es unmittelbar durch neue Geräte, mehr Personal oder weniger direkt durch das Zwei-Standorte-Konzept.

Das Klinikum spielt mit seinem Umsatz von 285,8 Millionen Euro pro Jahr auch als Wirtschaftsfaktor in der Region eine wichtige Rolle. Es ist bedeutender Auftraggeber für Bau- und Instandhaltungs-Maßnahmen, Investitionen bei Geräten und IT und sonstigen Dienstleistungen und vergibt Aufträge im Umfang von über 80 Millionen Euro jährlich, die auch der Region Braunschweig zu Gute kommen.

Diese positive Entwicklung verdankt das Klinikum natürlich in erster Linie seinen Mitarbeitern

Auszubildende des Klinikums freuen sich über den 1. Platz im Wettbewerb »Junge Pflege«.

Ehrenamtliche betreuen die Patientenbüchereien des Klinikums.

und Mitarbeiterinnen, die eine ständig wachsende Zahl an Patienten versorgen. Aber auch einer Betriebsleitung, die es immer wieder versteht, die Mitarbeiter einzubinden. Dazu gehört es z.B. auch die Mitarbeiter in Veränderungsprozesse einzubinden und sie umfassend und offen über die Entwicklungen »ihres« Klinikums zu informieren.

Und das Ergebnis kann sich sehen lassen: Das Städtische Klinikum Braunschweig steht im großen Klinik-Ranking des Magazins Focus unter den hundert besten Kliniken Deutschlands auf Platz 46.

Die Mitarbeiterinnen und Mitarbeiter leben das Leitbild des Klinikums.

Beitrag von:
Städtisches Klinikum Braunschweig gGmbH
Freisestraße 9/10 · 38118 Braunschweig
Tel. (05 31) 595 0 · Fax (05 31) 595 1322
Info@klinikum-braunschweig.de

Was wäre Braunschweig ohne sein Klinikum?

Das Klinikum zählt zu Deutschlands besten Krankenhäusern

Ärztliches Know-how wird im Klinikum Braunschweig großgeschrieben.

Im Stadtgebiet Braunschweig dauert es normalerweise maximal zehn Minuten, bis ein Rettungsfahrzeug beim Patienten ist, um ihn nach der Erstversorgung ins Krankenhaus zu bringen. Dann ist es (lebens)wichtig, dass alle medizinischen Fachrichtungen direkt vor Ort und schnell zu erreichen sind. So wie im Städtischen Klinikum Braunschweig.

Als Maximalversorger für Braunschweig und die Region mit rund einer Million Einwohnern deckt das Klinikum Braunschweig in 19 Kliniken, zehn selbstständigen klinischen Abteilungen und sechs Instituten nahezu alle wichtigen medizinischen Bereiche ab. Dies geschieht zurzeit auf drei Krankenhaus-Standorte verteilt: den Krankenhäusern in der Holwede-, Celler und Salzdahlumer Straße sowie dem ambulanten Rehabilitationszentrum in der Nimes Straße.
Dafür sind rund um die Uhr 3900 Mitarbeiter im Einsatz, die pro Jahr fast 58 000 Patienten stationär und 150 000 ambulant behandeln.

Einige Kliniken gehören zu den größten in Norddeutschland, wie z.B. die Frauenklinik, in der jedes Jahr rund 2000 Kinder geboren werden. Oder die Neurologische Klinik, die außerdem die einzige neurologische Akutklinik in Braunschweig und Umgebung ist. Hier können Schlaganfallpatienten Tag und Nacht in einer zertifizierten »stroke unit« behandelt werden, wo sie in den entscheidenden ersten Stunden nach dem Schlaganfall die optimale Versorgung bekommen.

Daumen hoch: Das Klinikum Braunschweig zählt zu Deutschlands Top-Kliniken. (alle Fotos: Klinikum Braunschweig/Jörg Scheibe)

Viele Leistungen werden auch in speziellen Ambulanzen angeboten, wie etwa der Schmerzambulanz. Für Patienten mit psychischen Problemen gibt es eine Tag- und Nachtklinik, in der sie nach der stationären Behandlung mit einem flexiblen Konzept Schritt für Schritt wieder in den Alltag zurückkehren können. Auch für krebskranke Kinder gibt es eine neue Tagesklinik, in der die Kinder tagsüber behandelt werden, nachts jedoch zu Hause schlafen können.

Mit dem Cancer-Center Braunschweig (CCB) verfügt das Klinikum Braunschweig über ein interdisziplinäres Zentrum, unter dessen Dach alle onkologisch (Krebs und Krebserkrankungen betreffend) arbeitenden Kliniken und Institute zusammenarbeiten und in dem alle Krebspatienten des Klinikums versorgt werden. Es wurde nach den Vorgaben der Deutschen Krebsgesellschaft zertifiziert.

Dieser übergeordnete Zusammenschluss bietet eine exzellente Infrastruktur für alle Organzentren und ermöglicht den Patienten des Klinikums, im Rahmen wissenschaftlicher Studien behandelt zu werden. Die Onkologie gilt als dynamischer Bereich der Medizin, der sich ständig weiterentwickelt. Klinische Forschung ist daher der Weg, unter sicheren und kontrollierten Bedingungen an diesem Fortschritt teilzuhaben. In den einzelnen Organzentren bestehen wichtige Partner-

Ärzte und Pflegefachkräfte des Klinikums arbeiten Hand in Hand.

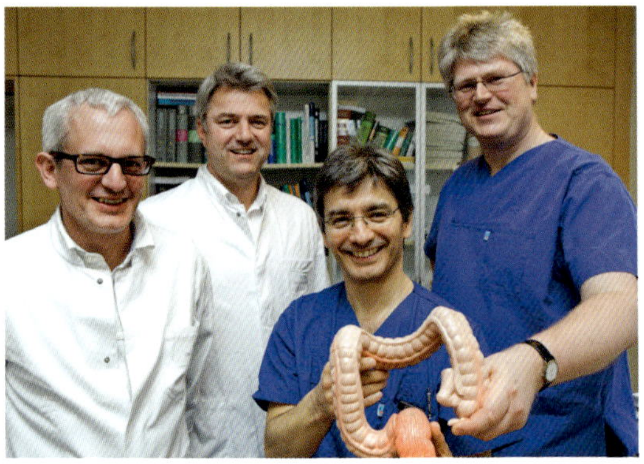

Das Darmkrebszentrums des Klinikums trägt das Gütesiegel der Deutschen Krebsgesellschaft.

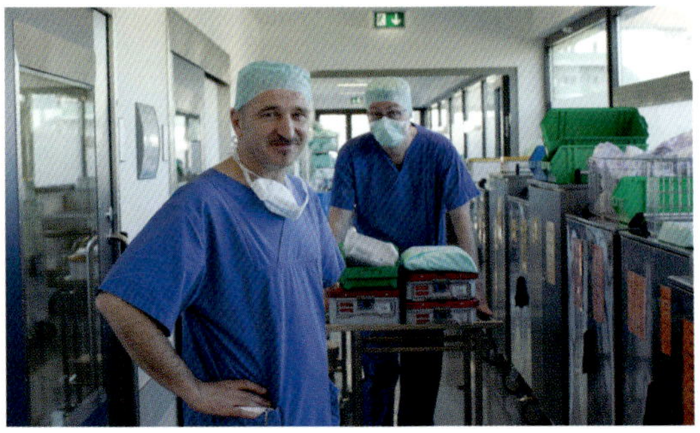

Gesundheits- und Krankenpflegekräfte arbeiten zunehmend spezialisiert.

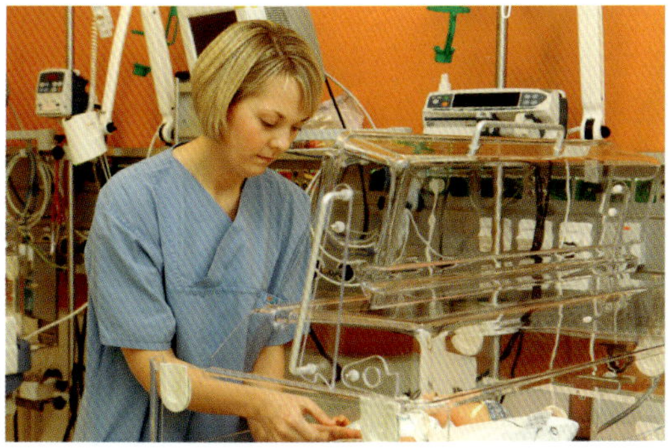

Die Kinderintensivpflegestation rettet Leben bei den kleinsten Patienten.

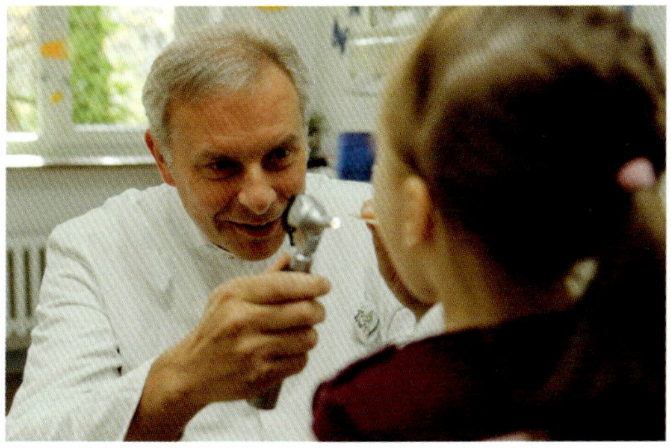

Bei Kinderklinik-Chefarzt Prof. Dr. Hans Georg Koch in den besten Händen ...

schaften mit anderen Kliniken und niedergelassenen Ärzten.

Um den Patienten aufzuzeigen, welche Kliniken auf der Basis von qualitätsgesicherten Diagnosen und Behandlungsabläufen arbeiten, vergibt die Deutsche Krebsgesellschaft ein Gütesiegel für Zentren, die von ihr zertifiziert wurden.
Bisher erhielten das Zertifikat:

- das Brustzentrum im Jahr 2005
- das Gynäkologische Krebszentrum im Juli 2010
- das Prostatazentrum im Januar 2012
- das Darmkrebszentrum im Juli 2014
- das Viszeralonkologische Zentrum mit Pankreaskarzinomzentrum im Februar 2016

Zertifizierte Zentren müssen strengen Qualitätsanforderungen genügen. Dazu gehören unter anderem die interdisziplinäre Vernetzung und die Absprache der bestmöglichen Therapie in Tumorboards. Das sind Konferenzen, in denen die Experten gemeinsam eine individuelle Therapie für jeden Patienten festlegen. Der Patient muss also nicht von einem Arzt zum nächsten gehen, sondern die betreuenden Ärzte sitzen gemeinsam an einem Tisch und besprechen die bestmögliche Therapie, natürlich unter Berücksichtigung der Leitlinien der Deutschen Krebsgesellschaft, der Fachgesellschaften und der neuen Forschungsergebnisse. Neu zu erforschende Behandlungswege werden in Braunschweig mit Unterstützung der Studienzentrale des CCB angeboten.

Auch die regelmäßige Weiterbildung aller Mitarbeiterinnen und Mitarbeitern gehört zu den Kriterien, die bei der Zertifizierung überprüft werden. Neben diesen im engeren Sinne medizinischen Grundlagen spielt für eine Zertifizierung auch die gesamte Begleitung des Patienten eine wichtige Rolle. Für die Bewältigung psychischer Belastungssituationen steht ein Team von Psychoonkologen zur Verfügung. Für spezielle soziale Fragen kooperiert der Sozialdienst des Klinikums eng mit der Krebsberatungsstelle der Stadt Braunschweig. Die Nachbehandlung führen die niedergelassenen Ärzte in Kooperation mit dem jeweiligen Organzentrum durch.

Neben der Patientenversorgung spielt das Klinikum auch als Arbeitgeber und als Ausbildungsbetrieb eine große Rolle. Denn während die Verantwortlichen in Politik und Wirtschaft jedes Jahr erneut den Mangel an Lehrstellen und Ausbildungsplätzen anprangern, bildet das Klinikum nach wie vor über den eigenen Bedarf hinaus aus. Im hauseigenen Bildungszentrum werden Hebammen und Gesundheits- und Krankenpflegekräfte sowie Gesundheits- und Kinderkrankenpflegekräfte ausgebildet. In der Verwaltung gibt es Ausbildungsplätze zur Kauffrau im Gesundheitswesen und zum Fachinformatiker. Unter dem Strich sind das insgesamt 270 Ausbildungsplätze.

Auch für seine Mitarbeiter ist das Klinikum attraktiv, denn sowohl Ärzte als auch Pflegekräfte zählen zu begehrten Fachkräften, die sich ihre Arbeitsplätze aussuchen können. Hier kann das Klinikum mit familienfreundlichen Arbeitszeiten und einer eigenen Kindertagesstätte punkten. Denn im Gegensatz zu vielen anderen Krankenhäusern arbeiten die Mitarbeiter nicht mehr in Bereitschaftsdiensten sondern in zwei Tagesschichten. Überlange Dienste gehören damit der Vergangenheit an. Damit setzt das Klinikum vieles um, was sich Ärzte seit langem wünschen: nämlich planbare Arbeitszeiten, die es ermöglichen Familie und Beruf unter einen Hut zu bringen. Denn nicht nur die Patienten, auch die Mitarbeiter sollen sich gut aufgehoben fühlen.

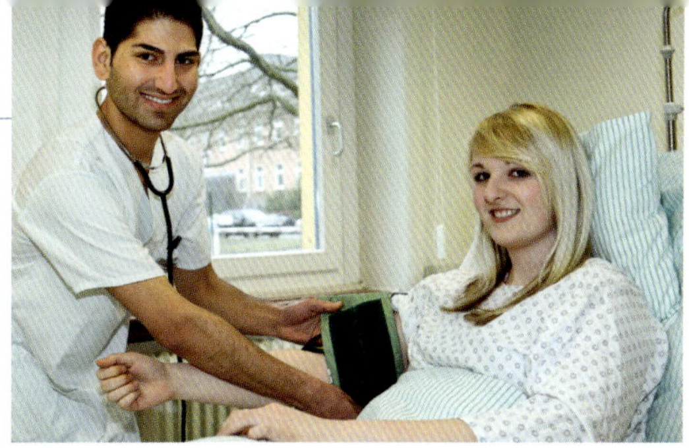

Im Klinikum Braunschweig stehen die Patientinnen und Patienten im Mittelpunkt.

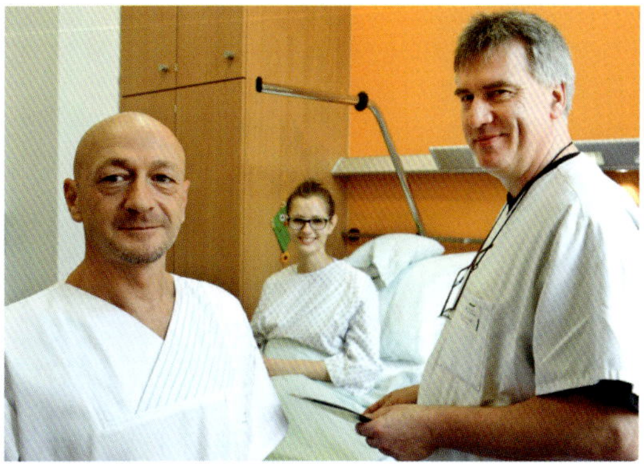

Der Anteil der Männer in der Pflege hat sich erhöht.

Persönliche Zuwendung erfahren Patienten durch die Grünen Damen …

… und die Grünen Herren.

Arena für Champions

Die Volkswagen Halle Braunschweig: Platz für Emotionen

Weltstars aus Show und Entertainment, Prominenz aus Politik und Medien, Maestros der Klassik und Heroen des Sports, Comedians und Champions, Magier und Meister – die Volkswagen Halle Braunschweig bietet ihnen allen den ganz großen Auftritt: mit Platz für bis zu 8000 Besucher ist die Volkswagen Halle die größte überdachte Location in der Region Braunschweig.

Mit Platz für bis zu 8000 Besucher ist die Volkswagen Halle die größte überdachte Location in der Region Braunschweig. (Foto: Stadthalle Braunschweig Betriebsgesellschaft mbH)

Showtime für Spo(r)tlights

Für die Braunschweiger bietet die Volkswagen Halle die perfekte Bühne, um ihren erstklassigen Ruf als besonders sportbegeistertes Publikum immer wieder erfolgreich unter Beweis zu stellen. So konnten sich die Dressur- und Springreiter bei den Löwen Classics 2016 nicht nur über die gewohnt gute Stimmung freuen: das jährlich in der Volkswagen Halle ausgetragene Weltranglisten-Reitturnier mit internationaler Besetzung verzeichnete beim 15-jährigen Jubiläum des Turniers einen Besucherrekord. Die am Bürgerpark gelegene Halle ist auch für die Basketballfans ein besonderer Hotspot; hier tragen die Profis der Basketball Löwen Braunschweig ihre Heimspiele vor einem leidenschaftlichen Publikum in blau-gelb aus. Die Halle ist für eine Vielzahl von verschiedenen Sportereignissen bestens geeignet, ob für Tennis-Davis-Cup-Begegnungen, Profi-Boxkämpfe, Weltmeisterschaften im Tanzen, Motorcross- oder Turn-Shows.

Die Dressur- und Springreiter bei den Löwen Classics 2016 freuen sich jedes Jahr über ein sportbegeisterte Publikum. (Foto: Stadthalle Braunschweig Betriebsgesellschaft mbH)

Wichtiger Marketingfaktor für die Löwenstadt

Die Volkswagen Halle lockt mit internationalen und nationalen Konzert- und Showhighlights, wie beispielsweise Bob Dylan, Andreas Gabalier, Die Fantastischen Vier, Pur, Helene Fischer, David Garrett oder Deichkind längst auch Besucher weit über die Region hinaus nach Braunschweig. Aber auch andere Veranstaltungsformate, wie das als Schulprojekt in Braunschweig gestartete und heute bundesweit etablierte Liederfest »Klasse wie singen« oder die seit Jahren erfolgreiche Eisrevue »Holiday on Ice« zieht das Publikum in die Halle. Die Volkswagen Halle ist ein wichtiger Pfeiler des touristischen Marketings, von der auch Hotelerie und Gastronomie in Braunschweig erheblich profitieren. Knapp vier Millionen Besucher haben in der Zeit seit ihrer Eröffnung die Türen der Halle passiert.

Das »Braunschweiger Modell«

Die Volkswagen Halle ist eine Braunschweiger Erfolgsgeschichte, die ohne das privatwirtschaftliche Engagement vier großer Unternehmen der Region nicht möglich gewesen wäre. Die Norddeutsche Landesbank, die Volkswagen AG, die Richard Borek GmbH & Co. KG sowie die Öffentliche Versicherung Braunschweig riefen 1998 gemeinsam mit der Stadt Braunschweig die Stiftung

Sport und Kultur für Braunschweig ins Leben, die 15 Millionen Euro für den Bau einer »Arena für Sport und Kultur« zur Verfügung stellte. Diese als »Braunschweiger Modell« bezeichnete Baufinanzierung wurde in Deutschland und dem Ausland mit großer Aufmerksamkeit verfolgt.

Arena und Business-Bereiche

Die ovale und silber glänzende Arena für Sport und Kultur wurde in der Rekordzeit von nur einem Jahr erbaut und am 20. September 2000 eröffnet. Die Arena, das Herzstück der Halle, erfüllt mit multifunktionaler Technik in jeder Hinsicht das besondere Anforderungsprofil einer modernen Veranstaltungsstätte für Großveranstaltungen. Die umlaufenden Zuschauerränge umschließen in einem Oval die Hallenmitte der 35 Meter breiten und 65 Meter langen Arena. Die Volkswagen Halle verfügt über mehr als 5000 Quadratmeter Ausstellungs-, Foyer- und Präsentationsfläche sowie Räume für eventbegleitende Aktivitäten. Der helle und moderne Business-Bereich mit Business-Foyer, Restaurant und der Fürst-Lounge eignen sich für Präsentationen, Meetings oder Conference-Dinner. Bei Großveranstaltungen werden die Räumlichkeiten für Sponsorenaktivitäten, VIP-Gäste und Pressekonferenzen genutzt.

Musikalisches Highlight mit viel Lokalkolorit

Trotz der vielen Stars aus aller Welt, die schon hier auf der Arena-Bühne standen, es ist wohl bezeichnend für die Geschichte der Volkswagen Halle, dass eine Veranstaltung mit besonders viel Lokalkolorit auch ein ganz besonderer Publikumsmagnet ist. In der von der Braunschweiger Konzert- und Künstleragentur undercover produzierten Show »POP MEETS CLASSIC« präsentiert das Staatsorchester Braunschweig mit regionalen und (inter)nationalen Künstlern einzigartige Cross-Over-Arrangements. »Eine Stadt – Ein Jahrzehnt – Eine Show« lautete das Motto der Veranstaltung zum 10. Jubiläum von POP MEETS CLASSIC 2016. Viel Grund zu feiern – viel Platz für Emotionen. Wie immer in der Volkswagen Halle Braunschweig.

Von Kerstin Lange

Die Profis der Basketball Löwen Braunschweig tragen ihre Heimspiele vor einem leidenschaftlichen Publikum in blau-gelb aus. (Foto: Stadthalle Braunschweig Betriebsgesellschaft mbH)

Noch ein Dauerbrenner in der Volkswagen Halle Braunschweig: Pop meets Classic (Foto: Rüdiger Knuth)

Mit Stage Bühne: Konzert der Fantastischen Vier in der Volkswagen Halle Braunschweig. (Foto: Stadthalle Braunschweig Betriebsgesellschaft mbH)

Graff gehört zu Braunschweig wie der Löwe auf den Burgplatz

Der Kulturelle Treffpunkt seit 150 Jahren

Buchhandlung Graff um 1920

Im Jahr 2017 blickt die Buchhandlung Graff auf eine 150-jährige Geschichte zurück.
Am 10. April 1867 macht Wilhelm Graff seine Leidenschaft für Bücher zum Beruf und eröffnet in der Kannengießerstraße die Buchhandlung Graff. 1937 übernimmt der Buchhändler Johannes Wrensch als Nachfolger die Buchhandlung.
In den folgenden Jahren baut er ein wissenschaftliches Sortiment auf und intensiviert die Zusammenarbeit mit der Technischen Universität Braunschweig und zahlreichen Firmen, von denen viele noch heute zu den Kunden zählen.
Beim Luftangriff im Oktober 1944 wird die Buchhandlung Graff komplett zerstört, aus dieser Zeit existiert nur noch ein Glas voll Asche. Nach diversen Behelfsunterkünften in der Nachkriegszeit, davon einige Jahre am Eiermarkt, ziehen Johannes Wrensch und sein Sohn Jürgen, der die Buchhandlung mittlerweile führt, 1958 in die Neue Straße 23.
Jürgen und Marianne Wrensch legen das Fundament für eine besondere Verbundenheit der Braunschweiger mit ihrer Buchhandlung Graff.
Seit 1988 führen die Buchhändler Thomas und Joachim Wrensch die Geschäfte in dritter Generation und erweitern die Buchhandlung zu einem modernen Unternehmen, das bei den technischen Entwicklungen immer am Puls der Zeit ist. Mit dem Umzug in ein neues, 2000 Quadratmeter großes Geschäft mit Café am Sack 15 im Jahr 1999, führen die Brüder die Buchhandlung in eine erfolgreiche Zukunft. In den drei Etagen in exponierter Lage in der Braunschweiger Innenstadt wird die Leidenschaft für Bücher in außerordentlicher Weise gepflegt. Zahlreiche Preise und Auszeichnungen wie der »Deutsche Buchhandlungspreis« sowie der »Braunschweiger Marketinglöwe« und Auszeichnungen zur »Buchhandlung des Jahres«, sowohl in der Branche als auch im Land Niedersachsen, konnten entgegengenommen werden.

Die Brüder Thomas und Joachim Wrensch

Fassade der Buchhandlung Graff

Innenansicht Erdgeschoss (alle Fotos: Buchhandlung Graff GmbH)

Kinderbuchabteilung mit Feuerwehr

Ein Schwerpunkt der Buchhandlung Graff liegt auf der Kulturförderung. Die Buchhandlung organisiert im Jahr circa 100 Veranstaltungen mit Lesungen, Vorträgen, Konzerten und kulinarischen Events. Das Braunschweiger Krimifestival, das alljährlich an unterschiedlichen Orten mit knapp 40 Veranstaltungen stattfindet, bringt jedes Jahr im Herbst Freunde der spannenden Literatur und nationale sowie internationale Autoren zusammen und ist über die Region hinaus bekannt.
Die Veranstaltungsreihe »Graff 27« bietet an jedem 27. eines Monats die Möglichkeit, besondere Orte kennenzulernen und eine dazu passende Lesung zu genießen. Seit 2016 ist die Buchhandlung Graff Mitveranstalter des Lesefestes »Braunschweig liest«, das alle zwei Jahre stattfinden soll.
Ein weiterer Schwerpunkt und ein besonderes Anliegen von Thomas und Joachim Wrensch sowie deren Mitarbeitern ist die Leseförderung. Vom Kindergartenalter bis zum Abitur wird Kindern und Jugendlichen die Welt der Bücher eröffnet. Circa 100 Schulklassen pro Jahr werden schon vor Ladenöffnung aktuelle Bücher vorgestellt. Bücher zu Themenschwerpunkten, nach Wunsch der Lehrer, werden in der Schule von Mitarbeitern der Buchhandlung präsentiert. Darüber hinaus bietet die Buchhandlung Graff Fortbildungen für Erzieherinnen und Lehrer an, die über neue Bücher für die Kleinsten bis zur Sekundarstufe II informiert werden.
Wichtig ist den Inhabern auch die Ausbildung des Nachwuchses. Die Buchhandlung wurde mehrfach für besondere Verdienste in der Berufsausbildung geehrt. Die Auszubildenden betreuen, neben ihrer fundierten Ausbildung, jeden ersten Samstag im Monat das Geschichtenkarussell, das Kindern von vier bis sechs Jahren Lese- und Bastelspaß vermittelt. Die Auszubildenden geben in dem Newsletter Graffiti monatlich Lesetipps für junge Erwachsene.
Im Erdgeschoss finden die Kunden das mit 2000 Titeln umfangreichste Zeitschriftenangebot der Innenstadt sowie in der zweiten Etage das größte Angebot an Jazz- und Klassik-CDs in der Region. Das über 80 000 Titel umfassende Buchsortiment wurde 2009 um einen Zweitausendeins-Shop, exklusiv in Braunschweig, erweitert.
Die Buchhandlung Graff mit ihren über 100 Mitarbeitern bietet ihren Kunden einen umfangreichen Service mit vielfältigen Dienstleistungen. Geschenke-, Umtausch- und Lieferservice, die Kundenkarte »Graff-Card« und eine Großkundenbetreuung sind selbstverständlich.
Das Café Lit im ersten Stock ist ein beliebter Treffpunkt für viele Braunschweiger und bietet auf seiner Menükarte eine umfangreiche Auswahl an Kaffeespezialitäten und kleinen Speisen.

Lesung Thomas Gottschalk

Schlange vor der Buchhandlung bei einer Signierstunde

Seit mehr als 20 Jahren ist die Buchhandlung Graff im Internet vertreten. Unter www.graff.de finden die Kunden fast fünf Millionen lieferbare deutsch- und fremdsprachige Bücher. Ein besonderer Service ist dabei die Information, ob der Titel in der Buchhandlung vorrätig ist. Sollte dies nicht der Fall sein, werden die meisten Bücher über Nacht besorgt und wenn gewünscht, portofrei an den Kunden geliefert.
Die Buchhandlung Graff ist ein klassisches Familienunternehmen und auch die nächste Generation möchte die Tradition fortsetzen.

Lesung in der Buchhandlung

Beitrag von:
Buchhandlung Graff GmbH
Sack 15 · 38100 Braunschweig
Tel. (05 31) 480 89-0
Fax (05 31) 480 89-89
infos@graff.de · www.graff.de

Graff.de
Lust am Lesen

Die Kemenate an der Hagenbrücke

Wertvolles Baudenkmal wird nach Umbau wieder genutzt

Mittelalterliche Steinwerke werden in Braunschweig »Kemenaten« – lat.: caminata, der beheizbare Raum – genannt. Sie entwickeln im 13. Jahrhundert einen eigenen Bautypus und ein festes Bebauungsschema.
Für die Mitte des 15. Jahrhunderts sind in Braunschweig rund 150 Steinwerke nachgewiesen. Das Denkmalverzeichnis der Stadt von 1926 führt noch 84 Kemenaten detailliert auf. Heute sind noch neun Standorte bekannt, davon drei gut ablesbar: Reichsstraße, Eiermarkt und Hagenbrücke. Die Kemenate an der Hagenbrücke wird in die Mitte des 13. Jahrhunderts datiert. Sie entspricht dem mittelalterlichen Bautypus: nahezu quadratischer Grundriss mit einer Seitenlänge von etwa sieben Metern, zwei Geschosse, unterkellert und ein steiles Dach. Die Außenwände aus Rogen- und Kalkstein sind bis zu 0,80 Meter stark, das Dach ist mit Ziegeln hart gedeckt. Die Geschosse sind durch Holzbalkendecken getrennt, die Räume im Erd- und im ersten Obergeschoss bleiben ungeteilt. Zumindest ein Raum besaß einen Kamin. Auch dem Bebauungsschema wird entsprochen: Die Kemenate ist kein Solitär, sondern Teil eines Doppelhauses. Sie liegt hofseitig, zur Straße schließt das Vorderhaus an. Die Geschosse der Kemenate sind mit denen des Vorderhauses verbunden. Daher benötigte sie keine internen Treppen und keinen Zugang von außen. Aus der Bauweise, ihrer Lage auf dem Grundstück und der Ausstattung mit Kamin wird auf die Nutzung geschlossen: Die Kemenate bot Raum zum sicheren Lagern wertvoller Güter und zum komfortablen Wohnen.

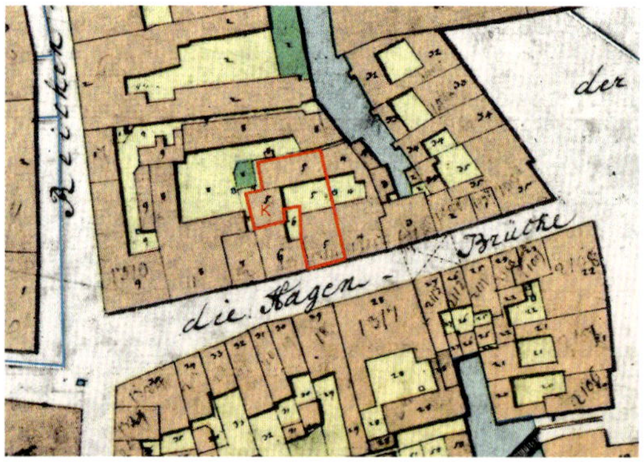

Distriktkarten der Stadt Braunschweig 1764 mit Eintragung der Grundstücksgrenzen Hagenbrücke 5 nach 1620 (Vorlage Historischer Atlas)

Hagenbrücke, Kemenate und Vorderhaus im 13. Jahrhundert, Rekonstruktionsversuch (AG gebautes Erbe)

Die Stadtkarte von 1764 lässt erkennen, dass sich die Bebauung zwischenzeitlich geändert hat: Das giebelständige Vorderhaus ist im 16. Jahrhundert einem traufenständigen gewichen, die Kemenate aber erhalten geblieben (Hagenbrücke 4). Im 17. Jahrhundert schrieb man das kleine Steinhaus dem Nachbargrundstück zu, erschlossen seitdem über dessen Hof (Hagenbrücke 5). Diese Situation blieb bis 1944 erhalten.
Im Zweiten Weltkrieg wurde das Vorderhaus zerstört, die Kemenate brannte aus. Dieter Buck, Sohn der Grundstückseigentümer, übernahm 1946 bis 1951 ihren Wiederaufbau. Ihm ist der Erhalt des Baudenkmals zu verdanken.
Ein Wiederaufbau der Vorderhausbebauung war wegen des geplanten Straßenausbaus ausgeschlossen. Den Hof östlich der Kemenate fasste Buck mit einer Natursteinmauer ein. Umgeben von Straßen und einer dicht heranrückenden, mehrgeschossigen Nachkriegsbebauung verblieb die Kemenate als Solitär. 1983 wurde die Stadt Braunschweig Eigentümerin und vermietete das kleine Steinhaus. Die Bedeutung der Kemenate geriet aus dem Blickwinkel: Sie war zwar da, aber mehr auch nicht.

Hagenbrücke 5, Wiederaufbau, 1948 (Archiv Dieter Buck)

2013 erwarb die Karin und Jochen Prüsse-Stiftung die Kemenate. Ihr Ziel: Das wertvolle Baudenkmal sinnvoll nutzen und der Öffentlichkeit zugänglich machen – nach dem Vorbild der Jakob-Kemenate am Eiermarkt, ebenfalls ein Stiftungsprojekt. Entwurf und Bauleitung für dieses Projekt übernahm das Büro OM Architekten Rainer Ottinger und Thomas Möhlendick, Braunschweig. Den Baumaßnahmen gingen Untersuchungen durch einen Bauhistoriker (Dipl.-Ing. Elmar Arnhold, AG gebautes Erbe, Braunschweig) und eine Restauratorin (Dipl.-Rest. Carla Leupold, Meine) voran. Die Sanierung der Kemenate erfolgte behutsam und mit fachlicher Begleitung durch die städtische Denkmalpflege. Alle neuen Bau- und Ausstattungsteile in der Kemenate haben die Architekten ablesbar gestaltet.
Um die Räume der Kemenate ungeteilt (wie historisch) und hochwertig nutzen sowie zusätzliche Ausstellungsflächen anbieten zu können, wur-

Hagenbrücke 5 im Jahre 2014 (Foto: Heinz Kudalla)

Die Kemenate im Erdgeschoss (Foto: Heinz Kudalla)

Die Hagenbrücke im Jahr 2016 (Foto: Heinz Kudalla)

de ein Ergänzungsbau erforderlich. Nach dem Entwurf der Architekten wurde hierfür im Erdgeschoss ein Teil des Hofes überbaut – von außen kaum sichtbar (Foyer, Information). Unübersehbar hingegen die »Röhre« aus Corten-Stahl. Sie lehnt sich an die Nordseite der Kemenate an, schwebt gleichsam über der Hofmauer (Ausstellungsflächen). Zwei Treppen ermöglichen einen Rundgang durch alle Räume der Kemenate.
Die Kemenate Hagenbrücke wurde am 22. Mai 2015 eröffnet. Dem Ziel der Stifter folgend ist sie, Dank eines ehrenamtlich tätigen Helferkreises, für Besucher täglich geöffnet. Das Bauprojekt »Kemenate Hagenbrücke« wurde in der Öffentlichkeit kontrovers diskutiert. Einhelliges Lob hingegen von der Fachwelt: Die Stadt Braunschweig zeichnete die Kemenate 2015 mit dem Peter Joseph Krahe-Architekturpreis aus und der Bund Deutscher Architekten BDA Niedersachsen verlieh ihr, ebenfalls 2015, seinen Landespreis.

Von Udo Gebauhr

Der Ergänzungsbau im Erdgeschoss mit Foyer und Hof (Foto: Heinz Kudalla)

Altstadtmarkt (Foto: Braunschweig Stadtmarketing GmbH / Gerald Grote)

Rund um St. Pauli …

… liegt das Östliche Ringgebiet. Mit einer Fläche von 4 Quadratkilometern gehört es zu den kleinsten der insgesamt 19 Stadtbezirke. Mit seinen etwa 27 000 Einwohner/innen ist es einer der am dichtesten besiedelten und zugleich der zweitgrößte Stadtbezirk in Braunschweig.
Zwischen Hans-Sommer-Straße und den Bahngleisen neben der Westermannallee erstreckt sich das Stadtgebiet von Ost nach West auch vom Nußberg zum Okerumflutgraben.
Der Stadtteil ist um das Jahr 1900 um die Kirche St. Pauli entstanden. Im Jahr 1906 wurde der Kirchenbau eingeweiht. Ein grün gestalteter Platz lockert das dicht bebaute Wohngebiet

Paulikirche (Foto: Braunschweig Stadtmarketing GmbH/Gerald Grote)

Prinzenpark (Foto: Braunschweig Stadtmarketing GmbH / Gerald Grote)

Theaterbrücke (Foto: Braunschweig Stadtmarketing GmbH / Jürgen Brinkmann)

auf. Etliche Häuser der Gründerjahre haben die Zeit überstanden und geben dem Viertel seinen Charme.

Aber zurück zur Paulikirche: Sie ist ein zentraler Punkt im Quartier. Dieser Kirchenbau ist in seiner Längenausrichtung eine Besonderheit, wenn nicht sogar einmalig. Die Kirche ist in Nord-Süd-Richtung ausgerichtet, das heißt, der Altar steht im Norden und nicht wie üblich im Osten. Der Grund dieser Eigenart ist der Bedeutungsbelegung des kirchlichen Gebäudes in der damaligen Zeit geschuldet: Im Umfeld war ein großbürgerliches Wohngebiet entstanden, in dem man die militärische Tradition pflegte und dem obrigkeitshörigen Staat diente. Die Paulikirche war damals ein Symbol des Zeitgeistes. Wer was auf sich hielt, fuhr über die Kaiser-Wilhelm-Straße (heute Jasperallee) vor, um das Gotteshaus zu besuchen. Aufgrund der Bauweise wurden die Besucher wahrgenommen; nicht selten versammelte sich vor dem Portal neugieriges Publikum ... sehen und gesehen werden! Heute lebt in der St. Pauli-Kirche eine offene, beliebte evangelisch-lutherische Gemeinde.

Folgt man der Jasperallee in Richtung Innenstadt, zeigen sich auf der nördlichen Seite die so genannten Bremerhäuser. Diese Häuserzeile zeichnet sich durch eine stark gegliederte Fassadengestaltung aus. Der Braunschweiger Architekt Uhde errichtete sie vor 1900 im Stil der Neorenaissance.

Ein wichtiger Bezugspunkt im Quartier und darüber hinaus ist das Kultur- und Kommunikationszentrum in der Karlstraße. Seit 1981 treffen sich hier Menschen in Gruppen, Kursen und/oder Ausstellungen. Musik- und Theaterveranstaltungen finden in einem 300 Personen fassenden Saal statt.

Im Osten des Stadtbezirkes bilden der Prinz-Albrecht-Park und viele Kleingärten einen Grüngürtel, der von vielen Braunschweigern als Naherholungsgebiet aufgesucht wird. Im »Prinzenpark« liegt der Nußberg. Er erhebt sich ganze 93 Meter über Normalnull. Hier »oben« hat man einen herrlichen Blick über Braunschweig. Im Mittelalter wurde am Nußberg der Rogenstein abgebaut, der als Baumaterial verwendet wurde, z.B. am Braunschweiger Dom. Die Mönche des Klosters Riddagshausen bauten am Berg Wein an; der »Öchslegrad« ist nicht bekannt. Jedes Jahr im Herbst findet hier ein großes Drachenfest statt.

Ein weiteres Wahrzeichen des Östlichen Ringgebiets ist der Wasserturm im Süden. Dieses Industriedenkmal wurde 1901 gebaut und war bis 1987 in Betrieb. Eine bunte Lichtinstallation lässt den Turm am Abend dezent erstrahlen.

Das Östliche Ringgebiet ist ein innenstadtnahes, gut erschlossenes Stadtgebiet mit hervorragender Infrastruktur, vielen Freizeitangeboten und hoher Wohnqualität. Hier gibt es alles – außer Parkplätzen!

Herzlichst,
Uwe Jordan
Bezirksbürgermeister

Wasserturm (Foto: Braunschweig Stadtmarketing GmbH / Gerald Grote)

Jasperallee (Foto: Braunschweig Stadtmarketing GmbH / Sascha Gramann)

Paradiesgärtner pflanzen Heiterkeitsbäume, Freudensträucher, Lachobst und Tanzgemüse

Ein Garten ist nicht einfach nur ein Stück Natur, sondern vielmehr – ein Ort, der Menschen glücklich macht

Landschaftsgärtner haben wirklich einen wunderbaren Beruf. Denn es ist ihre Profession, die Sehnsucht der Menschen nach dem eigenen kleinen Paradies zu stillen.
Seit über 40 Jahren gehört die Junicke GmbH zu den führenden GaLaBau-Unternehmen in der Braunschweiger Region. Aber auch darüber hinaus hat man sich einen guten Namen gemacht. Wo immer es etwas in Sachen »Grün« zu tun gibt, sind die Experten von der Helmstedter Straße erste Wahl. Der Slogan »Alles im grünen Bereich« ist also mehr als nur ein netter Werbespruch. Er ist Ausdruck der ganz besonderen Philosophie des Unternehmens. »Der Garten ist für uns nicht einfach nur ein Stück Natur, sondern vielmehr ein Ort, der Menschen glücklich macht!«, beschreibt Manfred Junicke die Intension seiner Firma. Und weil die Vorstellungen von Glück so unterschiedlich sind wie die Menschen, die es besitzen möchten, ist jeder Auftrag immer wieder eine neue, spannende Herausforderung.
Darauf sind die über 90 Mitarbeiter der Junicke GmbH jedoch bestens eingestellt. Die erfahrenen, gut geschulten Gartenbauer und Landschaftspfleger sind äußerst vielseitig begabte Menschen. Sie können weitaus mehr als nur Rasen pflegen oder Bäume und Sträucher pflanzen und schneiden. Bei ihnen fängt alles, wie im richtigen Leben, schon bei der perfekten Planung an.

Einladung zum Baden: Der Schwimmteich gleich hinterm Haus (alle Fotos: Ulli Frank)

Denn es macht einen wesentlichen Unterschied, ob es um die Gestaltung von Außenanlagen öffentlicher Gebäude, »grünen Visitenkarten« von Industrieunternehmen und Gewerbebetrieben geht oder um den Bau von Hausgärten mit Beeten, Pergolen, Terrassen und Teichanlagen. Auch das Schaffen von Freizeit- und Sportplätzen, beispielsweise für Golfclubs oder Fußballvereine, stellt ganz andere Anforderungen als die Aufgabe, ein Dach oder eine Fassade zu begrünen.
»Wir entwickeln und erhalten selbstverständlich auch Grünflächen im öffentlichen und privaten Wohnungsbau. Damit bringen wir aber nicht einfach nur Natur ganz nahe zu den Menschen, die dort zu Hause sind. Wir steigern vielmehr ihre Lebensfreude und werten bewiesenermaßen gleichzeitig die Immobilien deutlich auf«, erläutert Manfred Junicke. »Darüber hinaus bauen wir Wege, behandeln verletzte und kranke Bäume und engagieren uns bei Maßnahmen im Natur- und Umweltschutz«.
Wer so große Verantwortung trägt, muss natürlich auch wissensmäßig ständig auf dem Laufenden bleiben. Da sind Erfahrungen mit den unterschiedlichsten Baumaterialen ebenso gefragt wie technisches Know-how für den umfangreichen Maschinen- und Gerätepark des

modernen GaLaBau-Unternehmens. Nicht zu vergessen die besonderen Kenntnisse in Boden-, Pflanzen-, Klima und Wetterkunde. Denn eine einseitige oder dem Umfeld nicht angepasste Pflanzenauswahl hat automatisch negative Folgen für das ökologische Gleichgewicht.
Wer sich als Privatmann von Junicke einen Garten bauen lässt, der bekommt mit Sicherheit seinen ganz persönlichen Traumgarten. Egal, ob er gern entspannt auf seiner Terrasse sitzen und dem Rasen beim Wachsen zuschauen möchte oder seine Zerstreuung beim Rosenzüchten findet. Da wird ein romantisch-verträumter Bauerngarten mit ebensoviel Liebe zum Detail gestaltet, wie ein Garten in mediterranem Stil oder meditativer japanischer Einfachheit.

Ein Garten begleitet »seinen« Menschen in der Regel viele, viele Jahre. Dabei übernimmt er die unterschiedlichsten Aufgaben. Spielplatz für den Nachwuchs, Küchenkräuterlieferant, Augenweide, Sonnenstudio, Partybühne und, und, und ... Alles hat eben seine Zeit und Bedeutung.
Jetzt sind die Kinder aus dem Haus? Die Bäume verdecken ja schon den Blick zum Himmel? Ein wirklich toller Bungalow – aber dieser Garten? Ein Schwimmteich wäre wirklich schön? Die Terrasse könnte ruhig ein Stückchen größer sein? Solche wäre-könnte-müsste-sollte-Gedanken sind gute Gründe, mit den Profis von Junicke zu sprechen. Denn dort wird mit sachkundigem Rat und fachmännischer Tat jeder Garten nach den ganz persönlichen Wünschen seines Besitzers umgestaltet, durch raffinierte Ideen und überraschende Akzente.
Nicht jeder, der Spaß und Freude an seinem Garten hat, verfügt über einen »grünen Daumen« oder möchte sich alle zur Pflege und Instandhaltung notwendigen Geräte und Maschinen anschaffen. Auch für diese Fälle hat das freundliche Junicke-Team eine perfekte Lösung parat. Es pflanzt, schneidet, mäht, wässert, harkt, hackt, sägt, gräbt und übernimmt gern jede Art der Gartenarbeit. Neben den vielen privaten Kunden werden in zunehmendem Maß Auftraggeber aus Kommunen, Gemeinden, Wohnungsbau, Industrie und Gewerbe betreut. Dort weiß man inzwischen die besonderen Vorzüge eines ansprechenden grünen Ambientes sehr zu schätzen. Es verstärkt positives Image. Es dokumentiert gesundes Wachstum. Es fördert Motivation. Es erleichtert Kommunikation. Es regt Kreativität an. Es lädt zur Entspannung ein. Kurz und gut: Es macht einfach sympathischer.
Worum immer es auch im grünen Bereich geht: Die Junickes und ihr Team sind genau die richtigen Partner. Sie stehen für individuelles Planen, kreatives Gestalten und professionelles Anlegen. Jeder Auftrag wird mit viel Liebe zum Detail sowie einem erstaunlich günstigen Preis-/Leistungsverhältnis ausgeführt, und das im Frühjahr, Sommer, Herbst und Winter. Denn in der kalten Jahreszeit bietet Junicke seinen Kunden einen zuverlässigen, professionellen Streu- und Räumservice an.

Streng bewacht: Idyllische Gartenlaube im Stil einer Jagdhütte

Rundum gelungen: Eine grüne »Oase« zum Entspannen

Geheimnisvolle Kamelie: Die zauberhafte Rose des Winters

In voller Blüte: Prächtige Rhododendronbüsche

Beitrag von:
Junicke GmbH
Helmstedter Straße 94
38126 Braunschweig
Tel. (05 31) 7 20 24
Fax (05 31) 79 84 48
info@junicke.de · www.junicke.de

Im Leben geliebt – im Alter entsorgt?

Selbst Zeichen setzen, die in Erinnerung bleiben

Der gesamten Verwandtschaft schon als Dreikäsehoch mit Charme den Kopf verdreht. Die wilden Siebziger in vollen Zügen genossen. Zu keinem Open-Air der Lieblingsband war der Weg zu weit. Immer offen für Neues und Veränderungen, aber nie ohne Bodenhaftung; mit Ideen und Visionen erfolgreich auf der Karriereleiter. Mit Herz und Verständnis erfolgreich im Familienmanagement: Ein Mensch mit vielen liebenswerten Ecken und Kanten.

Wer sein Leben so selbstbewusst und vor allem selbstbestimmt lebt, mit seiner einzigartigen Persönlichkeit, mit seinem ganz eigenen Stil, mit seinen vielseitigen Hobbys, Interessen und Vorlieben, der sollte im Hier und Jetzt auch die richtigen Entscheidungen für den letzten Moment treffen. Und nichts dem Zufall überlassen.

Ein Blick in den einzigartigen »Garten der Stille« (alle Fotos: Ulli Frank)

Das traditionsreiche Dellner & Hüser-Haus

Friedwald oder Friedhof? Diamant oder Urne? Bestattung im All oder auf hoher See? Welche Worte? Welche Musik? Welche Blumen? Welcher Sarg? All das und noch viel mehr lässt sich schon zu Lebzeiten verbindlich regeln.

So haben sich die Wunschwächter von Dellner & Hüser auf ganzheitliches Sterbefall-Management spezialisiert. Sie bieten mit ihrer Vorsorge-Police eine in der Region bisher beispiellose Dienstleistung an. In einer Art Versicherungsschein werden die »letzten Wünsche« eines Kunden festgehalten und deren buchstabengetreue Umsetzung garantiert. Die Leistungen, die von der Auswahl des Grabsteins bis zur Zeremonie der Trauerfeier reichen können, werden in Servicepaketen zusammengefasst und nach einem modular aufgebauten Tarifsystem bewertet. Die Prämien werden, je nach Umfang und Laufzeit des Vertrages, als überschaubarer monatlicher Beitrag oder als Raten beziehungsweise Einmal-Zahlung erhoben.

Alle Daten zu einer Police werden in einer persönlichen Notfall-Mappe für den Kunden übersichtlich dokumentiert und bei Dellner & Hüser zentral verwaltet und betreut. Ein Netzwerk erfahrener Experten wacht mit äußerster Diskretion über die individuellen Wünsche der Kunden und sorgt für eine hochwertige, ganzheitliche Realisierung.

Neben dem Firmensitz in der Helmstedter Straße 93, direkt gegenüber dem Hauptfriedhof gelegen, haben die Wunschwächter einen wunderbaren »Garten der Stille« angelegt. Er ist ein für jedermann offener Raum der Sammlung und des Trostes.

Das ganz besondere Ambiente des Hauses und des Gartens ist auch ein würdevoller Rahmen für Gesprächsrunden, Informationsabende, Vorträge, Lesungen und Ausstellungen. Damit möchten die Wunschwächter immer wieder aktuelle

Beispielhafte Grabgestaltung mit maritimem Bezug

Themen rund um die Friedhofkultur in den Focus des öffentlichen Interesses rücken. Sie möchten aufklären, beraten und dabei helfen, sich mitten im Leben mit dem eigenen Sterben zu befassen, seinen letzten Willen festzuhalten und so zu organisieren, dass er im Todesfall auch wirklich buchstabengetreu umgesetzt wird. Nach dem Motto »Lebe Dein Leben als seiest du unsterblich, aber organisiere jeden Tag so, als wäre es Dein letzter.«

Beitrag von:
Braunschweiger Friedhofsgärtner
Helmstedter Straße 93 · 38126 Braunschweig
Tel. (05 31) 7 07 55 10 · Fax (05 31) 7 07 55 09
info@braunschweigerfriedhofsgaertner.de

Hochlandrinder und Pferde

Tierisch kompetente Landschaftspfleger

Der Landschaftsgärtner Manfred Junicke mit »Kollegen«

Dort, wo die Schunter sich gleich ein gutes Stück weit in einen Düker unter der Oker verkriecht, gibt es noch etwas Erstaunliches zu entdecken: Auf den umliegenden Überschwemmungswiesen »arbeiten« zottelige schottische Hochlandrinder gemeinsam mit kräftigen Pferden als Landschaftspfleger.

Als Landschaftspfleger? »Ja«, erklärt ihr Besitzer Manfred Junicke, seines Zeichens selbst erfahrener Garten- und Landschaftsbauer, »meine Tiere sind einfach das optimale Team für eine perfekte ökologische Betreuung der Wiesen und Weiden!«

Die kleinen liebenswerten Highland Cattles, wie sie im Original heißen, werden seit über 200 Jahren in Schottland gezüchtet. Aber trotz ihrer Genügsamkeit gehören die robusten Tiere zu den vom Aussterben bedrohten Arten. Denn im Gegensatz zu den bei uns üblichen Rindern wird ihr äußerst schmackhaftes Fleisch bisher leider nur in Kennerkreisen geschätzt. Das liegt sicherlich auch mit an der langen Anfütterzeit und dem damit verbundenen sehr hohen Preis.

Seit rund 30 Jahren sind die schottischen Hochlandrinder auch in Deutschland im Einsatz. Zunächst ging es nur darum, ihre Rasse zu erhalten. Doch schon wenig später wurde ihr großes Talent zur Landschaftspflege entdeckt. Ihr, im wahrsten Sinne des Wortes, dickes Fell schützt sie gegen Wind und Wetter. So können sie das ganze Jahr hindurch im Freien bleiben und ihre Weide wirkungsvoll ökologisch betreuen. Sie sorgen dafür, dass sich dort weder Sträucher noch Bäume ansiedeln können. Darüber hinaus liefern sie genügend natürlichen Dünger, um sich permanenten Futternachwuchs zu sichern. Das reicht dann sogar auch noch für Junickes Pferde, deren Vorfahren rassige Mustangs waren.

Die Überflutungswiesen zwischen Walle und Wenden sind ein sensibles Ökosystem. Durch ihre Beweidung werden sie behutsam, nachhaltig und naturnah gepflegt. So bleiben sie als eine offene Landschaft erhalten, die vielen Tieren, Vögeln und Insekten ein stadtnahes Überleben ermöglicht.

Durch Junickes Engagement wird in Braunschweig ein Stück Landschaft erhalten, das sonst nur mit viel Aufwand und hohen Kosten beschützt werden könnte.

Die Pferde werden aber nicht allein zur Weidepflege eingesetzt, sondern sind auch sportlich aktiv. Denn Manfred Junicke fährt leidenschaftlich gern 4-Spännig mit seinen Moritzburgern, einer Rasse vom schweren deutschen Warmblut, die auch die Gespanne im englischen Königshaus ziehen. »Kutsche fahren ist ein sehr sozialer Sport, da man auch ungeübte Mitfahrer mitnehmen und gemeinsam die Erfahrung genießen kann. Außerdem kann ich dies auch noch im hohen Alter tun, Prinz Philipp fährt mit über 90 Jahren noch leidenschaftlich«.

Die robusten, genügsamen Hochlandrinder und die kräftigen Pferde sind ein äußerst kompetentes Team für effektive Landschaftspflege. Und ein sehr lebendiges Beispiel dafür, dass durch intelligentes Vernetzen von Praktischem mit Nützlichem sinnvoller Natur- und Umweltschutz oft schon mit ganz einfachen Mitteln organisiert werden kann.

Weideflächen der schottischen Hochlandrinder im Norden von Braunschweig (alle Fotos: Ulli Frank)

Beitrag von:
Junicke GmbH
Helmstedter Straße 94 · 38126 Braunschweig
Tel. (05 31) 7 20 24 · Fax (05 31) 79 84 48
info@junicke.de · www.junicke.de

Die Braunschweiger Nordstadt

Hohe Lebensqualität am Rande der Stadt

Die Nordstadt ist einer der großen Stadtbezirke in Braunschweig. Hier sind wesentliche Einrichtungen innerhalb der Stadt Braunschweig vorhanden. Das Gebiet ist durch drei Hauptbereiche gegliedert. Der älteste Bereich ist das Hochschulgebiet mit der TU und dem angrenzenden Wohngebiet zwischen Lampestraße und der Okerbrücke am Wendenring.
Hier befindet sich der Zentralbereich der TU mit dem Hauptgebäude, der Bibliothek und einigen wesentlichen Instituten sowie einer großen Wohneinrichtung für Studenten. Durch diese Einrichtungen ist der Name »Braunschweig, Stadt der Wissenschaft« geprägt.
Ein weiterer wesentlicher Bereich befindet sich rund um den Mittelweg und der Ludwigstraße. Ein wichtiger Betrieb ist z.B. die Versorgungs GmbH. Hier wird die Versorgung der Stadt sichergestellt. Auch die erste Braunschweiger Gasversorgung, das Gaswerk, befand sich bis zur Umstellung auf Erdgas an dieser Stelle in der Taubenstraße. Erhalten ist bis heute das Gebäude des Nordbahnhofes. Hier wurden Frachtgüter für die Bevölkerung der Nordstadt angeliefert, die dann überwiegend selbst abgeholt werden mussten. Heute befindet sich im alten Bahnhofgebäude ein multikulturelles Zentrum. In der Ludwigstraße wurden in den Pantherwerken Fahrräder und Kleinmotorräder hergestellt. Diese Region ist heute Gewerbe- und Gastronomiebereich. Im Areal befindet sich auch eine Moschee. Das früher in der Ludwigstraße befindliche Sauerstoffwerk der Linde AG ist heute nur noch Auslieferungsstelle für technische Gase. Auf der Westseite der Hamburger Straße erzeugt das Heizkraftwerk Mitte Strom und Wärme für die gesamte Stadt. Nebenan befand sich das Schmalbachwerk. Hier wurden Konservendosen in großem Stil hergestellt. Auch Spargel hat man früher östlich des Mittelweges in großen Mengen angebaut. Heute befinden sich an dieser Stelle mehrere Gartenvereine.
Ab 1926 wurde das Gebiet um die Siegfriedstraße mit Wohnhäusern bebaut. Auch eine Schule, die Nibelungenschule, entstand südlich vor dem so genannten Bullenteich. Sie ist heute eine Re-

Der Ölper See von Südosten (Foto: Jochen Schmidt)

Der Sportpark »Schwarzer Berg« – Blick vom Hochhaus auf die Gesamtanlage mit angrenzenden Kleingärten (Foto: Jochen Schmidt)

Stadtteil im Grünen (Foto: Dieter Heitefuß)

Hochhaus am Sielkamp – das Wahrzeichen des Schwarzen Berges (Foto: Jochen Schmidt)

Am Nordufer des Ölper Sees gibt es Spiel- und Liegewiesen. (Foto: Jochen Schmidt)

Das evangelische Gemeindezentrum ist Mittelpunkt des Stadtteiles. (Foto: Jochen Schmidt)

Die moderne, massiv gebaute Stadtteilgrundschule mit Turnhalle (Foto: Jochen Schmidt)

alschule. Ein weiterer Teil wird von der IGS Querum genutzt. Nach dem Zweiten Weltkrieg wurden die zerstörten Häuser im ursprünglichen Stil wieder aufgebaut.

Nördlich dieses Areals liegt der Schul- und Bürgergarten der Stadt Braunschweig. Hier finden schulische Veranstaltungen für Schülerinnen und Schüler aus dem gesamten Stadtgebiet statt. Bewohner der gesamten Stadt nutzen diese parkähnliche Einrichtung zur Erholung als Spaziergänger. Durch den Förderverein werden viele kulturelle Veranstaltungen organisiert. Eine Biologiestation eröffnet Einblicke in die besondere Pflanzenwelt unserer Region.

Der Schwarze Berg, ein in sich geschlossenes Wohngebiet, bildet den westlichen Bereich der Nordstadt. Die Bebauung mit Wohnhäusern begann bereits Anfang der 1930er Jahre. Als erstes wurden in den Straßen Jahnskamp und Stadtblick und vereinzelt in der Straße Am Schwarzen Berge Wohnhäuser gebaut. Nach dem Zweiten Weltkrieg hat man hier viele Behelfsheime als Notunterkünfte errichtet. Im westlichen Teil wurde Ackerbau betrieben. Sogar ein kompletter Bauernhof befand sich hier. Eine Imkerei und eine Obstplantage rundeten das Bild ab. Ein besonderes Unternehmen war eine Champignonzucht in zwei Kellergeschossen auf dem Grundstück Nr. 58. Nach dem Krieg eröffnete hier eine Tischlerei. Das gewerbliche Unternehmen eines optischen Betriebes rundete das Bild ab. 1951 wurde ein Spargelfeld in Bauland umgewandelt. Es entstanden Wohnhäuser, welche überwiegend in Eigenleistung errichtet wurden.

Ab 1966 ist ein aus Ein- und Mehrfamilienhäusern bestehendes Neubaugebiet entstanden. Am Sielkamp steht das höchste braunschweiger Wohngebäude mit 22 Etagen. Ein Einkaufzentrum wurde am Ligusterweg gebaut, um die Nahversorgung sicher zu stellen. Ein späterer Plan, die Stadtautobahn über das Gebiet zu führen, wurde sehr schnell wieder verworfen. Durch den Bau der A391 entstand der Ölper See mit damals etwa 16 Metern Tiefe. Durch einen umfangreichen Fischbesatz ist der See ein Anglerparadies geworden. An Tagen mit schönem Wetter finden sich viele Menschen zum Grillen am Ufer ein. Leider ist die Wasserqualität nicht zum Baden geeignet. Alles in allem bietet die Nordstadt eine hohe Lebensqualität.

Herzlichst,
Wolfgang Pause
Bezirksbürgermeister

TU Braunschweig – Studium am Puls der Wissenschaft

Die Technische Universität Braunschweig Carolo-Wilhelmina ist das akademische Zentrum Braunschweigs, der traditionsreichen »Stadt der Wissenschaft« inmitten einer der aktivsten Forschungsregionen Europas. Rund 19 500 Studierende und 3500 Beschäftigte bilden unsere Gemeinschaft. Unser Campus hat die optimale Größe für eine Universität: Wir bieten ein Lehr- und Forschungsspektrum mit hervorragender Ausstattung und gleichzeitig persönlicher Atmosphäre. Der Zentralcampus liegt direkt an der Oker und nur wenige Gehminuten von der Innenstadt entfernt.

Vollständige Ingenieurwissenschaften und starke Naturwissenschaften bilden unsere Kerndisziplinen. Sie sind eng vernetzt mit den Wirtschafts- und Sozial-, Geistes- und Erziehungswissenschaften. Unsere strategisch relevanten Forschungsfelder sind: Mobilität, Infektionen und Wirkstoffe, Stadt der Zukunft und Messtechnik, die mit zahlreichen Querschnittsthemen verknüpft sind. Unser Angebot in den Studiengängen der Ingenieurwissenschaften ist unter den norddeutschen Universitäten einzigartig.

Ihren Namen »Carolo-Wilhelmina« erhielt die Technische Universität Braunschweig von ihren Gründervätern, den Herzögen Carl und Wilhelm

Im Altgebäude befinden sich Hörsäle und Seminarräume. (Foto: Technische Universität Braunschweig/Andreas Bormann)

von Braunschweig-Lüneburg. 1745 gründete Carl das Collegium Carolinum. Er legte damit als Erster in Deutschland den Grundstein für eine Technische Universität. Zu den frühen Studenten zählt auch der Mathematiker Carl Friedrich Gauß. »Nec aspera terrent«. Auch schwierige Aufgaben und Widrigkeiten schrecken uns nicht – dieses Motto der Gründer unserer Universität gilt auch für uns.
Braunschweig ist mit über 250 000 Einwohnern die größte Stadt zwischen Hannover und Berlin und, heute wie historisch, Zentrum der Region. Ihr heutiges Profil verdankt die Löwenstadt ihrer Geschichte, der stetigen Weiterentwicklung als dynamischer Wirtschafts- und Handelsstandort, dem breiten Kulturangebot sowie der vielfältigen Forschungs- und Wissenschaftslandschaft.

Die Universitätsbibliothek ist für Studierende ein Lernort. (Foto: Technische Universität Braunschweig / Frank Bierstedt)

Studieren und Lehren

Studium am Puls der Wissenschaft: Unsere Studiengänge orientieren sich an unserer Forschung, vermitteln breite und vertiefte Grundlagen und bieten vielfältige individuelle Spezialisierungen. Wir vermitteln unseren Studentinnen und Studenten, was es bedeutet, eigene Ideen und Ergebnisse in die Praxis umzusetzen, also selbst zu forschen und zu entwickeln. Daher richten wir das Studium so früh wie möglich, in der Regel schon im Bachelorstudium, am Beispiel aktueller Forschungsthemen aus.
Ob fächerübergreifende Angebote wie Umweltwissenschaften oder Umweltingenieurwesen, Mobilität und Verkehr, Biotechnologie und Informations-Systemtechnik oder klassische ingenieur-, natur-, geistes- und sozialwissenschaftliche Fächer: Unser Curriculum ist interdisziplinär angelegt. Viele Studiengänge entwickeln und bieten wir in Zusammenarbeit mit benachbarten Forschungseinrichtungen an, wie zum Beispiel den deutschlandweit einmaligen Studiengang Messtechnik und Analytik zusammen mit der Physikalisch-Technischen Bundesanstalt.
Master erwünscht: Ziel ist es, dass unsere Studierenden nach dem Bachelorabschluss weiter studieren und den Mastergrad erlangen. Hier gilt umso mehr: Alle Masterprogramme sind forschungsorientiert und vermitteln das notwendige Rüstzeug für Führungspositionen und internationale Karrieren in Forschung, Entwicklung und Management.
Preise für gute Lehre: Wir entwickeln die Qualität unserer Lehre unter Beteiligung der Studierenden weiter und treiben Lehrinnovationen voran. Die besten Lehrveranstaltungen zeichnen wir mit dem »LehrLEO« aus.
Offene Hochschule: Neue berufliche Chancen eröffnen wir durch die Möglichkeit, ohne Abitur zu studieren. Auch über forschungsorientierte Weiterbildung, insbesondere rund um die Mobilität, leisten wir Wissenstransfer.
Für alle Fragen rund ums Studium: Ob Immatrikulation, Studien- und Sozialberatung oder Internationales, im Studienservice-Center bündeln wir alle Informations- und Beratungsleistungen.

Das Audimax ist der größte Hörsaal. (Foto: Technische Universität Braunschweig / Tobias Teich)

Forschen

Leichte Serienautomobile mit niedrigem Kraftstoffverbrauch, lärm- und emissionsarme Flugzeuge, Wirkstoffe gegen Infektionskrankheiten, personalisierte Arzneimittel, Messtechnik für die Nanotechnologie oder Strategien für die Stadt der Zukunft: Mit der Bündelung unserer Forschungsaktivitäten in diesen Bereichen können wir wesentliche Beiträge zur Bewältigung großer gesellschaftlicher Herausforderungen leisten.

Dabei arbeiten wir eng mit den international renommierten Forschungseinrichtungen in Braunschweig zusammen.
An der TU Braunschweig wird das Top-Thema Mobilität vom Automobil über die Luft- und Raumfahrttechnik bis zum Schienenverkehr erforscht. Das Niedersächsische Forschungszentrum Fahrzeugtechnik (NFF) ist eines der führenden Zentren der Automobil- und Verkehrsforschung in Europa. Partner aus anderen Hochschulen, Forschungseinrichtungen und der Industrie werden dabei eng einbezogen. Am Standort Wolfsburg ist die Open Hybrid LabFactory entstanden, ein Forschungscampus zur Entwicklung neuer Leichtbaukonzepte für die Großserie. Unser Themenspektrum reicht von neuen nachhaltigen, energieeffizienten Produktionsprozessen für leichte Autos mit niedrigem Kraftstoffverbrauch über intelligente Autos bis hin zum Design und Recycling.
Der Entwicklung grundlegender Technologien des bürgernahen Flugzeugs hat sich das Niedersächsische Forschungszentrum für Luftfahrt (NFL) verschrieben. Sein Ziel ist es, den innereuropäischen Flugverkehr in Zukunft von kleinen, stadtnah gelegenen City-Airports lärmarm und energieeffizient zu ermöglichen. Ein Schwerpunkt ist dabei die Entwicklung von unterschiedlichen Konzepten aktiver Hochauftriebssysteme künftiger Verkehrsflugzeuge. Das Zentrum ist eine Kooperation mit dem Deutschen Zentrum für Luft- und Raumfahrt und führt Expertinnen und Experten aus ganz Niedersachsen am Forschungsflughafen zusammen.
Naturwissenschaften, Ingenieurwissenschaften und Informatik verknüpft das Forschungszentrum BRICS zur leistungsstarken Systembiologie. Gemeinsam mit dem Helmholtz-Zentrum für Infektionsforschung und dem Leibniz-Institut Deutsche Sammlung von Mikroorganismen und Zellkulturen werden Strategien gegen infektiöse Mikroorganismen entwickelt. Dazu gehören auch Naturstoffe aus Mikroorganismen. Mit der Herstellung und Verarbeitung solcher neuer Wirkstoffe zu kostengünstigen und wirksamen Arzneimitteln befasst sich das Zentrum für Pharmaverfahrenstechnik.
Nanoskalige, das heißt Millionstel-Millimeter kleine Materialien und Bauteile sind aus vielen Anwendungen nicht mehr wegzudenken. Ihre Vermessung erfordert neue Ansätze in der Nanomesstechnik. Dazu gehören auch die Grenzen des Messbaren, deren Erforschung sich unser Forschungszentrum LENA gemeinsam mit der Physikalisch-Technischen Bundesanstalt widmet.
Wir entwickeln gesamtheitliche Konzepte für die intelligenten Städte der Zukunft, um den komplexen Anforderungen der Urbanisierung gerecht zu werden. Unser Ziel ist es, Lösungen für effiziente, umweltfreundliche, gesunde, soziale und grüne Smart Cities zu erforschen.

Viertelfahrzeug-Prüfstand am Institut für Fahrzeugtechnik (Foto: Technische Universität Braunschweig / Frank Bierstedt)

Aktive Forschungsregion

Braunschweig, eine der aktivsten Forschungsregionen Europas, ist mit den meisten Ausgaben für Forschung und Entwicklung eine »Top-Investitionsregion in Europa«, so die Statistik der Europäischen Union. Top ist – laut Ranking der Zeitschrift »Wirtschaftswoche« – auch die Wirtschaftsfreundlichkeit Braunschweigs. Dabei ist die TU Braunschweig ein wichtiger »Motor« der Region.
Unsere Studierenden können in den Kooperationseinrichtungen mitarbeiten: in Helmholtz-Zentren, Fraunhofer- und Leibniz-Instituten, Bundesforschungseinrichtungen und Museen. Sie sammeln unter anderem Erfahrungen in der Bio- und Umwelttechnologie, in der Fahrzeugtechnik, Luft- und Raumfahrttechnik, Informations- und Kommunikationstechnik, Messtechnik und Mikroelektronik, aber auch in den Geistes- bzw. Erziehungswissenschaften.
Transfer: Ist eine gute Idee auch eine gute Geschäftsidee? Der Technologietransfer trägt unsere Forschungsergebnisse in die Wirtschaft, unterstützt Gründerinnen und Gründer und schützt Erfindungen mit Patenten. Themenbezogene Transferzentren unter dem Dach der Innovationsgesellschaft (iTUBS) öffnen der Industrie, aber auch kleinen und mittelständischen Unternehmen Türen zu unserer Forschung.
Transparent und begründet: Als Technische Universität suchen wir den Austausch mit Wirtschaft und Gesellschaft. Dabei wahren wir unsere Unabhängigkeit. Wir fühlen uns dem öffentlichen, wissenschaftlichen und ethischen Diskurs über unser Tun verpflichtet und stehen zu den Prinzipien guter wissenschaftlicher Praxis.

International

Internationalität ist unser Profil: Die TU Braunschweig ist eine weltoffene Universität. Wir arbeiten schwerpunktmäßig zusammen mit Universitäten in den EU-Staaten, den USA, Kanada, Südamerika, China und Japan. Im Rahmen des ERASMUS-Programms haben wir Kooperationsvereinbarungen mit mehr als 200 Universitäten in Europa.
Ein Drittel unserer Studierenden verbringt einen Teil ihres Studiums im Ausland: Doppelabschlüs-

Polymeranalytik-Labor am Institut für Füge- und Schweißtechnik
(Foto: Technische Universität Braunschweig / Frank Bierstedt)

Studierende im Labor am Institut für Medizinische und Pharmazeutische Chemie
(Foto: Technische Universität Braunschweig / Birgit Fischer)

se mit US-amerikanischen, französischen, brasilianischen und chinesischen Universitäten qualifizieren unsere Absolventinnen und Absolventen für den internationalen Arbeitsmarkt. Austauschstudium, Forschungsarbeiten oder Praktika im Ausland bieten die Möglichkeit, internationale Erfahrungen zu sammeln. Die vielfältigen Programme unseres Sprachenzentrums machen fit für den Auslandsaufenthalt und den Beruf.

Internationale Studierende sind ein wichtiger Teil unserer Gemeinschaft. Auf unserem Campus trifft sich die Welt: 2600 Studierende aus über 113 Ländern lernen und forschen zurzeit an der TU Braunschweig. Eine exzellente Betreuung durch das International Office, die Stadt Braunschweig und das Patenprogramm sorgen dafür, dass internationale Studierende sich bei uns zu Hause fühlen.

Internationalität ist auch in der Forschung selbstverständlich. Viele Wissenschaftlerinnen und Wissenschaftler aus anderen Ländern lehren und forschen an der TU Braunschweig.

Campus-Leben

Das Campus-Leben bietet jede Menge Möglichkeiten. In über 80 studentischen Initiativen können sich Studierende fachlich, sportlich, sozial oder hochschulpolitisch engagieren und finden hier Gleichgesinnte. Das Spektrum reicht vom Bau eines Rennwagens oder eines autonom fahrenden Modellfahrzeugs, mit denen man sich im Wettkampf deutschlandweit mit anderen Hochschulen messen kann, bis hin zu studentischen Unternehmensberatungen und Ingenieurbüros.

Auch das kulturelle Angebot ist vielfältig: Unser Universitätsorchester und unser TU-Chor konkurrieren mit Bigband und »akablas« um die musischen Talente des Campus, Theatergruppen laden zum Mitmachen auf und hinter der Bühne ein.

Ob in der Sporthalle, im Campus-Fitnesscenter, auf den Beachvolleyballfeldern, in der Sauna, beim Segeln oder Fallschirmspringen: Mit über 200 Kursen in 90 Sportarten pro Woche bietet unser Sportzentrum das größte Sportprogramm der Region.

Das Haus der Wissenschaft bietet eine Vielfalt an Veranstaltungsformaten in lebendiger und lockerer Atmosphäre zur Auseinandersetzung mit Wissenschaft, Technologie und Kultur für interessierte Laien oder Fachleute.

Familiengerechtes Arbeiten und Studieren wird an der TU Braunschweig gefördert. Zwei Kindertagesstätten stehen auf dem Zentralcampus zur Verfügung, ein Familienbüro und ein »Dual-Career-Couples-Netzwerk« ergänzen das Angebot. Dafür erhielt die TU Braunschweig das Zertifikat »Familiengerechte Hochschule«.

20 000 Gäste besuchen jedes Jahr die Wissenschaftsnacht »TU-Night«, um Wissenschaft zum Anfassen zu erleben. Über 1500 Kinder sind in unserer Kinder-Uni »eingeschrieben«. Mit jährlich über 1000 öffentlichen Veranstaltungen sind wir wissenschaftlicher und kultureller Treffpunkt der Region.

Unter dem Motto Check-in – Entdecke Wissenschaft! können Schülerinnen und Schüler Uniluft schnuppern. Über 30 Angebote aus verschiedenen Fachrichtungen stehen zur Auswahl.

Besondere Wertschätzung erfahren wir durch Stiftungen, Unternehmen und Privatpersonen, die unsere Studierenden unter anderem mit Deutschlandstipendien fördern und Preise für Nachwuchswissenschaftlerinnen und -wissenschaftler zur Verfügung stellen. Die niedersachsenweit einmalige Carolo-Wilhelmina-Stiftung verbessert die Lehr- und Studienbedingungen und bietet unseren Studierenden in schwierigen Situationen Unterstützung.

Eintracht Braunschweig und die Deutsche Fußballmeisterschaft

Ein Fußballwunder, das sich 2017 zum 50. Mal jährt

Zu Beginn der Bundesligasaison wurde, wie immer, die Frage nach den Favoriten für den Gewinn der Meisterschaft an die Bundesligatrainer gestellt. Keiner der 18 Bundesligatrainer reihte Eintracht Braunschweig in den Kreis der Titelanwärter ein. Die FAZ verstieg sich im Sommer 1966 sogar zu der Prognose, die biederen Provinzler vom Zonenrand würden als nächster Fremdkörper von der Hanse der Bundesliga-Städte abgestoßen werden. Aber auch unser Trainer Helmut Johannsen stapelte wieder einmal tief und nannte den zehnten Tabellenplatz als sein erklärtes Ziel.

20 000 Zuschauer wollten das Auftaktspiel gegen Bremen sehen, das wir durch eine große mannschaftliche Ausgeglichenheit mit 2:0 gewannen. »Unser Spiel war moderner, beweglicher, zügiger und schneller als das des Gegners«, lautete daraufhin der Kommentar unseres Trainers. In den nächsten Wochen hielten wir uns stets im oberen Tabellendrittel auf. Nach dem fünften Spieltag standen wir nach einem 2:1 – Erfolg in Stuttgart auf dem ersten Tabellenplatz. Eine Woche später wurde mir vor dem Spiel gegen Duisburg eine große Ehre zuteil. Ich war am 24. September 1966 der einzige Spieler, der beim 100. Bundesliga-spieltag seinen hundertsten Einsatz hatte, was mir den Spitznamen »Mister Bundesliga« einbrachte. Leider erkrankte mein Spielerkamerad Wolfgang Brase nach dem 97. Spiel. Ihm hätte ich die Auszeichnung ebenso gegönnt.

Schmidt und Kaack im Konvoi auf dem Weg ins Altstadtrathaus

Der Kader 1967 (alle Fotos: Archiv Eintracht Braunschweig)

Nach dem letzten Spiel der Hinserie, das wir in Nürnberg mit 4:0 gewannen, waren wir Herbstmeister. Damit hatte keiner der »Fußballexperten« gerechnet. Jetzt begann die Jagd auf uns. Ein absoluter Höhepunkt der Rückrunde war das Heimspiel gegen Bayern München. Von unserer Leistung wurde nur in Superlativen gesprochen. Bayern – Trainer »Tschik« Cajkowski meinte nach dem Abpfiff: »Jetzt müsst Ihr aber auch Deutscher Meister werden, nach dem Ihr uns 5:2 besiegt habt«. Die Empfehlung von »Tschik« nahmen wir uns alle zu Herzen. »In der Eintracht-Mannschaft steckt mehr als Glück, Kraft und Taktik«, hörte und las man jetzt häufig in den Medien.

Aufregend entwickelte sich der drittletzte Spieltag. Das Heimspiel gegen Borussia Mönchengladbach wurde zum Spiel der Spiele für uns, denn nach 57 Minuten gingen die Gladbacher durch ein Tor von Heynckes in Führung. Doch in der 84. Minute glich Lothar Ulsaß zum 1:1 aus. Als dann der humpelnde Erich Maas Sekunden vor dem Abpfiff mit einem Gewaltschuss den Siegtreffer für uns erzielte, war die Meisterschaft

Meisterfeier im Stadion

Mannschaftskapitän Bäse mit der Meisterschale

Walter Schmidt im Zweikampf mit Gerd Müller

zum Greifen nahe, weil die Mitkonkurrenten München 1860 und Eintracht Frankfurt ihre Spiele verloren hatten.

Beim vorletzten Spiel in Essen unterstützten uns 2500 Braunschweiger Fans. Nach dem Schlusspfiff fielen wir uns alle um den Hals, denn durch das torlose Unentschieden und den Punktgewinn der Dortmunder in Frankfurt war das »Rennen« um die Meisterschaft gelaufen. Nach dieser Anspannung ließen wir unseren Emotionen freien Lauf. Alle Strapazen der Saison waren vergessen, von vielen Menschen aus nah und fern erhielten wir Glückwünsche. Besonders erwähnen in diesem Zusammenhang muss ich Viktor Siuda, den mehrmaligen Deutschen Meister im Gehen, der ein vorab gegebenes Versprechen eingelöst hatte und sieben Tage lang (328 Kilometer) von Braunschweig nach Essen marschiert war.

Die Woche bis zum letzten Spiel mit der Meisterehrung wurde zu einer regelrechten »Gratulationseuphorie«. Die 38 000 Karten für das letzte Spiel waren schnell vergriffen. Auf jeden Fall wollten wir unserem großartigen Publikum mit einer eindrucksvollen Leistung für die einzigartige Unterstützung während der gesamten Saison danken. Im Stadion empfing man uns mit tosendem Beifall. Auf uns übertrug sich diese Begeisterung sofort und entsprechend präsentierten wir uns auf dem Spielfeld. Mit 4:1 wurde der FC Nürnberg trotz großer Gegenwehr verdient geschlagen. Nach dem Abpfiff stürmten tausende Fans auf das Spielfeld, um mit uns gemeinsam diesen einzigartigen Erfolg zu feiern. Das war ein unbeschreibliches Gefühl. Wir schämten uns nicht der Tränen und drehten mit der Meisterschale (dem so genannten Kuchenteller) eine Ehrenrunde im »Hexenkessel« an der Hamburger Straße. Im Anschluss folgte eine Fahrt in offenen Volkswagen zum Altstadtrathaus. Unterwegs jubelten uns die feiernden Fans zu und riefen immer wieder unsere Namen. Am Altstadtrathaus empfingen uns mehr als 20 000 begeisterte Menschen. Hier sprach der Oberbürgermeister von einem stolzen Tag in der Geschichte der Stadt Braunschweig. Hennes Jäcker, der »gute Geist« der Mannschaft, stimmte daraufhin das Lied an: »So ein Tag, so wunderschön wie heute« und Tausende auf dem Altstadtmarkt sangen mit.

Wie stolz die Braunschweiger auch 50 Jahre später noch auf unseren Erfolg von 1967 sind, das werden die kommenden Monate zeigen, in denen Eintracht mit einer Vielzahl von Aktionen an den größten Erfolg der Vereinsgeschichte erinnern wird.

Von Meisterspieler Walter Schmidt

Das Eintracht-Stadion

Tempel in Blau-Gelb

Hexenkessel-Feeling für 24 474 Zuschauer. Ein Stadion, das heißt, wie es heißt. Heimat der Braunschweiger Eintracht und des deutschen Rekordmeisters im American Football, der New Yorker Lions. Größtes Leichtathletik-Stadion in Norddeutschland. Tempel in blau-gelb. Eine moderne Multifunktionsarena mit wechselhafter Historie, fest verzahnt mit Verein, Stadt und Unternehmen der Region.

Bewegte Zeiten an der Hamburger Straße

Schöner und moderner sollte es werden, das Eintracht-Stadion, auf Augenhöhe mit den sportlich glanzvollen Zeiten der Eintracht, die 1967 mit dem Gewinn der Deutschen Meisterschaft ihren Höhepunkt erlebte. Nach Sanierung der Gegengeraden wurde 1979 ein Neubau der Haupttribüne in Angriff genommen – die geplanten Kosten für das Bauprojekt verdoppelten sich jedoch in der Realisierungsphase und läuteten den finanziellen wie sportlichen Abstieg der Eintracht ein. Anfang der 1980er Jahre erwarb die Stadt Braunschweig das komplette Vereinsgelände und verhinderte so einen drohenden Lizenzverlust in letzter Sekunde. Die Stadt ließ den nun als »Städtisches Stadion an der Hamburger Straße« benannten Veranstaltungsort 1993 mit einem zweistelligen Millionenbetrag renovieren und übertrug 2006 der Stadthalle Braunschweig Betriebsgesellschaft mbH ihren Betrieb.

Jedes Heimspiel wieder am »schönsten Ort auf Erden« (Foto: Firma Polytan)

Eintracht Braunschweig feiert mit seinen Fans dem Aufstieg in die 1. Bundesliga (2013). (Foto: Susanne Hübner)

In Eintracht für Eintracht

Seit 2008 heißt das nach wie vor in städtischem Besitz befindliche Stadion wieder Eintracht-Stadion: fünf ortsansässige Traditionsunternehmen erwarben das Namensrecht am Stadion, um der Sportstätte seinen ursprünglichen Namen zurückzugeben – ein bis dato in Deutschland einmaliges Sponsoring-Engagement. 2011 stimmten die Braunschweiger bei einer Bürgerbefragung für eine zeitgemäße Modernisierung »ihres« Stadions und damit für einen baulichen und funktionalen Standard, der heute für den Profifußball und Leichtathletik-Wettbewerbe gilt. Mit dem neu geschaffenen, modernen und multifunktionalen Business-Bereich erhielten die Braunschweiger eine besondere Location an traditionsreicher Stätte – buchbar für z.B. Corporate Events oder Firmen- und Mitarbeiterfeiern.

Fußball-Tempel, Wettkampf-Arena, Open-Air Bühne

Mit der Team-Europameisterschaft der Leichtathletik 2014 erlebten die Braunschweiger ein erstes internationales Highlight nach Beendigung der Modernisierungsarbeiten 2013. Ein Jahr später gastierte Herbert Grönemeyer an der Hamburger Straße und konnte sich und die 23 000 Besucher von der großartigen Open-Air Kulisse im Eintracht-Stadion überzeugen. Und natürlich: Jedes Heimspiel wieder am »schönsten Ort auf Erden« – wo seit fast 100 Jahren gemeinschaftlich Siege bejubelt, Mythen gepflegt und Niederlagen betrauert werden.

Von Kerstin Lange

Modern, großzügig und multifunktional und für viele Veranstaltungsformate geeignet: der Business-Bereich. (Foto: Marek Kruszewski)

Die Deutsche Mannschaft gewann die Team-Europameisterschaft der Leichtathletik 2014. (Foto: Marek Kruszewski)

Open Air Bühne: Herbert Grönemeyer auf Tour im Eintracht-Stadion (Foto: Stadthalle Braunschweig Betriebsgesellschaft mbH)

Eine moderne wie traditionsreiche Veranstaltungsstätte in der Löwenstadt: das Eintracht-Stadion (Foto: Fabian Brandes)

Sportler treffen sich in der Wahre Liebe

Es war ein besonderes Ereignis, als Eintracht Braunschweigs Fußballer im Jahr 2013 in die erste Bundesligasaison nach 28 Jahren starteten. Nicht nur dieser historische Moment blieb vielen Löwenanhängern im Gedächtnis, sondern auch die Eröffnung und die Präsentation des neuen, renovierten Eintracht-Stadions. Dazu zählte unter anderem der neue, gläserne Kubus auf dem Vorplatz, in dem sich seither die Verwaltung befindet, aber auch das neue gastronomische Aushängeschild, die Wahre Liebe.
Die Wahre Liebe ist Sportsbar und Restaurant, Treffpunkt für Anhänger der Braunschweiger Eintracht, der Braunschweiger Lions und der Basketball Löwen. Aber auch für Spieler, Beteiligte oder einfach Gäste, die das Ambiente und reichhaltige Angebot aus der Speisekarte genießen wollen.
Die kulinarische Ausrichtung entspricht den Ansprüchen an eine begehrte Sportsbar: deutsch-amerikanische Küche. Hier findet der knurrende Magen die klassische Currywurst in verschiedenen Schärfegraden, unterschiedliche Burger-Variationen oder Schnitzel (wie man es sich wünscht).

Ein traditionelles Highlight ist das bekannte »Conni«-Hähnchen aus dem ehemaligen »Zum gemütlichen Conni« von Helmut »Conni« Eckleben. Seine Witwe Sigrid gab nicht nur das geheime Originalrezept an die Wahre Liebe weiter, sondern stellte auch die Stammtischecke sowie viele Utensilien aus dem alten Restaurant zur Verfügung.
Außerdem gibt es vieles in der Wahre Liebe zu entdecken. Ein Hingucker ist die große Jahrhundertwand, ein kleines Museum, das neben alten, genutzten Sportartikeln, die Geschichte des BTSV erzählt. Des Weiteren finden sich fein gerahmt historische Trikots des Traditionsclubs, aus den guten und schlechten Zeiten des Clubs.
Besondere Momente erlebt man häufiger in der Wahre Liebe. Zum Beispiel beim gemeinsamen Fußball gucken, denn hier werden auf acht Fernsehern und einer Großbildleinwand alle Fußballspiele gezeigt. Egal ob Bundesliga, Champions League oder was der Sportkalender sonst zu bieten hat. Besonders bei den Auswärtsspielen der Eintracht versammeln sich die Fans, um gemeinsam mit ihrem Team zu fiebern. Bei Heimspielen herrscht Ausnahmezustand. Vor und nach den Begegnungen treffen sich die Fans in blau und gelb, um über die Aufstellung zu philosophieren oder die Geschehnisse im Nachhinein zu befeiern.

alle Fotos: Sascha Hahne

Beitrag von: Wahre Liebe Gastro GmbH
Hamburger Str. 210 · 38112 Braunschweig

Öffnungszeiten:
Dienstag bis Sonntag von 12 bis 24 Uhr
Mittagstisch: Dienstag bis Freitag von 12 bis 15 Uhr

Eintracht Braunschweig im Wandel

Den neuen Weg konstant weiterführen

Eintracht Braunschweig hat sich in den vergangenen acht Jahren unglaublich weiterentwickelt. Sowohl sportlich als auch infrastrukturell hat es zahlreiche Veränderungen sowie Neuerungen gegeben. Als ich gegen Ende der Saison 2007/2008 den Posten des Chef-Trainers übernahm, stand der Verein kurz vor dem sportlichen Absturz. Am letzten Spieltag konnten wir alle gemeinsam dieses bittere Szenario glücklicherweise abwenden und uns buchstäblich in letzter Sekunde für die 3. Liga qualifizieren. Man kann im Nachhinein sagen, dass die Ausgliederung der Profi-Mannschaft, der U23, U19 sowie U17 im Jahr 2008 in die Eintracht Braunschweig GmbH & Co. KGaA den zweiten Durchbruch markierte. Dem neuen Aufsichtsrat um Sebastian Ebel sowie Geschäftsführer Soeren Oliver Voigt gelang es, die Eintracht organisatorisch neu aufzustellen.

Aufstieg als Meister der 3. Liga

Und die sportliche Entwicklung spiegelte dies wieder. Zur Saison 2008/2009 verpflichteten die Löwen Marc Arnold als Sportlichen Leiter. In den folgenden zwei Spielzeiten etablierten wir uns in der neugeschaffenen Liga. Nach einem sensationellen Fußballjahr voller Rekorde gelang uns 2011 der Aufstieg in die 2. Bundesliga. Wir gewannen 26 der 38 Partien und sicherten uns somit den Drittliga-Meistertitel. Eine besondere Ehre wurde uns zuteil, als wir uns in das Goldene Buch der Stadt eintragen durften. Nach der knappen Rettung 2008 waren diese Ereignisse in so kurzer Zeit für uns alle unglaublich.

Rückkehr in die Bundesliga nach 28 Jahren

Die Vorgabe nach dem Aufstieg lautete: In der 2. Bundesliga etablieren und in den kommenden Jahren in der oberen Region der Tabelle mitspielen. Was dann allerdings passierte, übertraf alle Erwartungen. Am Ende der Saison 2012/2013, nach lediglich zwei Jahren im Unterhaus, stand der Aufstieg in die Bundesliga fest – mit 67 Punkten wohlgemerkt! Somit konnten sich die zahlreichen blau-gelben Fans nach 28 Jahren wieder auf Fußball in der höchsten deutschen Spielklasse freuen. Unsere Anhänger waren es auch, die uns ein unvergessliches Erlebnis bei der Aufstiegsfeier vor dem Schloss bereitet haben. Über 30 000 Fans waren vor Ort – der absolute Wahnsinn! Die Unterstützung während der Bundesliga-Saison muss ich ebenfalls noch einmal hervorheben, weil sie außergewöhnlich farbenfroh und lautstark war. Sie fand auch trotz des leider nicht zu verhindernden Abstiegs kein Ende. Nach dem Gang in die 2. Bundesliga haben wir uns dort etabliert, trotz eines großen Umbruchs im Kader mit vielen neuen und jungen Spielern und wollen auch zukünftig zu den Top 25-Teams der Bundesliga gehören.

2011: Aufstieg in die 2. Bundesliga (Quelle: Fotos Eintracht)

2008: Last-Minute-Qualifikation für die neue 3. Liga

DEUTSCHER FUSSBALLMEISTER 1967

50 Jahre Deutscher Fußballmeister – dies muss gefeiert werden!

50 Jahre Deutscher Meister

In der Saison 2016/2017 zelebrieren die Löwen den größten Erfolg ihrer Vereinsgeschichte – den Gewinn der Deutschen Meisterschaft im Jahr 1967. Dafür wurde eigens ein Jubiläumslogo entwickelt.

Modernisierung und Fokus auf den Nachwuchs

In der Zwischenzeit wurde neben dem sportlichen Geschehen rund um die Weiterentwicklung von Mannschaft und Verein massiv in die Infrastruktur investiert. Nach dem Umbau der Nordkurve trafen die Braunschweiger Einwohner der Stadt am 5. Februar 2011 eine wichtige Entscheidung: 60% stimmten für den Ausbau der Haupttribüne. Seit 2013 ist diese vollständig umgebaut und modernisiert. An der Hamburger Straße entstand darüber hinaus ein neues Verwaltungsgebäude mit der »Wahren Liebe« als Stadion-Gastronomie und einem großen Fanshop. Hinter der Südkurve ist außerdem das FanHaus als Heimat für die Löwen-Anhänger gebaut worden. Weiterhin wurde unser Trainingsplatz mit einer Rasenheizung sowie neuem Flutlicht bestückt und der B-Platz regionalligatauglich umgebaut.

Eine weitere sehr bedeutende Entwicklung und ein Grundstein für eine erfolgreiche Zukunft ist im Aufbau des Nachwuchsleistungszentrums (NLZ) im Sportpark Kennel zu sehen. Sämtliche Jugend-Teams gehören inzwischen der GmbH an, seit Sommer 2015 sind die wichtigsten Bauarbeiten fertiggestellt und die massiven Investitionen in unseren Nachwuchsbereich tragen sichtbare Früchte. Die ersten jungen und talentierten Spieler haben den Sprung in den Profi-Kader geschafft. Unsere U17 und U19 spielen jeweils in der Junioren-Bundesliga, die U23 in der Regionalliga. Zudem wurde das NLZ im Februar 2016 vom Deutschen Fußball Bund mit drei Sternen ausgezeichnet und zählt somit zu den besten des Landes. Eigene Talente professionell auszubilden und zu fördern beschreibt den aktuellen und zukünftigen Weg von Eintracht Braunschweig. Auf der Nachwuchsarbeit liegt ein wichtiger Fokus des Vereins.

Leitbild und Stiftung

Nicht nur auf dem Platz und im Stadion ist in den vergangenen Jahren viel geschehen, sondern

Heimat der Löwen: Das EINTRACHT-STADION an der Hamburger Straße

Investition in die Zukunft: Das NLZ im Sportpark Kennel

Eine Stadt im blau-gelben Aufstiegstaumel

2013: Erste Liga – Eintracht ist dabei!

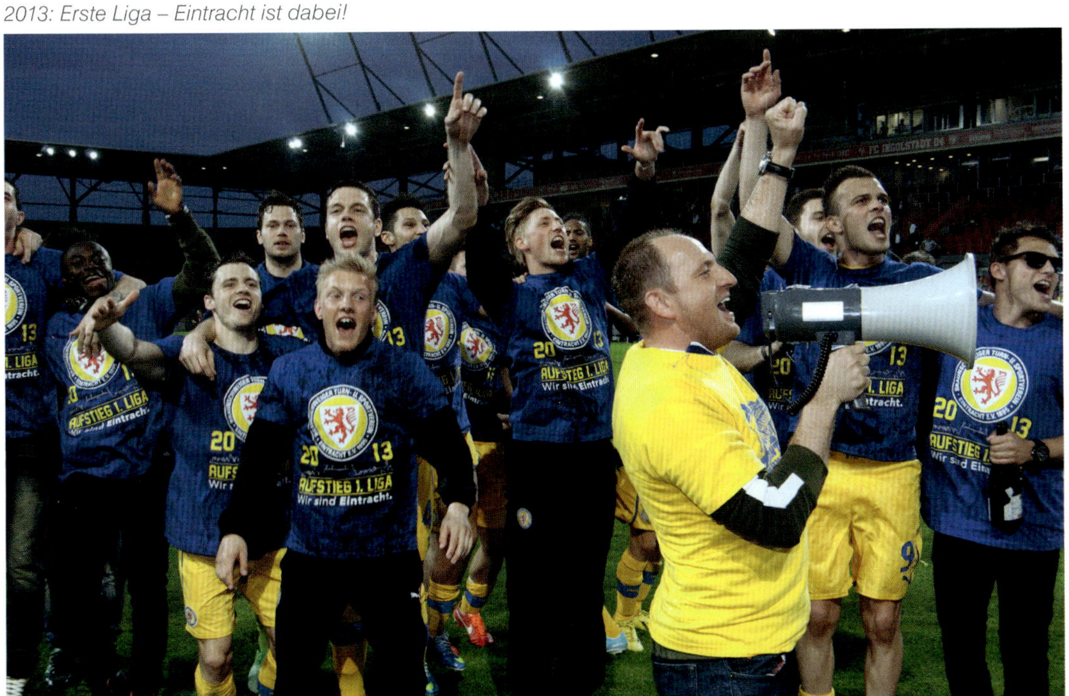

auch darüber hinaus wurde Grundlegendes weiterentwickelt. Mit Beginn der Saison 2012/2013 änderte sich das Erscheinungsbild des Vereins. Das runde Traditionswappen in leicht modifizierter Form ersetzte die Raute. Zudem wurde das Leitbild des Klubs mit Kernwerten wie Regionalität, Tradition, Zukunft, Zusammenhalt, Fair Play und einer außergewöhnlichen Fankultur im Sommer 2015 vorgestellt sowie am Stadion visualisiert. Die Philosophie »Wir sind Eintracht« wird aktiv von der großen Eintracht-Familie gelebt.

Mit der Gründung der Eintracht Braunschweig Stiftung im Herbst 2015 wurde das bereits seit vielen Jahren bestehende soziale und gesellschaftliche Engagement der Löwen gebündelt. In zahlreichen tollen Projekten werden Kinder und Jugendliche aus dem Braunschweiger Land unterstützt. Erste Aktivitäten waren ein Essen für Bedürftige, Fußballtrainings für Flüchtlingskinder, Inklusions-Trainingscamps sowie Sportangebote in Kitas, um nur einige Beispiele zu nennen.

Eintracht Braunschweig ist ein sehr lebendiger Traditionsverein, der finanziell seit inzwischen vielen Jahren auf soliden Beinen steht und der eine Vision für eine moderne Zukunft hat. Ich bin stolz, ein Teil davon zu sein.

Von Torsten Lieberknecht

Freizeitbad Wasserwelt

Das Freizeitbad Wasserwelt bietet mit seinem umfangreichen Angebot unter einem Dach die idealen Voraussetzungen für einen Kurzurlaub in der Löwenstadt. Ob bei einer ausgiebigen Paarmassage in der vom Deutschen Sauna-Bund prämierten Saunalandschaft oder im 25-Meter-Sportbecken – auf über 19 000 Quadratmetern kann sich hier jeder erholen, dem Schwimmsport nachgehen oder einfach nur ausgelassen Planschen. Ergänzt wird das Angebot durch ein Fitnessstudio im Obergeschoss, das auf weiteren 2300 Quadratmetern freies Training, Personal Training, verschiedenste Kurse und vieles mehr anbietet.

Schwallduschen in der Badewelt
(Foto: Stadtbad GmbH / Verena Meier)

Kinderplanschbecken in der Badewelt
(Foto: Stadtbad GmbH / Verena Meier)

Kurs im Aktivbecken
(Foto: Stadtbad GmbH / Verena Meier)

Die Wasserwelt öffnete am 14. Juli 2014 seine Pforten. Seither besuchen sie rund 30 000 bis 40 000 Gäste jeden Monat. Sie besteht aus den vier Welten Badewelt, Sportwelt, Saunawelt und Wellnesswelt.

Fassade der Wasserwelt
(Foto: Stadtbad GmbH / Klemens Ortmeyer)

Badewelt – Freizeitspaß für alle

Rund um das mittig gelegene Freizeitbecken ranken sich verschiedene Angebote für alle Altersgruppen. Über das Kinderplanschbecken mit seinen verschiedenen Spielgeräten und 34 °C Wassertemperatur freuen sich besonders die kleinsten Wasserwelt-Besucher. Die beiden Sprungtürme und Rutschen hingegen sind besonders bei den Kindern und Jugendlichen beliebt. Die Textilsauna, Whirlpools, Schwallduschen und Luftsprudelliegen werden von allen Altersgruppen gleichermaßen genutzt und versprechen beste Entspannung.

Außenbereich der Badewelt
(Foto: Stadtbad GmbH / Verena Meier)

Panorama-Sauna mit Blick auf den Badeteich (Foto: Stadtbad GmbH / Verena Meier)

Etwas separat gelegen und damit ideal für Kurse, aber auch Kinderaktivitäten, ist das Aktivbecken. Der höhenverstellbare Hubboden ermöglicht es, die Wassertiefe zwischen 30 und 180 Zentimeter einzustellen. Dadurch ist das Becken für zahlreiche Aktivitäten geeignet.

Eine tolle Ergänzung zu den Freibädern der Löwenstadt stellt die über die Badewelt erreichbare Außenanlage mit eigenem Becken dar. Eine große Liegewiese lädt dort zum ausgiebigen Sonnen und Entspannen ein. Wer es lieber etwas aktiver mag, der kann sich auf dem Beachvolleyballplatz oder einem der beiden Trampolinen richtig austoben.

Sportwelt – von Gesundheitssport bis Wettkampf

Der lichtdurchflutete Bereich des Sportbeckens mit seinen sechs 25-Meter-Schwimmbahnen wird außerhalb der Ferienzeiten unter der Woche intensiv von Schulen und Vereinen genutzt. Alle nicht genutzten Bahnen stehen der Öffentlichkeit zur Verfügung. Weitere 4 Bahnen befinden sich darüber hinaus im Freizeitbecken.

Saunawelt – Ausspannen auf höchstem Niveau

Nach intensiver Prüfung durch den Deutschen Sauna-Bund stand im Sommer 2015 fest: die Saunawelt hat das Prädikat »Premium« verdient. Bereits 1 Jahr nach der Eröffnung hat die Wasserwelt für seine Saunalandschaft die höchste Auszeichnung für deutsche Saunen erhalten und darf sich seither Premium Sauna nennen. Den Gästen stehen 4 Saunen sowie ein Dampfbad zur Verfügung. Der großzügig und liebevoll gestaltete Außenbereich mit ungechlortem Badeteich und einem Ruhehaus versprechen beste Entspannung. Ein Whirlpool, Kalttauchbecken sowie verschiedene Ruhebereiche im Innenbereich ergänzen das Angebot.

Ruheraum Wellnesswelt
(Foto: Stadtbad GmbH / Verena Meier)

Außenanlage Saunawelt, Badeteich, Panorama-Sauna
(Foto: Stadtbad GmbH / Klemens Ortmeyer)

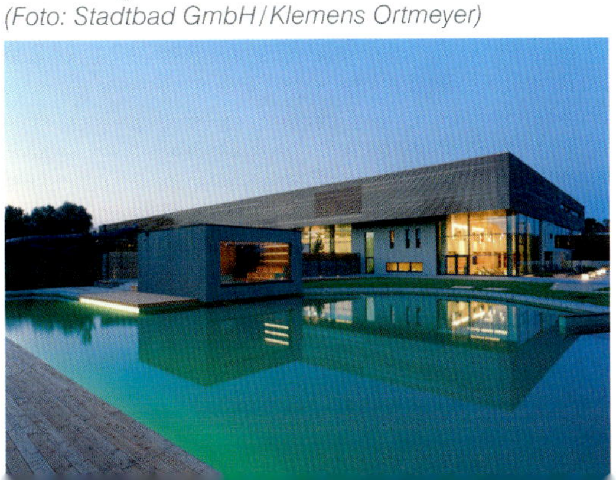

Wellnesswelt – Entspannung vom Alltag garantiert

Eine Hamam-Anwendung, eine hawaiianische Lomi-Lomi-Nui-Massage oder eine Gesichtsbehandlung? Das Spektrum der Anwendungen in der Wellnesswelt ist vielfältig. Ein qualifiziertes Team an Therapeuten, Behandlern und Kosmetikern sorgt für eine gelungene Auszeit vom Alltag. Viele der Massagen sind auch als Paarmassage möglich und können sich auch als Ganztagesangebot zusammenstellen lassen.

In der Badewelt, der Sauna- und Wellnesswelt als auch im Eingangsbereich der Wasserwelt steht für die Gäste ein umfangreiches gastronomisches Angebot bereit, von der klassischen Currywurst bis hin zum gesunden Salat.

Den Besuchern der Wasserwelt stehen 400 kostenlose Pkw-Parkplätze sowie 200 Fahrradstellplätze zur Verfügung. Das Freizeitbad ist aber auch mit den Straßenbahnlinien M1 und M2 (Haltestelle Schützenplatz) sowie den Buslinien 414 (Haltestelle Stadion) und 464 (Haltestelle Gesundheitsamt / Wasserwelt) sehr gut erreichbar.

Beitrag von: Freizeitbad Wasserwelt · Am Schützenplatz 1 · 38114 Braunschweig
www.wasserwelt-bs.de · www.facebook.com/wasserwelt.bs

Verwaltung:
Stadtbad Braunschweig Sport und Freizeit GmbH · Nîmes-Straße 1 · 38100 Braunschweig · www.stadtbad-bs.de

Sechs Ortsteile – ein Stadtbezirk

Der Stadtbezirk besteht tatsächlich aus sechs Ortsteilen. Neben Lehndorf und Watenbüttel sind Kanzlerfeld, Ölper, Völkenrode und Lamme ebenso gleichwertige Ortsteile, jeder mit eigener Historie und eigenem Charakter, die hier nur kurz beschrieben werden können. Aber eventuell sind es zumindest Anregungen sich diese Ortsteile einmal selbst anzuschauen und noch viel mehr sehenswerte Details zu entdecken.

Völkenrode

Der Ort wurde erstmals 1344 als »Villa Volkingrode« urkundlich erwähnt. Er war ein Rundlingsdorf, das 1569 rund 26 Höfe umfasste. Nach einem Brand 1743 blieben nur zwei Häuser erhalten. Die Kirche wurde 1744 neu errichtet. 1894 kam zu Völkenrode das Rieselgut Gut Steinhof hinzu und von 1916 bis 1923 wurde es durch die Anlage einer Eisenbahnstrecke erschlossen, die derzeit weitgehend stillgelegt ist.

Angrenzend an Völkenrode und Watenbüttel entstand ab 1936 die Deutsche Forschungsanstalt für Luftfahrt. Nach dem Krieg geschlossen, wurde das Gelände Sitz der Bundesforschungsanstalt für Landwirtschaft« (FAL) und der »Physikalisch-Technischen Bundesanstalt« (PTB). Die FAL wurde 2008 im Rahmen von Umstrukturierungen des Bundes zum Sitz des Heinrich von Thünen-Institut (vTI) und des Bundesforschungsinstituts für Ländliche Räume, Wald und Fischerei. Für viele immer noch der Ort der FAL. Den Meisten ist die PTB wegen Ihrer Atomuhr bekannt, die Zeit, nach der sich jede Funkuhr stellt.

PTB – Atomuhr (Foto: Braunschweig Stadtmarketing GmbH/okerland-archiv)

Ölper See (Foto: Braunschweig Stadtmarketing GmbH/Gerald Grote)

Watenbüttel und Ölper

1170 als Siedlung »Watebutle« erwähnt, begrenzt die oben genannten Institute gen Norden. Historisches Gebäude ist hier die 1804/1805 in klassizistischem Stil errichtete Kirche, die eine vollständig erhaltene Altarkanzelwand aufweist.

Etwas Besonderes ist ein kaum sichtbares Bauwerk am Mittellandkanal: Ein 80 Meter langer Düker, durch den die Oker den Kanal unterquert. Bei Fertigstellung galt er 1932 als größter Düker Europas. Im Inneren könnten zwei Doppelstockbusse aneinander vorbeifahren, ohne sich zu berühren.

Folgt man dem Verlauf der Oker in Innenstadtrichtung, erreicht man Ölper, das schon seit 1934 zur Stadt Braunschweig gehört. Erstmals 1251 urkundlich erwähnt, lag es seit 1393 westlich der Oker, die mit der Landwehr bis 1671 eine vorgelagerte Verteidigungslinie der Stadt Braunschweig bildete. In diesem Zusammenhang entstand auch das noch älteste erhaltene Gebäude Ölpers – der Altbau des Ölper Turms von 1642. Neben dem militärischen Zweck diente der Turm in Friedenszeiten als Ausspann- und Zollstation. Von der Pracht der Ölper Mühle mit ihren elf Mahlgängen zeugt heute nur noch das einzigartige Holzwehr. Mittelpunkt des Ortes mit seinen alten Gebäuden ist die Kirche von 1842. Die dazugehörige Pfarrscheune ist kultureller Veranstaltungsort, Treffpunkt und mit der Heimatstube auch Dorfmuseum. Der Obelisk am Ortseingang erinnert an die Schlacht von Ölper von 1809.

Lehndorf

Der Stadtteil besteht aus den Teilen Alt-Lehndorf, das alte Dorf, dessen erste urkundliche Erwähnung bereits aus dem Jahr 1067 stammt, und Lehndorf-Siedlung, dessen Bau im März 1934 als »Gemeinschaftssiedlung Lehndorf« begonnen wurde, weil man dringend Wohnungen benötigte. 1936 entstanden 2600 Wohneinheiten. Die oft sozial schwächeren Käufer der Eigenheim-Parzellen hatten dabei die Möglichkeit die Baukosten durch Selbsthilfe niedrig zu halten. Entlang der Hauptstraße, der Saarstraße, entstanden zweistöckige Mietshäuser mit jeweils sechs Wohnungen. In den dahinter liegenden Straßen wurden Ein- und Zweifamilienhäuser mit Gartenflächen und Stallungen zur Selbstversorgung errichtet. Am Rand der Siedlung entstanden großzügigere Einfamilienhäuser für Akademiker. Die Straßen wurden nach der Wiedereingliederung des Saargebietes 1935 nach Orten des Saargebietes benannt.

Das »Aufbauhaus« am Saarplatz bildet bis heute den dominanten Mittelpunkt der Siedlung. Es enthielt eine Volksschule und sämtliche für die Siedlung notwendigen Behörden; heute sind dort die Grundschule Lehndorf, ein Kindergarten, der Jugendtreff »Turm« und eine Dienststelle der Polizei untergebracht. Die Kirche wurde in eine Seitenstraße abgedrängt und durfte keinen Turm tragen.

Markanter Punkt in Alt-Lehndorf ist die Kreuzkirche, die in Teilen aus dem 12. Jahrhundert stammt. Sie wurde im 19. Jahrhundert um einen sehenswerten Bau erweitert, der historisierende Elemente und Jugendstilelemente aufweist. Den dörflichen Charakter hat sich Alt-Lehndorf durch seine Pferdehöfe erhalten. Hervorzuheben ist dabei das Sportzentrum Löwen Classics mit dem Landesstützpunkt Springen.

Obelisk zur Erinnerung an das Gefecht bei Ölper 1809 (Foto: Wikipedia / Heinz Kudalla)

Kanzlerfeld

Es liegt zwischen der ehemaligen FAL und der PTB und Lehndorf auf der anderen Seite. Mit Einrichtung von PTB und FAL entstand ein besonderer Wohnraumbedarf. Deshalb wurde das Kanzlerfeld Anfang der 1960er Jahre als Baugebiet erschlossen. Ab 1963 / 1964 entstanden dort Einfamilienhäuser, Einfamilienhausgruppen und Mehrfamilienhäuser die von Lehndorf durch einen Grüngürtel getrennt sind. Die Nähe zur den Forschungseinrichtungen drückt sich dadurch aus, dass viele Straßen nach Naturwissenschaftlern benannt wurden.

Bundesforschungsanstalt für Landwirtschaft (FAL) (Foto: Braunschweig Stadtmarketing GmbH / okerland-archiv)

Bundesforschungsanstalt für Landwirtschaft (FAL), Sonnenblumen (Foto: Braunschweig Stadtmarketing GmbH / okerland-archiv)

Lamme

Aufgrund der ersten urkundlichen Erwähnung um 800 ist Lamme die Älteste der Ortschaften. Das Dorf unterstand 1519 bis 1553 und 1569 bis 1671 bereits dem Rat der Stadt Braunschweig. 1823 wurde die Kirche St. Marien errichtet. Nach 1945 begann der Einfamilienhausbau vor allem im Bereich westlich und südlich von Altlamme. In den 1960er Jahren entstand der nördliche Ortsteil »Tiergarten«. Eine erhebliche Vergrößerung erfolgte durch Neubaugebiete südlich des alten Dorfes ab 2003. Dies führt in der Folge zum Bau einer Grundschule, von Kindergärten, einer Feuerwache, einer neuen Sportanlage sowie einer Sporthalle. Bis 2020 wird der Ausbau der Neuen Mitte Lamme erwartet, die mit Wohnungen und Geschäften um einen zentralen Platz Ortsmittelpunkt werden soll.

Von Bezirksbürgermeister Frank Graffstedt

Das Thünen-Institut

Verantwortung für Felder, Wälder, Meere

Wenn in den Nachrichten von internationalen Verhandlungen zum Klimaschutz berichtet wird, von EU-Agrarsubventionen oder auch von neu festgelegten Fangquoten für Hering und Dorsch, dann stammen die wissenschaftlichen Grundlagen hierzu oft von einem Braunschweiger Institut, dem Thünen-Institut.

Das Bundesforschungsinstitut am westlichen Stadtrand von Braunschweig entwickelt Konzepte für eine nachhaltige Nutzung unserer natürlichen Lebensgrundlagen (Landwirtschaft, Forstwirtschaft, Fischerei) und untersucht, wie sich die ländlichen Regionen Deutschlands entwickeln und wie die Politik diese Entwicklung beeinflussen kann. Im Mittelpunkt stehen politisch hochrelevante Fragen, etwa: Wie können wir zu einer gesellschaftlich akzeptierten Nutztierhaltung kommen? Steigen durch die verstärkte Nutzung von Bioenergie die Lebensmittelpreise? Was brauchen ländliche Regionen, um in Zeiten des demografischen Wandels attraktiv für die Bevölkerung zu bleiben?

Forschung und Politikberatung

Felder, Wälder und Meere sind die Lebensgrundlage der Menschen, sie liefern Nahrungsmittel und Rohstoffe. Diese natürlichen Ressourcen nachhaltig zu nutzen, ist von elementarer Bedeutung. »Hier ist die Politik gefragt, denn eine nachhaltige Nutzung stellt sich in einer globalisierten Marktwirtschaft nicht von selbst ein«, sagt Thünen-Präsident Prof. Folkhard Isermeyer und ergänzt: »Unsere Aufgabe ist es, auf diesem Gebiet wissenschaftliche Erkenntnisse zu erarbeiten und so aufzubereiten, dass sie als Grundlagen für politisches Handeln herangezogen werden können.« Um dies zu erfüllen, ist das Thünen-Institut interdisziplinär ausgerichtet; es verfügt über ökonomische, ökologische und technologische Expertise. Denn nur in dieser Zusammenschau ist es möglich, komplexe Fragestellungen umfassend zu beantworten. Ein konkretes Beispiel, das gleichzeitig auch die Kooperation zwischen dem Thünen-Institut und anderen Braunschweiger Forschungseinrichtungen illustriert, ist das Projekt »Autonome Landmaschinen«: Die fortschreitende Automatisierung lässt erwarten, dass künftig auch die Feldarbeit von führerlosen (autonomen) Maschinen erledigt werden kann. Besonders

Der Eingangsbereich des Thünen-Instituts in der Bundesallee – markantes Wahrzeichen im Westen Braunschweigs (Foto: Michael Wellin)

Global vernetzt – Das Thünen- Institut kooperiert mit Wissenschaftlern in rund 80 Ländern. (Foto: Katja Seifert)

Präsident Prof. Folkhard Isermeyer neben der Büste des Namenspatrons Johann Heinrich von Thünen (Foto: Michael Wellin)

Nachhaltigkeitsforschung im Labor (Foto: Michael Wellin)

interessant ist dabei der parallele Einsatz vieler kleiner Maschinen, denn die bisherige Tendenz zu immer größeren und schwereren Fahrzeugen wie Mähdreschern oder Rüben-Vollerntern birgt die Gefahr von schädlichen Bodenverdichtungen und befördert indirekt die Schaffung von größeren Ackerschlägen. Für diese Zukunftsvision sind aber nicht nur technische Herausforderungen zu meistern. Entscheidende Fragen betreffen auch die Wirtschaftlichkeit für Agrarbetriebe, denn dort würden solche Systeme schließlich eingesetzt. Nicht zuletzt kann sich diese Bewirtschaftungsform auch auf die Artenvielfalt der Äcker auswirken – eine wichtige ökologische Konsequenz. Antworten auf Einzelaspekte werden der komplexen Thematik also nicht gerecht.

Vernetzung auf unterschiedlichen Ebenen

Das Thünen-Institut, das zum Ressort des Bundeslandwirtschaftsministeriums gehört, besteht aus 14 Fachinstituten. Sie sind durch zahlreiche übergreifende Projekte quervernetzt und kooperieren mit Forschungseinrichtungen in rund 80 Ländern weltweit. Sechs der Fachinstitute befinden sich in Braunschweig: drei agrarökonomische Institute, zwei ökologisch ausgerichtete, die sich mit der biologischen Vielfalt und mit dem Zusammenhang zwischen Klima und landwirtschaftlicher Nutzung befassen sowie ein agrartechnologisches Institut. Die anderen acht Institute, in denen es um Ökolandbau, um Fischerei und um Waldbewirtschaftung geht, verteilen sich über den nord- und nordostdeutschen Raum.

Moderner Agrarforschungs-Campus

Das großräumige Braunschweiger Gelände, dessen Geschichte als Forschungsstandort bis in die 1930er Jahre zurückreicht (einzelnen Gebäuden sieht man es noch an) hat sich zu einem modernen Agrarforschungs-Campus entwickelt. Neben dem Thünen-Institut befinden sich hier der Hauptsitz des Bundesamts für Verbraucherschutz und Lebensmittelsicherheit (BVL), Außeninstitute des Julius Kühn-Instituts (Bundesforschungsinstitut für Kulturpflanzen, JKI) und des Friedrich-Loeffler-Instituts (Bundesforschungsinstitut für Tiergesundheit, FLI) sowie die Agrarmeteorologische Forschung des Deutschen Wetterdienstes (DWD).

Namensgeber für das Institut ist übrigens Johann Heinrich von Thünen (1783 bis 1850), ein Ökonom von Weltrang, der die Regionalökonomie begründete (Thünensche Ringe). Als Wissenschaftler und Musterlandwirt bewegte er sich an der Schnittstelle von Forschung, Praxis und Politik; auch insoweit ist er Vorbild für das heutige Thünen-Institut.

Über die Themenfelder und Forschungsergebnisse des Thünen-Instituts informiert die optisch attraktive Webseite: www.thuenen.de

Von Dr. Michael Welling

Der technische Fortschritt (Foto Michael Wellin)

Mitarbeiter des Thünen-Instituts führen bei Sonnenaufgang Treibhausgas- Messungen auf einer landwirtschaftlich genutzten Moorfläche durch. (Foto: Bärbel Tiemeyer)

Über alle Maßen genau

Die Physikalisch-Technische Bundesanstalt (PTB)

Länge – Der Meter heute – ganz in Licht

»In Braunschweig wird die Zeit gemacht«, sagen ganz lokalpatriotisch die Braunschweigerinnen und Braunschweiger. Und Recht haben sie, denn in einem Labor auf dem Gelände der Physikalisch-Technischen Bundesanstalt (PTB) zwischen Kanzlerfeld und Völkenrode produzieren Atomuhren Sekundenticks, die weltweit ihresgleichen suchen. Oder kennen Sie Uhren, die nur wenige milliardstel Sekunden pro Jahr falsch gehen? Sehen Sie!

Die Wissenschaftlerinnen und Wissenschaftler der PTB nehmen es allerdings nicht nur mit der Zeit ganz genau. Mit gleichem Recht ließe sich sagen: »In Braunschweig wird der Meter gemacht.« Und übrigens auch das Kilogramm. Und all die anderen Einheiten, mit denen wir als homo technicus nach allen Regeln technologischer Kunst die Welt vermessen. Die PTB ist eben die nationale Größe für richtiges und präzises Messen: Sie ist verantwortlich für die Darstellung und die Weitergabe der physikalischen Einheiten, sie ist metrologisches Forschungsinstitut und Dienstleister für Wissenschaft, Wirtschaft und Gesellschaft und sie ist – weit über die nationalen Grenzen hinaus – eine der ersten Adressen der Metrologie überhaupt.

Stadt der Physiker – PTB in Braunschweig (alle Fotos: Archiv PTB)

Die Metrologie, die wissenschaftliche Basis des Messens und aller daraus folgenden Anwendungen, ist essenziell für unsere moderne Welt. Kein wissenschaftliches Experiment, kein industrieller Prozess und kein Waren- und Güterverkehr kommt ohne Quantifizierung aus. Messtechnik und ihr wissenschaftliches Rückgrat, die Metrologie, sind heute nahezu zu einer Selbstverständlichkeit geworden. Dabei denken wir meistens nicht darüber nach, was alles an messtechnischem Know-how nötig ist, damit unser Hightech-Alltag auch funktioniert. Wann haben Sie sich zuletzt darüber gewundert, dass Ihr Navigationssystem auf wenige Meter genau weiß, wo Sie sind? Wann haben Sie sich gefragt, wie klein die Strukturen auf den elektronischen Chips noch werden können? Und wann haben Sie gestaunt darüber, was sich alles aus Ihrem Körper herauslesen lässt, wenn man Sie »in die Röhre« eines Tomographen schiebt? Hinter all dem steckt angewandte Wissenschaft, steckt auch angewandte Metrologie.

In Deutschland ist es die PTB, auf die alle Messungen in einer Kette von Abstufungen zurückgehen. Die PTB nimmt in der metrologischen Hierarchie die Spitzenposition ein. Dies allein würde sie zu einer »metrologischen Gelehrtenrepublik« machen – zu einer reinen Hüterin der Einheiten. Doch der Auftrag an die PTB ist es nicht nur, höchste messtechnische Präzision selbst zu können, sondern diese auch anderen zu ermöglichen. Im metrologischen Jargon gesprochen, »gibt die PTB die Einheiten weiter«; einem Messgerät, das von der PTB kalibriert wurde, kann man bis auf die jeweils angegebene Genauigkeit vertrauen. Erst dadurch werden Messwerte tatsächlich aussagekräftig. So werden Brücken geschlagen von dieser Insel höchster Genauigkeit in die Welten der Industrie mit ihren vielfältigen messtechnischen Anforderungen. Aus mehreren tausend Kalibrierungen, die die PTB pro Jahr durchführt, werden so jährlich mehrere Millionen Kalibrierungen in der deutschen Industrie, was in erheblichem Maße zur wirtschaftlichen Wertschöpfung in Deutschland beiträgt.

All das wird erst möglich durch eine weitere PTB-typische Facette: die Forschung an den Grundlagen allen Messens. Wir glauben alle zu wissen, wie lang eine Sekunde, wie schwer ein Kilogramm, wie geladen ein Ampere oder wie stark ein Newton ist. Aber genau genommen ist dieser Glaube ein Irrglaube. Denn die Definitionen der grundlegenden physikalischen Einheiten sind stellenweise wackelig. So verlassen wir uns alle noch auf ein Stück Metall in einem Pariser Tresor, wenn es um das Kilogramm geht. Aber dieses Klötzchen Metall, das Ur-Kilogramm, eine Legierung aus Platin und Iridium, scheint in den letzten Jahrzehnten an leichtem Gewichtsschwund zu leiden. Vergleiche mit den weltweit verteilten, nationalen Kilogrammkopien deuten darauf hin. (Nebenbei bemerkt: In der PTB bewahren wir gleich mehrere Prototypen des Kilogramms auf. Neben dem Kilogrammstück der alten Bundesrepublik Deutschland auch das der ehemaligen DDR; und auch das des ehemaligen Königreichs Bayern!)

Diese Situation einer wackligen Massedefinition ist natürlich – nicht nur für Metrologen – unhaltbar. Und so haben sich die Forscher darangemacht, das Kilogramm auf ordentliche Füße zu stellen – etwa auf die kleine, aber konstante Masse eines Atoms. Ausgesucht wurde das Element Silizium. Die wesentliche Aufgabe dabei

Licht – Lieblingsfarbe der Optiker ist Schwarz

Masse – Wie viele Atome machen ein Kilogramm?

Temperatur – Knapp vor absolut Null wird's spannend

Zeit – Sekunden aus Atomuhren, 16 Stellen hinter dem Komma genau

Stromstärke – tief in der Quantenwelt

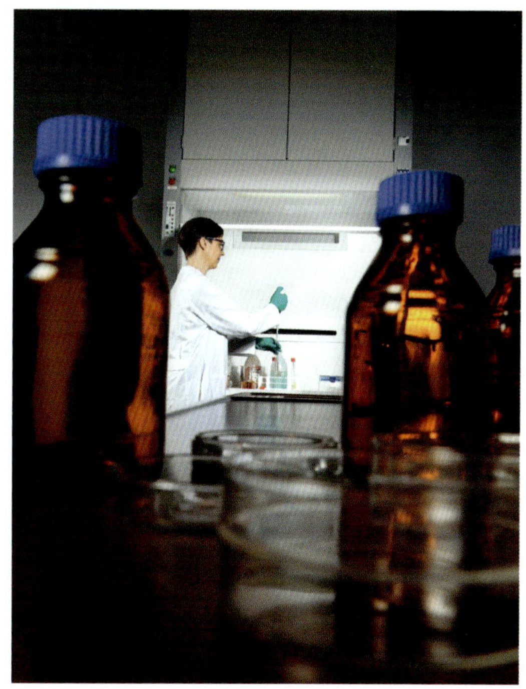

Stoffmenge – Messkunst in der Chemie

lautet: »Zähl mal nach, wie viele Atome in einem Kilogramm Silizium stecken!« Da diese Zahl an Atomen größer ist als die Zahl der Sterne im Universum, war diese Aufgabe nicht ganz leicht zu meistern. Aber sie wurde gemeistert – in einer großen internationalen Kooperation. Der Anteil der PTB an dieser Arbeit war und ist ein äußerst gewichtiger. Die PTB-Messungen werden die neue Definition des Kilogramms maßgeblich bestimmen. Voraussichtlich wird dies im Jahr 2018 auf einer geplanten Weltkonferenz der Fall sein, mit der Folge, dass das Ur-Kilogramm in Paris seine zentrale Rolle verlieren wird und das neue Kilogramm seinen Erstwohnsitz in Braunschweig einnimmt.

In Braunschweig wird halt nicht nur die Zeit gemacht, sondern auch die Masse, und auch … Aber das hatten wir ja schon – siehe am Anfang. Messungen sind eben das A und O in der PTB – für die Wissenschaft, die Wirtschaft und die Gesellschaft. Wer etwas genau wissen will, wirklich genau, der ist in den Laboren der PTB genau richtig.

Von Dr. Dr. Jens Simon

Yachthafen Heidanger

Liegeplatz für Freizeitkapitäne in maritimer Idylle

»Der große Heidanger« ist eine Flurbezeichnung in der Gemarkung des Ortes Wedtlenstedt, am Zweigkanal Salzgitter, und war bis 1980 Namensgeber für eine Kiesabbaufläche. Da nach Ausbeutung solcher Flächen gesetzlich ein Rekultivierungsplan erstellt werden muss, entstand der Gedanke und der Plan des Betreibers, der Familie Milius, das Gelände als Sportboothafen zu nutzen. Schnell wurden 1980 erste Bauanträge gestellt und die Genehmigung 1983 erteilt. Schon im April 1983 konnte das erste Boot den Hafen auf dem Wasserweg verlassen.

In über 30 Jahren hat sich nunmehr ein attraktiver Yachthafen direkt am Mittellandkanal entwickelt, in dem mehr als 80 Boote ihre Anlegestellen finden.

Die Durchfahrt ist 5 Meter hoch, 7 Meter breit und hat eine Wassertiefe von 2 Metern. So hat der Besucher des Yachthafens vom kleinen Motorboot bis zur seetüchtigen Yacht eine bunte Palette maritimen Anblicks.

Das Areal umfasst knapp 4 Hektar und bietet eine herrliche Idylle mit Wasserfläche, Grünanlagen sowie über 6000 angepflanzten Bäumen und Sträuchern. Mit dem Restaurant am Heidanger bietet der Yachthafen den idealen Treffpunkt für einen maritimen Ausflug oder für einige Stunden mit Urlaubsfeeling.

Seit über 30 Jahren nennen Stammgäste den Hafen ihr zweites Zuhause. Sechs Monate im Jahr verbringen sie hier an Bord und im gepflegten, wunderschönen Ambiente.

Die ideale Lage, das herrliche Flair und die Nähe zu Braunschweig geben dabei den Ausschlag.

Wer hier Stammgast ist, kann sich sicher sein von vielen beneidet zu werden, denn wer kann schon eine Zweitwohnung in so einer herrlichen Idylle vorweisen – und dann noch mobil.

Die Bootseigner machen dabei auch noch nette Bekanntschaften, weil viele Urlaubsreisende per Boot den Yachthafen am Heidanger als Zwischenstation nutzen. Des Öfteren sind dabei auch Übernachtungen eingeplant. Sie enden nach mehreren Tagen mit Bedauern, weil man die maritime Idylle verlassen muss.

Mediterranes Flair auf der Palmenterasse (alle Fotos: Yachthafen)

Feiern drin und draußen: im Sommerzelt oder auf der Terasse

Blick auf den Hafen von der Wasserterasse

Früher dominierte der Spargelanbau

Das Schunterdorf Rühme

Erste Siedlungshinweise auf der Rühmer Gemarkung sind Silexwerkzeuge des Neolithikums sowie Urnen der Bronze- und Eisenzeit auf den Dünen am Schunterhochufer. Im Steterburger Kopialbuch wird am 24. Januar 1007 Rühme als Riudun erstmalig erwähnt. Die Herkunft des Namens lässt sich als »aus dem Schilf kommend« interpretieren. 1031 wird Riudun der Kirche St. Magni zugeordnet und gehörte ihr bis 1948 an. 1936 wird eine neue Kapelle erbaut und 1937 eingeweiht.

Im 15. Jahrhundert wird die Befestigung der Stadt Braunschweig erweitert und Rühme mit einbezogen. Es wird Pfahldorf. Die Einwohner innerhalb des Befestigungsringes der Stadt, der Landwehr, genießen Bürger- und Stadtrechte und unterliegen dem Pfahlgericht. An der Westseite des Dorfes entstanden der Wendenturm, eine Zollstation sowie eine Schmiede, die dem Hagen zugeordnet waren. Das Gasthaus ist in das 18. Jahrhundert zu datieren und wurde im 19./20. Jahrhundert mehrmals umgebaut. Das Fachwerkgebäude ist seit 1777 im Privatbesitz. Mit dem Ausbau der Gifhorner Straße in den 60er Jahren wurden die Wirtschaftsgebäude abgerissen.

Ein Brand in Rühme 1852 vernichtete sechs Hofstellen vollständig. Im gleichen Jahr wurden diese an der Osterbergstraße wieder aufgebaut. Rühme war ein kleines Dorf mit landwirtschaftlicher Struktur. Mit der Industrialisierung wurden eine Zichorien- und eine Konservenfabrik gegründet. Anfang des 20. Jahrhunderts waren circa 60 Prozent der Rühmer Gemarkung mit Spargel bebaut und mit 300 Einwohnern besiedelt. Der Bau der Reichsautobahn und des Hafens in Veltenhof veränderte die Struktur des Dorfes.

Der Industrieverkehr durchschnitt Rühme, Gewerbebetriebe siedelten sich an und das Dorf hatte über 1000 Einwohner. Im Jahr 1934 erfolgte die Zwangseingemeindung in die Stadt Braunschweig.

1936 entstanden in der südlichen Rühmer Gemarkung das VW-Werk und die Vorwerk-Siedlung. 1939 begann der Bau einer Eigenheimsiedlung am Heesterkamp. Nach dem Zweiten Weltkrieg fanden Braunschweiger und Vertriebene in Rühme eine Heimat, die Ortslage erwei-

Rühme, Schunteraue (Quelle: Volker Abrolat)

Landwehr an der Okerschleife zu Veltenhof (Quelle: Volker Abrolat)

Stele mit Kolonistengehöft (Foto: Bernd Maul)

terte sich nach Norden (Bau der Lincoln-Siedlung 1952).
Die neuzeitliche Entwicklung ließ das einstige Spargeldorf verschwinden. Rühme ist ein Stadtteil mit guter Verkehrsanbindung, einem Einkaufszentrum, Kirchen, Schule, Kindergarten, Apotheke, einer aktiven Feuerwehr.
Die Schunterauen sind ein Landschaftsschutzgebiet geworden. Zeitzeugen der Vergangenheit, die Reste der Landwehr, der Wendenturm, wenige Wohnhäuser, die Friedenseiche und das Kriegerdenkmal dokumentieren das einstige Rühme.

Von Volker Abrolat, Heimatpfleger Rühme

Veltenhof-Rühme: Erfolgreicher Industriestandort mit Geschichte

Veltenhof, seit 1. April 1931 Ortsteil Braunschweigs, liegt an einem gemütlichen Okerbogen im Norden der Stadt. Die Gemeinschaft der 2927 Einwohner ist unterschiedlichen Ursprungs. Dem Ort der Ersterwähnung vor 1000 Jahren folgte von circa 1300 für 450 Jahre ein Verwaltergehöft mit diverser Schreibweise. Eine Stele erinnert daran. Ein Gedenkstein weist auf die 1750 von Herzog Carl I. angesiedelten Pfälzer hin. Trotz der Kontakte zu Braunschweig über Märkte und durch die reformierte Kirche, hat deren pfälzische Mundart bei den älteren Nachkommen als »Veltehäversch« bis heute überdauert. Der herzoglich gewünschte Ertrag von Wein- und Tabakanbau fiel der Witterung und den Bodenverhältnissen zum Opfer.
Wirtschaftliche Veränderung brachte die aufkommende Konservenindustrie um 1850, die insbesondere für den Spargel entwickelt wurde. Sofort begann in Veltenhof im großen Stil der Anbau des Edelgemüses. Zwei Fabriken entstanden vor Ort. 1934 beschleunigte der Bau des Braunschweiger Hafens den Wandel. Neben der Einquartierung von Flüchtlingen wurde nach dem Krieg für diese eine kleine Randsiedlung errichtet.
Der Pfälzer Dialekt war bei der Jugend bereits erloschen, als in den 1960er Jahren am Wendener Weg ein Siedlungsbereich für sozial schwache Familien und im Osten eine Siedlung mit Einfamilienhäusern entstanden. Letztere reicht bis an die ehemalige Landwehr von circa 1400. Ende der 1970er Jahre wurde um die Mannheimstraße für circa 2000 Menschen eine Wohnsiedlung vollendet. Industrie und Gewerbe füllte bald die Fläche bis zum Hafen und reicht heute bis zur Autobahnauffahrt Hafen. Landwirtschaft ist fast nicht mehr möglich. Ein kleines Spargelfeld an der Hafenbahn vor der Landwehr wird noch privat bewirtschaftet. In den 60er Jahren erhielt man in fast jedem Haus Spargel, er war unter Kennern sehr beliebt. Im mageren nacheiszeitlichen Sandboden wuchs er bestens.
Diese ungewöhnliche Ortsgeschichte wird in der Heimatstube vermittelt. Die Interessengemeinschaft Veltenhof e.V. koordiniert die Gemeinschaftsinteressen. Diverse, auch international erfolgreiche, sportliche Vereine bieten den Bürgern Freizeitausgleich an. Zudem runden Feuerwehr, Seniorenkreis, Amphibienschutzgruppe oder kirchliche Arbeitskreise das Angebot ab. Es stehen Sportanlagen für Fußball, Turnen, Tennis, Kegeln, Sportschützen sowie ein Festplatz und Gemeinschaftsräume zur Verfügung. Als einzigartige Kirche dient seit 1930 eine Holländerwindmühle. Gesundheitliche Betreuung ist ebenso gegeben wie Einkaufsmöglichkeiten. Für das leibliche Wohl sorgen fünf Gastbetriebe, zudem bieten zwei Hotels Übernachtungsmöglichkeiten. Kindergarten, Grundschule und Kinderbetreuung runden die Versorgung ab.

Von Bernd Maul, Heimatpfleger Veltenhof

Schulgebäude von 1887 (Foto: Bernd Maul)

Gebäude der Heimatstube (Foto: Bernd Maul)

Die R. Sindermann Präzision GmbH ist seit 55 Jahren auf Erfolgskurs

Die metallverarbeitende Firma expandiert seit Jahren

Das Braunschweiger Unternehmen hat sich neben der CNC Dreh- und Frästechnik auf Präzisions-Wellengelenke spezialisiert, die mit höchster Sorgfalt produziert werden und zum Beispiel in der Automations- und Robotertechnik eingesetzt werden. Bereits Anfang der 1960er Jahre gründete Robert Sindermann das Familienunternehmen in Braunschweig-Wenden. Über die Station in Broitzem wurde die Firma nach einem Umzug im Jahr 2001 im Industriegebiet Hansestraße ansässig.
Die Entwicklung der Firma in den letzten Jahren übertrifft alle Erwartungen und es werden permanent erhebliche Wachstumszahlen verbucht. Überraschend daran: Es handelt sich um eine Firma in einer reinen Männerdomäne, die von einer Frau geführt wird. Doch die heutige Alleingesellschafterin des Metallverarbeitungsbetriebes ist praktisch zwischen den Dreh-, Fräs- und Schleifmaschinen aufgewachsen. Statt mit Puppen zu spielen, war Martina Sindermann glücklich, wenn sie ihrem Vater ihre ölverschmierten Hände zeigen konnte.

Geschäftsführer Frank Jeske und Inhaberin Martina Sindermann (alle Fotos: Verena Meier, Braunschweig)

Ständige Qualitätsüberwachung an der 3-D-Messmaschine

Blick von oben in die Produktionshalle

Nur logisch, dass sie nach der Schule eine Feinmechaniker-Lehre absolvierte. Über berufliche Umwege in der Technischen Hochschule Braunschweig und einer weiteren Ausbildung zur Bürokauffrau war für Martina Sindermann 1991 der Einstieg in die Firma ihrer Eltern der selbstverständliche Schritt.
Die von ihren Eltern mit viel Fleiß, Engagement und dem notwendigen Know-how begonnene Erfolgsgeschichte fand damit eine Fortsetzung, die alle Prognosen weit übertroffen hat.
Nach dem Tod ihrer Eltern und einer vorübergehenden Geschäftsführung des Onkels Klaus Töpke übernahm Martina Sindermann gemeinsam mit ihrer Schwester Brigitte die Firmenleitung. Schnell kristallisierte sich aber heraus, dass für die betrieblichen Belange des stets expandierenden Unternehmens ein versierter Betriebsleiter benötigt wurde. Die Anstellung von Frank Jeske als Ansprechpartner für den gesamten technischen Bereich und die Personalführung war deshalb ein wichtiger Schritt auf der Erfolgsleiter der Firma.
Noch im Jahre 2001 beschäftigte die R. Sindermann GmbH 13 Mitarbeiter, heute sind es konstant um die 50. In ganz Deutschland hat sich das Unternehmen einen hervorragenden Ruf erworben, nicht nur im Bereich der Herstellung von Präzisions-Wellengelenken, sondern auch in der Fertigung von Einzel- und Serienteilen aus Metall, Nichteisen und Kunststoff für den allgemeinen Maschinenbau. Es sind Teile, die zum Bei-

spiel in der Bahntechnik und in der chemischen Industrie eingesetzt werden.
Die positive Entwicklung erfordert stetig die Anpassung an diese Veränderungen und an den Markt. So wurde das Bürogebäude 2008 komplett um eine Etage aufgestockt. Neue hochmoderne Maschinen werden in regelmäßigen Abständen angeschafft, um stets auf höchstem Niveau arbeiten zu können. Um dieses Niveau auch zu halten, nehmen die Mitarbeiter immer wieder an Fort- und Weiterbildungen teil. Soziale Bereiche des Gebäudekomplexes wurden vergrößert und sanitäre Anlagen modernisiert. Das wiederum hat zur Folge, dass neue Mitarbeiter eingestellt werden können. Die Ausbildungs-Abteilung wurde erweitert und Sindermann stellt jährlich zwei neue Auszubildende ein, so dass kontinuierlich acht Auszubildende im Unternehmen beschäftigt sind. Auch das Qualitäts-Management wird ständig an die Anforderungen der Kundschaft angepasst und auf dem neuesten und modernsten Stand gehalten.
Besonders in diesen Möglichkeiten und Erweiterungen sieht Martina Sindermann einen großen Vorteil ihres mittelständischen Unternehmens. Gerade auch in schwierigen Zeiten hat die Firma immer wieder in neue Maschinen und gute Mitarbeiter investiert, um an dem umkämpften Markt Bestand zu haben.
Ende 2009 wurde eine strukturelle Veränderung durchgeführt. Martina Sindermann übergab den Stab des Geschäftsführers an den langjährigen Betriebsleiter Frank Jeske, fungiert seither aber weiterhin voller Elan als Inhaberin des Unternehmens.
Ein weiterer Glücksfall für das Unternehmen ist die Mitgliedschaft bei der Kooperationsinitiative Maschinenbau e.V. (KIM). Mit dieser Vereinigung ist nicht nur der gemeinsame Einkauf von Rohstoffen und Energie möglich. Unter den KIM-Mitgliedern herrscht ein sehr großes Vertrauen, das sich auch darin zeigt, dass bereits 60 Prozent der beteiligten Unternehmen Kunden bei Sindermann sind.
Stolz kann Martina Sindermann darauf verweisen, für renommierte Firmen aus der Region, aber auch für internationale Unternehmen, als Lieferant ihrer Branche ausgewählt worden zu sein. Langzeitverträge garantieren mittlerweile eine perspektivische Zusammenarbeit.
Die Entwicklung steht nicht still. So sollen auch in Zukunft die bestehenden Geschäftsbeziehungen weiter ausgebaut und neue erschlossen werden. Ziel der Firma ist, jedes Jahr mindestens einen Neukunden mit einem Umsatzanteil von mindestens fünf Prozent zu gewinnen. Um eine gewichtige Rolle auf dem internationalen Markt spielen zu können, sind die Informationen der Internetseite auch in englischer Sprache verfasst.
Die Erfolgskurve wird weiter steigen, die Prognosen für das Unternehmen stehen gut. Umso erstaunlicher, dass sich in dieser Männerdomäne eine Frau als Inhaberin gemeinsam mit ihrem Geschäftsführer für den Expansionskurs verantwortlich zeigt.

R.SINDERMANN Präzision GmbH

Beitrag von:
R. Sindermann Präzision GmbH
Christian-Pommer-Straße 30
38112 Braunschweig
Tel. (05 31) 21 49 68-0 · Fax (05 31) 84 90 30
info@sindermann-praezision.de
www.sindermann-praezision.de

Auszubildende zum Zerspanungsmechaniker

Technische Fertigungsgespräche vor Ort

Montage einer Baugruppe

Bürogebäude mit Produktionshalle in Braunschweig-Veltenhof

Das Kunststoff-Wellengelenk

Seit dem Bestehen der Firma Anfang der 1960er Jahre, werden neben den kundenspezifischen Werkstücken auch Wellengelenke und Gelenkwellen nach DIN 808 aus verschiedenen Metallen und Nichteisenmetallen erfolgreich hergestellt.
Gerade in der Lebensmittelindustrie wurden die Ansprüche der Verordnungen an Hygiene und Beständigkeit, auch gegenüber der verwendeten Reinigungsmittel, in den letzten Jahren immer komplexer. So hatte man zwar mit dem rostfreien Edelstahl und auch dem vernickelten Stahl eine durchaus saubere Lösung, die jedoch vom Eigengewicht her zu schwer und auch von der Lebensdauer noch zu kurz war.
Der aus dem kunststoffverarbeitenden Gewerbe stammende Frank Jeske, in der Zwischenzeit Geschäftsführer der R. Sindermann Präzision GmbH, hat sich im Sommer 2008 dafür entschieden, eben ein solches Wellengelenk aus Kunststoff für die Lebensmittelindustrie zu entwickeln. Dieses Gelenk sollte den bereits genannten Ansprüchen bestens standhalten und auch durch weniger Eigengewicht längere Laufzeiten aufweisen können, um dadurch noch attraktiver für den einzelnen Kunden zu werden. In einem kleinen Team von Mitarbeitern der R. Sindermann Präzision GmbH, wurden nun die Materialien gesucht, die den vielfältigen Ansprüchen der Lebensmittelindustrie gerecht werden und aus denen die Wellengelenke hergestellt werden konnten.

So musste insbesondere darauf geachtet werden, dass diese Materialien folgende Kriterien erfüllten:

- Beständigkeit gegen Wasserstoffperoxyd (Reinigungsmittel in der Lebensmittelindustrie)
- Erfüllung der Zulassung in der Lebensmitteltechnik in Europa und auf dem amerikanischen Markt (Gesundheitlich unbedenklich)
- Geringes spezifisches Gewicht
- Geringer Verschleiß
- Geringes Verdreh-Spiel (Hohe Wiederholgenauigkeit)

Montage der Kunststoffwellen-Gelenkteile

Bundesrepublik Deutschland

Urkunde

über die Erteilung des
Patents Nr. 10 2009 012 041

Bezeichnung:
Wellengelenk

IPC:
F16D 3/26

Inhaber/Inhaberin:
Robert Sindermann Präzision GmbH, 38112 Braunschweig, DE

Erfinder/Erfinderin:
Jeske, Frank, 31832 Springe, DE

Tag der Anmeldung:
09.03.2009

Tag der Veröffentlichung der Patenterteilung:
02.06.2016

Die Präsidentin des Deutschen Patent- und Markenamts

Cornelia Rudloff-Schäffer

München, 02.06.2016

Den aktuellen Rechtsstand und Schutzumfang entnehmen Sie bitte dem DPMAregister unter www.dpma.de.

(Quelle: R. Sindermann Präzision GmbH; alle anderen Fotos: Verena Meier, Braunschweig)

Des Weiteren sollte das Wellengelenk auch aus möglichst wenigen Einzelteilen aufgebaut sein und nach einer langen Lebensdauer dem Recycling zugeführt werden können.
Die Prototypen wurden auf einem Leistungsprüfstand auf Herz und Nieren getestet. Die Leistungen verglich man mit handelsüblichen Wellengelenken aus Stahl mit Bronzegleitlagerung. FEM-Berechnungen (Finite-Elemente-Methode = Simulation zur Festigkeitsberechnung, Verformung, Materialersparnis, usw.) unterstützten alle Untersuchungen. Aus den Ergebnissen wurde eine technische Tabelle erstellt, die den Verschleiß bei den unterschiedlichen Anwendungen aufzeigt.
Im Anschluss an die Produktion in Kleinstmenge, präsentierte man das Wellengelenk einigen unter-

schiedlichen Maschinenentwicklern der Lebensmittelindustrie und weckte sofort ein großes Interesse im Anwendungsbereich der Automatisierung. Hier zeigte sich schnell, dass das neu entwickelte Wellengelenk auch sämtliche Anforderungen im Bereich der Robotertechnik erfüllen konnte.
Zu diesem Zeitpunkt hatte das Team der R. Sindermann Präzision GmbH bereits sehr viel Knowhow, viel Energie, viel Zeit und natürlich auch durch den gesamten Aufwand der Testphasen ebenfalls einiges an Geldmitteln investiert. Um diese Idee zu schützen und auch um sicher zu gehen, dass nicht diverse Mitanbieter von dem nun vorliegenden Ergebnis mitprofitieren können, sollte das Wellengelenk patentiert werden. Daher wurde im März 2009 dafür ein Antrag beim Deutschen Patent- und Markenamt in München gestellt.
Sobald der Schutz beantragt war, konnte die Vertriebsoffensive beginnen und das Wellengelenk wurde am Markt weiter vorgestellt. Im Zuge der Weiterentwicklung, der Forschung und nach verschiedenen weiteren Testläufen, konnten auch Verbesserungen zur weiteren Zufriedenheit der Kunden vorgenommen werden.
Das Verfahren der Antragsprüfung und die weiterführenden Prüfungen ergaben eine sehr lange Bearbeitungsdauer. Im Juni 2016 wurde die Urkunde über die Erteilung des Patents weitergeleitet und vom Erfinder Frank Jeske und dem Team der R. Sindermann Präzision GmbH stolz entgegen genommen.

Metallspäne in Szene gesetzt

Produktion der Kunststoffwellen-Gelenkteile

Werk an der Grotrian-Steinweg-Str. 2, Braunschweig (Foto: Grotrian-Steinweg)

Mitarbeiter vor dem Firmengebäude (Foto: Grotrian-Steinweg)

GROTRIAN-STEINWEG Pianofortefabrikanten

»JUNGS, BAUT GUTE KLAVIERE ...«

von oben nach unten: Hammer einleimen bei Klavieren; Flügelwände bearbeiten; Flügel Dämpfung aufsetzen (Fotos: Alfred Hanslik)

Instrumente haben stets etwas von der Landschaft, aus der sie kommen. Es ist Widerhall in ihnen von Land und Leuten. Sie werden nicht hergestellt wie eine beliebige Sache, sondern gebaut wie Häuser, denn sie sind Wohnstätten der Phantasie. Einer der Hersteller, die sich bis heute erfolgreich auf dem Markt behaupten konnten und ihrem Standort Braunschweig treu geblieben sind, ist Grotrian-Steinweg mit seiner inzwischen über 180-jährigen Tradition.

Wie klingt ein Grotrian-Steinweg?

Die Gegend um Braunschweig ist ein fruchtbares Land. Der waldreiche Harz ist nicht weit, und seit alters findet man in diesem Landstrich Erz. So klingt er. Das Erz ist darin und der natürliche Reichtum des Landes, die Beständigkeit der Menschen hier und ihre jahrhundertealte Erfahrung im Umgang mit dem lebendigen Holz.

Walter Gieseking, einer der bedeutendsten Pianisten des letzten Jahrhunderts, nannte den Grotrian den kultiviertesten Flügel überhaupt, wobei diesem Wort freilich ein spezifischer, eher vom geistigen her bestimmter Kulturbegriff zugrunde lag. Und so ist auch der Ausspruch Paul Hindemiths zu verstehen: »Einmal ein Grotrian-Verehrer, immer ein dito.«

Auf in den wilden Osten

Bereits der Beginn der Firmengeschichte ist eigentümlich genug. Moskau und New York markieren das Spannungsfeld der Anfänge. Das ewige deutsche Schicksal, auswandern zu müssen, ist ebenso hinein verwoben wie die Sehnsucht, zurückzukehren.

Im Jahre 1830 ging der damals 27-jährige Georg Friedrich Karl Grotrian, der in Schöningen bei Helmstedt geboren worden war, in den wilden Osten – nach Moskau. Moskau war damals, verglichen mit Petersburg, eine ziemliche Provinz. Aber es blühte allmählich auf, und eine Menge Einwanderer nutzten die Gunst der Stunde und des Zaren. Friedrich Grotrian eröffnete eine Musikalienhandlung, verkaufte auch Klaviere, die ja damals zum Kulturmöbel par excellence avancierten, und versuchte sich schließlich selbst im Klavierbau. Nach 25 Jahren kehrte er als wohlhabender

Wilhelm Grotrian, 2. Generation der Inhaberfamilie (Foto: Grotrian-Steinweg)

Dr. Kurt Grotrian-Steinweg, 3. Generation der Inhaberfamilie (Foto: Grotrian-Steinweg)

Dr. Willi Grotrian-Steinweg, 3. Generation der Inhaberfamilie (Foto: Grotrian-Steinweg)

Burkhard Stein, seit 2000 Geschäftsführer von Grotrian-Steinweg (Foto: Alfred Hanslik)

Geschäftsmann in die Heimat zurück. Friedrich Grotrian, ein Mann von Weltläufigkeit, Geschmack und weit reichender Bildung, bleibt auch nach seiner Rückkehr dem Freimaurertum treu, dem er sich angeschlossen hat. In der Wolfenbütteler Loge, der schon Lessing angehörte, trifft er auf einen genialischen Klavierbauer: Theodor Steinweg. Dieser betreibt in Wolfenbüttel eine kleine Manufaktur, die er von seinem Vater übernommen hat. Der Vater Heinrich Engelhardt Steinweg ist bereits 1850 nach New York gegangen, wo er inzwischen ein neues Unternehmen gegründet hat: Steinway & Sons. Auch dies ist ein Kapitel deutscher Emigration.

Grotrian trifft Steinweg

Die Wolfenbütteler Manufaktur bestand seit 1835. Zunächst war sie allerdings in Seesen im Harz beheimatet. Dann waren die Steinwegs übergesiedelt. Und nun benötigte der einzige in Deutschland verbliebene Sohn, Theodor, dringend Geld. So wurde Friedrich Grotrian Teilhaber. Die beiden neuen Partner erwarben als erstes ein Patrizierhaus in Braunschweig und verlegten das Unternehmen dorthin. Die Belegschaft stieg rasch auf 25 Meister und Gesellen. Doch schon 1860 starb Friedrich Grotrian. Sein Sohn Wilhelm, damals noch unmündig, konnte in die Firma erst eintreten, als auch Theodor Steinweg 1865 nach New York übersiedelte und seine Anteile an die Familie Grotrian verkaufte. Mehr als ein halbes Jahrhundert später – inzwischen hatte man mit den Steinways Streitigkeiten um den Firmennamen ausfechten müssen – nahm die Familie Grotrian den Namen Grotrian-Steinweg an. Familiäre Beziehungen zu Steinwegs haben jedoch nie bestanden.

Die Klangphilosophie

Wilhelm Grotrian nahm 1895 seine beiden Söhne Kurt und Willi als Teilhaber in die Firma auf. Diese gingen schnell eigene Wege in Bezug auf die klangliche Ausrichtung ihrer Instrumente und versuchten, die Tonschönheit und die singende Transparenz der Streichinstrumente auf die Verhältnisse des Klaviers und des Flügels zu übertragen. Das erwies sich, bis in die Gegenwart hinein, als überaus fruchtbringende Philosophie. Dabei befolgten Sie immer den Rat, den ihr Vater ihnen beim Eintritt in das Unternehmen mitgab: »Jungs, baut gute Klaviere, dann kommt alles andere von selbst. »Dies ist noch immer der Leitspruch, der das Handeln des Unternehmens prägt«, erklärt Burkhard Stein, der ausgebildeter Klavierbauer sowie Kaufmann ist und seit dem Jahre 2000 die Geschäfte des Unternehmens führt.

Grotrian-Steinweg heute

Heute liegt das Werk im Norden der Stadt Braunschweig, direkt an der A2 nach Berlin in der Grotrian-Steinweg-Straße. Auf insgesamt 10 000 Quadratkilometern fertigen die »Grotrianer« hier aus einer Modellpalette von 5 Flügel- und 7 Pianomodellen rund 500 Instrumente im Jahr, die in über 70 Länder dieser Welt exportiert werden. »Das sind zwar keine riesigen Stückzahlen, wir fertigen aber lieber Klasse statt Masse«, erklärt Burkhard Stein. Und diese Klasse überzeugt. So finden sich Instrumente aus der Braunschweiger Edelschmiede meist in Privathaushalten, aber auch in Universitäten, Musikhochschulen und Konzertsälen, wie im Lincoln-Center in New York, in der Royal Academy of Music London, im Mozarteum Salzburg oder im Central Conservatory of Music in Peking.

Beitrag von:
GROTRIAN-STEINWEG
PIANOFORTEFABRIKANTEN
Grotrian-Steinweg-Straße 2
38112 Braunschweig
Tel. (05 31) 21 10 10 0
Fax (0531) 21 10 10 40
www.grotrian.de
Contact@grotrian.de

Konzertflügel 277 cm Modell »Concert Royal« in schwarz poliert (Foto: Grotrian-Steinweg)

Der internationale GROTRIAN-STEINWEG Klavierspielwettbewerb

Preisträger des 61. internationalen Grotrian-Steinweg Klavierspielwettbewerb 2015 beim Abschlusskonzert im großen Haus des Staatstheaters Braunschweig (Foto: Grotrian-Steinweg)

Als 1954 die größten Kriegsschäden in Braunschweig beseitigt waren, fand im Kaufhaus Hertie ein Wettbewerb statt, bei dem Länge und Intensität des Beifalls über die Rangfolge und Preisvergabe entschieden. Es gab Schokolade, Kuchen und Kakao zu gewinnen, was wohl so lukrativ war, dass sich viele Hobbypianistinnen und -pianisten beteiligten. Auch die Kinder von Helmut Grotrian-Steinweg haben im jugendlichen Alter an diesem Wettbewerb teilgenommen. Der Chef des traditionsreichen Klavierherstellers fand das Bewertungskriterium »Beifall« jedoch etwas fragwürdig und so entschloss sich das Haus Grotrian-Steinweg einen Klavierspielwettbewerb unter künstlerischen und pädagogischen Aspekten zu konzipieren und hierbei auf sachverständige und kompetente Hilfe von Vertretern der Musikschulen, von Schulmusikern und Hochschullehrenden zurückzugreifen. Und weil Nachwuchsförderung den Mitarbeitern und der Familie Grotrian-Steinweg schon seit langer Zeit am Herzen lag, entstand kurze Zeit später der Grotrian-Steinweg Klavierspielwettbewerb für Kinder und Jugendliche.

Vorreiter von Jugend musiziert

Bereits 1960 hatte der Deutsche Musikrat – eine Sektion der Unesco – als Maßnahme zur Verbesserung der musikalischen Früherziehung vor der eigentlichen Musikausbildung regelmäßige Wettbewerbe angeregt. Diese Wettbewerbe sollten in den verschiedenen Instrumentengattungen regional und überregional durchgeführt werden – einerseits als Anregung zum eigenen Musizieren, andererseits als Förderung des musikalischen Nachwuchses und damit zum Erkennen musikalischer Frühbegabungen. Zunächst wurden die Wettbewerbe – seit 1963 unter der Schirmherrschaft des Bundespräsidenten – nur für Streicher und Bläser durchgeführt. 1968 fanden erste Vorgespräche zwischen Eberhard Schmidt, dem langjährigen Vorsitzenden des Hauptausschusses »Jugend musiziert« im Deutschen Musikrat und Ehrenpräsident des Landesmusikrates, und Reimar Dahlgrün von der Musikhochschule Hannover sowie dem Haus Grotrian-Steinweg statt, um »Jugend musiziert« auch für das Klavier zu öffnen. Es ging darum, die langjährigen Erfahrungen des Klavierwettbewerbs von Grotrian-Steinweg als Pilotprojekt in den jährlichen Wechsel der Instrumentengattungen im »Jugend musiziert«-Wettbewerb einzubeziehen. Inzwischen ist das Klavier wichtigstes Instrument im Wettbewerb »Jugend musiziert« geworden. Hier hat sich die Zusammenarbeit zwischen Landesmusikrat und Pianofortefabrikanten höchst erfolgreich bewährt. Während Grotrian-Steinweg alle drei Jahre für »Jugend musiziert« den Regional- und Landeswettbewerb in Braunschweig ausrichtet, wird dort in den beiden dazwischen liegenden Jahren der internationale Grotrian-Steinweg Klavierspielwettbewerb durchgeführt. Die Schlusskonzerte im großen Haus des Staatstheaters Braunschweig zählen stets zu den Hö-

Preisträger des 58. internationalen Grotrian-Steinweg Klavierspielwettbewerb 2012 beim Abschlusskonzert im großen Haus des Staatstheaters Braunschweig (Foto: Grotrian-Steinweg)

Preisträger des 59. internationalen Grotrian-Steinweg Klavierspielwettbewerb 2013 beim Abschlusskonzert im großen Haus des Staatstheaters Braunschweig (Foto: Grotrian-Steinweg)

hepunkten der Konzertmatineen in der alten Herzogsstadt.

Beteiligung namhafter Musikschaffender

In den mittlerweile über sechzig Jahren seines Bestehens haben maßgebliche Persönlichkeiten des musikalischen Lebens in Niedersachsen den Grotrian-Steinweg-Wettbewerb geprägt. Neben Eberhard Schmidt und Reimar Dahlgrün gehören Ernst-Lothar von Knorr, Karl Bergemann, Karl-Heinz Kämmerling, dann Hilde Kramm-Walter und Manfred Ehrhorn als Juroren und Pädagogen dazu. Zu den erfolgreichen Preisträgern zählen unter anderen Bernd Goetzke, seit 2001 selber Juryvorsitzender dieses Wettbewerbs, Konstanze Eickhorst, Wolfgang Manz, Julia Goldstein, Martin Dörrie, Inge-Susann Römhild und Hans Wilhelm Plate, um nur einige zu nennen. Sie alle geben heute auf Konzertreisen sowie in ihrem Beruf als Dozenten, Professoren, Komponisten und Hochschulrektoren ihre Erfahrungen weiter. Damit bewirken sie im ursprünglichen Sinn des Wettbewerbs eine zeitgerechte Ausdehnung des Musizierens. Auch in unserer Gegenwart bereichert eine junge Generation die Musikwelt: Andreas Bach, Ilka Schibilak, Ragna Schirmer, Steffi Danschacher, Lars Vogt, Konrad Maria Engel, Igor Levit oder Alice Sara Ott. Mittlerweile bringen sie auf internationalen Podien mit großen Orchestern und namhaften Dirigenten Werke aller Epochen einem anspruchsvollen Publikum dar.

Internationale Beteiligung

Dem heutigen Geschäftsführer des renommierten Instrumentenbauers Grotrian-Steinweg, Herrn Burkhard Stein, ist es gelungen, den Wettbewerb in den letzten 15 Jahren zu internationalisieren. Inzwischen kommen die Teilnehmer und Teilnehmerinnen des Wettbewerbs auch aus Asien, den USA und ganz Europa. Als Vorentscheidung für den Braunschweiger Wettbewerb wird in Asien seit 2008 der Grotrian Wettbewerb »Asien/Pazifik« in China durchgeführt. Die erstplatzierten in den jeweiligen Altersgruppen dürfen dann nach Braunschweig reisen, um sich hier mit anderen Teilnehmern aus der Welt zu messen. Und wenn mittlerweile Lehrer, Schüler und Enkelschüler sich in derselben Veranstaltung wieder finden, dann darf man mit Fug und Recht den Begriff »Tradition« in den Mund nehmen.

Aron Pilsan, 1. Preisträger beim Abschlusskonzert des internationalen Grotrian-Steinweg Klavierspielwettbewerb 2009 im großen Haus des Staatstheaters Braunschweig (Foto: Jens Anders)

Elisabeth Brauss, 1. Preisträger beim Abschlusskonzert des internationalen Grotrian-Steinweg Klavierspielwettbewerb 2009 im großen Haus des Staatstheaters Braunschweig (Foto: Jens Anders)

Levi Julius Sochor, 1. Preisträger beim Abschlusskonzert des internationalen Grotrian-Steinweg Klavierspielwettbewerb 2009 im großen Haus des Staatstheaters Braunschweig (Foto: Jens Anders)

Die Mühlenkirche

Die Hafenanwohner und auch die dort anlegenden Schiffer gehören zum Seelsorgebereich der Kirche im Braunschweiger Ortsteil Veltenhof. Diese ist am Hafen ökumenisch für alle christlichen Konfessionen zuständig.
Die Geschichte dieser Kirche ist nicht nur deshalb erwähnenswert. Sie birgt weitere Seltenheiten. 1930 wurde sie in einem ehemaligen Windmühlengebäude eingerichtet, das nach Holländerart 1876 auf einer der Sanddühnen Veltenhofs als zweite Windmühle erbaut wurde. Die evangelisch-reformierte Gemeinde von Braunschweig hat dieses bereits verfallende Objekt für ihre pfälzisch abstammenden Mitglieder in Veltenhof 1929 gekauft und umgebaut. Die Kirchengemeinde hatte bereits seit 1704 die Bartholomäuskirche in Braunschweig vom Herzog geschenkt bekommen. Ihre Zuständigkeit bezieht sich auf das ganze ehemalige Land Braunschweig. Das bedeutet, westlich begrenzt von der Weser, mit dem Ort Fürstenberg, bis zur östlichen Exklave Calförde in der Altmark, die heute am Mittellandkanal liegt. 1930 wurde Veltenhof zum Bau des Braunschweiger Hafens nach Braunschweig eingemeindet. Die Hafeneinweihung erfolgte 1934.
Als der Braunschweiger Herzog Carl I. die Pfälzer anwarb, waren ihm diese auch wegen ihres reformierten Glaubens gern gefolgt. Ihnen wurde unter anderem Glaubensfreiheit zugesichert. Die von Calvin und Zwingli geprägte Reformation entstand aus der Hugenottenbewegung in Frankreich parallel zu Luthers Aufbäumen gegen die katholische Kirche. Etliche deutsche Fürsten gehörten zeitweise diesem Glauben an. Der neue Kurfürst von der Pfalz tendierte allerdings gerade wieder zum katholischen Glauben. Pfälzer wanderten auch nach Dänemark, Russland und Amerika aus. Friedrich der Große, der Schwager von Carl I., warb Pfälzer zur Bewirtschaftung der durch den Dreißigjährigen Krieg noch immer brach liegenden Flächen an.

Kirche auf dem Rest der Sanddühne, die der Oker und der Sandgewinnung für Bauzwecke anheim fiel. (Foto: Sammlung Dr. Falkenroth)

Kirche – 1950 bis 1960 (Foto: Sammlung Dr. Falkenroth)

Mühlenkirche heute (Foto: Bernd Maul)

Die ersten 150 Jahre ihrer Veltenhöfer Zeit sind die Pfälzer Kolonisten zum Gottesdienst nach Braunschweig gegangen. Seit circa 1887 durften sie im neuen Schulgebäude ihren Glauben pflegen.
Die Stadt Braunschweig wuchs und so wurden auch in Veltenhof neue Wohnbereiche erschlossen. Somit war für weitere 2000 Menschen die seelsorgerische Betreuung erforderlich. Das ehemalige Mühlengebäude war zu klein geworden. Zwei aufwändige Anbauten in den Jahren 1972 und 1989 waren notwendig. Der Kirchenraum wurde vergrößert und Versammlungsräume für die erforderliche Kirchenarbeit geschaffen. Hierzu gehörten auch entsprechende sanitäre Anlagen und eine Heizung, die das Gebäude bis dahin nicht bot. Die kleine Sakristei ist abgerissen worden.
Das Innere der Kirche ist entsprechend des reformierten Brauches ganz schlicht gestaltet. Als Abendmahltisch dient ein aufgearbeiteter Mühlstein. Eine Kanzel sucht man vergebens. Nicht nur kirchlichen Gruppen stehen die Räumlichkeiten zur Verfügung.

Von Bernd Maul

Der Braunschweiger Hafen schwimmt auf der Erfolgswelle

Eine bewegte Geschichte im Wandel der politischen Entwicklung

Die ehemalige Hansestadt Braunschweig war schon vor Jahrhunderten bestrebt, ihre Verkehrslage durch die Schiffbarmachung von Oker und Aller bis zur Weser zu verbessern. Schon im Jahr 1000 und vermutlich auch schon früher bestand im späteren Zentrum der Stadt Braunschweig ein Stapel- und Umschlagplatz an der Oker. Im Jahre 1227 wurde die ungehinderte Schifffahrt zwischen Braunschweig und Bremen urkundlich erwähnt. Nach bemerkenswerten Anfangserfolgen musste sie jedoch allmählich wegen innerstaatlicher Schwierigkeiten und der zunehmenden Versandung der Flüsse 1764 wieder aufgegeben werden. Es liegt daher nahe, dass man gerade in Braunschweig um die letzte Jahrhundertwende dem damals umstrittenen Mittellandkanal als der künstlichen Querverbindung von Rhein, Weser und Elbe besonders großes Interesse entgegenbrachte. Der Bau des Mittellandkanals ermöglichte es der Stadt Braunschweig im Jahre 1934, wieder Hafenstadt zu werden. Und damit begann die Geschichte von Braunschweigs Hafen, die seit nunmehr über 80 Jahren an einer Erfolgsstory schreibt.

Im Norden der Stadt, am heutigen Schnittpunkt des Mittellandkanals mit der Autobahn Berlin-Dortmund, entstand von 1930 bis 1933 eine Hafenanlage mit einem Hafenbecken. Um den wachsenden Schiffsgrößen gerecht zu werden, wurden in den 1970er Jahren zwei Parallelhäfen mit größerem Umfang ausgebaut.

Hafen Braunschweig (Foto: Archiv Hafenbetriebsgesellschaft)

Kranumschlag (Foto: Jens Hohls)

Hafenbahn (Foto: Jens Hohls)

2001 wurde ein Parallelhafen auf seine heutige Länge vergrößert. Dazu wurde ein modernes Containerterminal mit 38 000 Quadratmetern befestigter Fläche gebaut.

Bis zur Grenzöffnung 1989 war Braunschweig ein Grenzhandelshafen. Hier wurden Güter von Ost- in Westtonnage und umgekehrt verladen. Außerdem wurden Schiffe in Transit nach Berlin auf die Elbequerung vorbereitet. Wegen der schwankenden Wasserstände der Elbe wurden die Tiefgänge der Binnenschiffe angepasst. Nach Grenzöffnung ist dem Hafen Braunschweig dieser wesentliche Teil an Arbeit weggefallen. Und das war der Zeitpunkt, um eine Umstrukturierung der Hafenbetriebsgesellschaft Braunschweig vom reinen Infrastrukturunternehmen zum Logistikdienstleister durchzuführen. Jens Hohls, der als Geschäftsführer der Hafenbetriebsgesellschaft GmbH seit Jahren die Geschicke des Hafens leitet, sagt noch heute voller Überzeugung: »Diese Entscheidung war damals lebenswichtig und genau die richtige«.

Ein Umdenken in der Mitarbeiterschaft und ein neues Anforderungsprofil wurden schnell zur Selbstverständlichkeit. Von der Beschaulichkeit eines ehemaligen »Hafenamtes« stellt die aktuelle Betriebsgesellschaft genau das Gegenteil dar. Heute werden hier, neben den Tätigkeiten als Infrastrukturgesellschaft, kundenorientierte Logistikkonzepte unter Einbeziehung der Hafenanlagen entwickelt.

Gern nennt Jens Hohls einige Zahlen: Als man 1999 begann, die Logistikdienstleistungen aufzubauen, fuhr ein Schiff vom Partner Deutsche Binnenreederei in Berlin für den Hafen Braunschweig, und zwar zweimal pro Woche. Heute gibt es werktäglich eine Schiffsabfahrt von und nach Hamburg. Als man begann, den Containerverkehr in Braunschweig auszubauen, fuhr ein Lkw das täglich anfallende Containergut. Heute sind rund 30 fest eingecharterte Lkw fast rund um die Uhr im Einsatz, dazu noch viele unter anderem Firmensiegel. Fast die Hälfte der Mitarbeiterinnen und Mitarbeiter sind mit dem Thema Containerverkehr beschäftigt. Und zufrieden stellt Jens Hohls fest: »Mit dem Ausbau unseres Containerterminals haben wir uns den Jobmotor direkt ins Haus geholt. Mit enormen Investitionen in die Infrastruktur ist diese Sparte in den vergangenen Jahren auf modernsten Standard ausgebaut worden.« Auch dazu hat Jens Hohls Zahlen parat: »1999 wurden in Braunschweig 3500 Container umgeschlagen, aktuell werden jährlich rund 60 000 Standartcontainer abgefertigt.« Und die Prognosen sind weiterhin glänzend. »Studien besagen, dass sich der Containerverkehr in den kommenden zehn Jahren weltweit verdreifachen wird. Davon wollen und werden wir unseren Teil abbekommen«, ist Hohls zuversichtlich.

Seit Jahren zählt nunmehr dieser Hafen zu den städtischen Töchtern, die den städtischen Wohlstand kontinuierlich mehren. Die Hafenbetriebsgesellschaft schreibt konstant schwarze Zahlen und ist damit etlichen »Geschwistern«, die in der Öffentlichkeit viel stärker wahrgenommen werden, weit voraus.

Eine Million Tonnen unterschiedlichster Güter werden pro Jahr im Bereich des Hafens umgeschlagen. In Niedersachsen liegt man damit weit vorne, bundesweit im guten Mittelfeld.

Mit diesen Zahlen ist Speditionskaufmann Jens Hohls sehr zufrieden.

»Bei diesen Werten muss man bedenken, dass uns die Schwerindustrie fehlt, die in den Ruhrgebietshäfen Tonnage verschafft, und dass das benachbarte Salzgitter als potenzieller Großauftraggeber für das Stahlwerk einen eigenen Hafen unterhält.«

Damit erfüllt die Hafenbetriebsgesellschaft alle Anforderungen, die an modernes Equipment und Logistik gestellt werden. Und trotzdem gilt es, die wirtschaftlichen Gegebenheiten permanent zu beobachten, zu deuten und entsprechend zu reagieren. Dazu Jens Hohls: »Wir sind sehr wachsam, haben unsere Konzepte permanent auf dem Prüfstand und sind mit unserem Denken und Handeln bereit, den Anforderungen der Globalisierung entsprechend zu begegnen«.

Um auch im logistischen Bereich weiterhin führend zu bleiben, wappnet man sich für immer neue und noch größere Herausforderungen. Maßgeschneiderte Konzepte werden mit Erfahrung, Kompetenz und Engagement erarbeitet und bieten über Seetransporte, Zollabfertigungen, Transporte mit der Hafenbahn, Umschlagseinrichtungen oder Transporten mit dem Fuhrpark alle Möglichkeiten, einen optimalen Transportverlauf sicherzustellen.

Die Hafenbetriebsgesellschaft Braunschweig schreibt seit mehr als 80 Jahren an einer Erfolgsstory und es werden noch viele Kapitel dazukommen.

Beitrag von: Hafenbetriebsgesellschaft Braunschweig mbH
Hafenstraße 14 · 38112 Braunschweig
Tel. (05 31) 21 03 40 · Fax (05 31) 2 10 34 50 · hbg@braunschweig-hafen.de

Containerterminal (Foto: Jens Hohls)

Containerbeladung (Foto: Frank Bierstedt)

Naturnah und lebendig

Zum heutigen Stadtbezirk Schunteraue gehören neben der Schuntersiedlung die Sandwüste, die Kralenriede, die Michelfelder-Siedlung und die Bastholzsiedlung.
Im nördlichen Gebiet der Stadt waren bis ins Mittelalter große Teile unpassierbar und feucht, mit dichten Busch- und Waldlandbeständen. Dieses Gebiet, ein Bereich der Schunteraue, hat durch bemerkenswerte Steinzeitfunde archäologische Bedeutung bekommen. Auch die Bienroder Dünen werden als Fundgebiete genannt.

Entstehung der Schuntersiedlung

Mit der Errichtung des Rüstungsunternehmens der NIMO sowie des VW-Werkes ergab sich die Frage der Unterbringung von Fachkräften für diese Region. Um die Voraussetzungen für den zügigen Bau von Wohnungen zu schaffen – wie in diesem Fall die Schuntersiedlung – setzten sich die politischen Verwaltungsorgane ohne rechtliche Bedenken durch. Das Ziel war die rasche Aufrüstung für den Krieg. Viele Arbeitnehmer, die zu diesen neu gegründeten Firmen kamen, haben größtenteils mit ihren Familien, mit der Aussicht auf eine Verbesserung ihrer Lebenslage, ihre alte Heimat verlassen.
Auf einem Gelände von 52 Hektar gründete die Firma Büssing am 7. Juni 1935 im Querumer Forst die Niedersächsischen Motorenwerke GmbH (NIMO), die zum Bau von Flugmotoren geplant war. Denn alle Automobilfirmen waren zum Bau von Flugmotoren durch das Reichsluftfahrt-Ministerium aufgefordert. Die NIMO hat nach dem Krieg ihre Produktion eingestellt. In der Folgezeit wurde das Gelände von der Firma Büssing-Werke und später durch den MAN-Konzern bis 1987 genutzt. Heute sind dort lauter kleine Firmen angesiedelt.
Die Braunschweiger Baugenossenschaft erhielt den Auftrag Wohnungen zu bauen. Bis zum 1. Dezember 1938 waren insgesamt 928 Wohnungen bezugsfertig. Die Siedlung am Bienroder Weg wurde in zwei Bauabschnitten gebaut. Hierbei fiel die weiträumige Bauweise besonders auf. Das Schuntertal mit seinen ökologisch wertvollen Funktionen ist für die Bewohner der

Die Schuntersiedlung, Baubeginn 1937/38 (Foto: Braunschweiger Baugenossenschaft)

Jugendzentrum Heinrich Jasper Haus (Foto: Fotoarchiv Helmut Meyer – Heimatpfleger der Schunteraue)

Tostmannplatz (Foto: Fotoarchiv Helmut Meyer – Heimatpfleger der Schunteraue)

Außenstelle Grundschule Astrid Lindgren Schule / Tostmannplatz (Foto: Fotoarchiv Helmut Meyer – Heimatpfleger der Schunteraue)

Erweiterungsbau Foto 2008 (Foto: Fotoarchiv Helmut Meyer – Heimatpfleger der Schunteraue)

Dankeskirche – 1. Kirchenneubau in Braunschweig nach dem Zweiten Weltkrieg – 1950 (Foto: Fotoarchiv Helmut Meyer – Heimatpfleger der Schunteraue)

Schuntersiedlung heute zu ihrem Naherholungsgebiet geworden. Neue Wegführungen und die Umgestaltung der vorhandenen Wege zu einem Rad-Wanderweg werden die Nutzungsmöglichkeiten des Schuntertales erweitern. Langfristiges Ziel behördlicher Planung ist die sogenannte »Revitalisierung« der Schunter. Unter diesem Schlagwort sind Maßnahmen zu verstehen, die den naturnahen Zustand von Fluss und Aue wieder herstellen sollen.

Die Michelfelder-Siedlung

Die Milchelfelder-Siedlung steht in unmittelbarem Zusammenhang mit dem Wirken von Pastor Finck und der Dankeskirche und kann deshalb – auch wenn sie jenseits der Schunter liegt – in ihrer Entwicklung der Schuntersiedlung zugeordnet werden.

Am 8. November 1952 wurde für die Dankeskirche der Grundstein gelegt. Am 24. April 1954, einem Sonnabend, wurde der Richtkranz in der späteren Michelfelder-Siedlung aufgesetzt. Die Gemeinnützige Siedlungsgemeinschaft des Hilfswerks der Deutschen Evangelischen Kirche war Bauherr der 132 Mietwohnungen, Einfamilienhäuser und Einliegerwohnungen. Das Richtfest der Kirche folgte eine knappe Woche später. Am 8. August 1954 wurde die Dankeskirche durch den Landesbischof eingeweiht. Die Siedlung ist nach dem 1953 verstorbenen Generalsekretär des Lutherischen Weltbundes, Dr. Michelfelder (USA), benannt. Sylvester Clarence Michelfelder (1889 bis 1951) organisierte als Exekutivsekretär des Lutherischen Weltbundes seit 1947 die amerikanische kirchliche Hilfe für Mitteleuropa nach dem Zweiten Weltkrieg.
In der Michelfelder Siedlung sind zwei Institute der Fraunhofer-Gesellschaft angesiedelt: das Fraunhofer-Institut für Schicht- und Oberflächentechnik IST und das Fraunhofer-Institut für Holzforschung Wilhelm-Klauditz-Institut WKI.

Textauszüge mit freundlicher Genehmigung von Heimatpfleger Helmut Meyer entnommen aus: Webseite der Stadt Braunschweig / Stadtteile

Beginn 2014 Neubau von Siedlungshäusern Lübeckstr. (Foto: Fotoarchiv Helmut Meyer – Heimatpfleger der Schunteraue)

Kinder der Schuntersiedlung 1949 (Foto: Manfred Müller – Fotoarchiv Helmut Meyer – Heimatpfleger der Schunteraue)

Kinderspielplatz Bassestraße (Foto: Helmut Meyer – Fotoarchiv Helmut Meyer – Heimatpfleger der Schunteraue)

Von drei Wasserläufen geprägt

Die schematisierte Karte gibt einen guten Überblick über den neuen langgestreckten Stadtbezirk »Wabe-Schunter-Beberbach«, der 2011 aus den ehemaligen Stadtbezirken »Bienrode-Waggum-Bevenrode« sowie »Wabe-Schunter« (Ridagshausen-Gliesmarode-Querum) neu gebildet wurde und mit 19 489 Einwohnern (Stand 15. Juni 2015) größter Stadtbezirk im Norden Braunschweigs ist. Die Karte verdeutlicht, dass der neue politische Bereich »Wabe-Schunter-Beberbach« sowohl weite naturnahe Bereiche als auch verdichtete städtische Bebauung enthält. Zu den ausgedehnten Naturgebieten zählen die Riddagshäuser Teiche mit dem angrenzenden Waldgebiet Buchhorst und nördlich davon der Querumer Forst mit dem Staatsforst »Im Klei«.

Entnommen aus OpenStreetMap, bearbeitetet von Kai Stilke

Wie im Namen angedeutet, wird der Stadtbezirk durch die Schunter als dem größten Fluss geprägt. Auch die Wabe ist ein Kennzeichen des Stadtbezirks. Sie durchquert Riddagshausen, Gliesmarode und Querum und mündet dann in die Schunter. Ebenso der Beberbach, der durch Bevenrode fließt, die Orte Waggum und Bienrode nördlich streift und schließlich ebenfalls von der Schunter aufgenommen wird. Dieses Wassersystem führt manchmal leider auch zu Hochwasser und Überflutungen besonders in Querum und Bienrode.

SPD-Fahrradgruppe am Waldrand (Foto: Walter Kagelmann)

Gliesmarode und Querum sind deutlich als verdichtetes Gebiet zu erkennen. Riddagshausen war mit dem ehemaligen Kloster in früherer Zeit im Land Braunschweig sehr beherrschend. Die Klosterkirche und das kleine Museum laden zu einem Besuch ein. Das Naturschutzgebiet der Riddagshäuser Teiche ist nach wie vor sehr beliebt als Ziel für einen Sonntagsausflug. Auch auf dem im Teichgebiet errichteten Beobachtungsturm können Vogelkundler immer etwas Neues entdecken – zu Fuß oder mit dem Rad. Überhaupt ist der Bezirk mit Fahrrädern auf vielen Wegen gut zu erkunden. Das Bild von einer vom Verfasser organisierten Radtour durch den Querumer Forst macht das deutlich. Der Fernradweg von Braunschweig nach Lüneburg durch Querum und Waggum sowie unser waldreiches Gebiet bietet viel Interessantes. Ich lade alle herzlich ein, sich dazu die Zeit zu nehmen. Also: runter vom Sofa, rauf auf den Drahtesel!

Ab sofort kann man es sich wieder gut gehen lassen im Gliesmaroder Badezentrum mit neuer Ausstattung sowie im Sommerbad Waggum, das u.a. mit Wassermatchspielplatz und Beachvolleyballfeld sowie großer Liegewiese viel Abwechslung bietet. Jeweils ein Förderverein hat nicht zuletzt dazu beigetragen, dass diese beiden beliebten Bäder nicht geschlossen werden mussten.

In allen sechs Stadtteilen ist die Bevölkerung sehr engagiert. Gelegenheit dazu bieten je fünf Ortsfeuerwehren und Sportvereine – in Bienrode sind auch Frauen beim Fußball sehr aktiv. Die Schützen bieten neben klassischen Disziplinen auch Bogenschießen (Querum stellt einen deutschen Meister) und

Gerhard Stülten, Bezirksbürgermeister

Lichtpunktschießen für die Jüngsten.

Gesungen wird überall gern: in Männer-, Frauen-, Kirchen-, Gospel-, Kinderchören und in Musikgruppen … Ein Beispiel ist das herbstliche Scheunensingen des MGV Waggum, das alle Jahre wieder mehr als 500 Zuhörer genießen. In fast jedem Stadtteil tragen die Vereine zu Volks- und Stadtteilfesten bei, auch mit Unterstützung durch die Kirchengemeinden aller Konfessionen. Die Querumer Vereine feiern im Herbst ein dreitägiges Oktoberfest, in Gliesmarode findet an zwei Sommertagen ein Volks- und Schützenfest statt. Das größte Fest im Norden ist jedoch

»Erneuertes« Waggumer Sommerbad (Foto: Bildergalerie des Fördervereins Schwimmbad Waggum, Gerd Bikker)

nach Ende der Spargelerntezeit das viertägige Waggumer Volksfest mit Abschlussfrühstück am Montag.
Die 1974 eingemeindeten Ortschaften haben sich von Dörfern am Stadtrand zu Vorstadtteilen gemausert. Es lässt sich gut leben hier. Man fühlt sich wohl. Grundstücke in neuen Baugebieten sind immer sofort vergriffen. Das fördert das Bevölkerungswachstum. Neue Kindertagesstätten sowie Erweiterungen mit Klassen-/Fachräumen in drei Grundschulen und einer Integrierten Gesamtschule sind oder müssen die Folge sein. Die IGS-Querum mit gymnasialer Oberstufe ist integraler Bestandteil unseres Bezirks. Auch sie hat bei steigenden Schülerzahlen erhebliche Raumprobleme. Daran arbeiten wir.
Die Busanbindung für Kinder zu den weiterführenden Schulen ließe sich noch verbessern, davon würden auch die Nicht-Autofahrer profitieren … Leider nimmt auch der Verkehr zu, ohne dass hierfür vorgesorgt worden wäre. Im Gegenteil: Durch die Flughafenerweiterung musste die Grasseler Straße gekappt werden, wodurch »der kurze Weg« von Waggum und Bevenrode nach Querum/Hondelage und weiter stadteinwärts nicht mehr existiert.
Unmengen an Bäumen mussten geopfert werden, zusätzlich die ersatzlose Straßenkappung: Die Bevölkerung hat seinerzeit ihren Unmut und Ärger in zahlreichen Demos geäußert. Lautlose Segelflieger in der Luft sowie Fallschirmspringer beim Verlassen des »Krachmachers« (so bezeichneten unsere Kinder einst die etwas laute alte Do 28) sind eine attraktive Anschauungsszenerie. Und natürlich sind da auch die weniger leisen großen Maschinen, die aber leider oft auch nachts sehr stören … Die durch den Forschungsflughafen entstehenden neuen Arbeitsplätze könnten versöhnlicher Ausgleich werden.

Von Gerhard Stülten, Bezirksbürgermeister

Originelles Eingangstor der IGS (Foto: Gerhard Stülten)

Waggumer Scheunensingen: Frauen- und Männerchor Waggum mit demselben Chorleiter Rudolf Schäfer (Foto: Sonja Schäfer)

Neue AWO-Kita in Gleismarode (Foto: Gerhard Stülten)

Startendes Segelflugzeug auf dem Waggumer Flugplatz (Foto: Dr. Josef Temming)

Mit Aerowest kann man in die Luft gehen

Die Flugschule bildet zukünftige Piloten aus

Unsere C 172 D-EHBM für Schulung und Reise (Foto: Andreas Medlhammer; alle anderen Fotos: Aerowest)

Manfred Müller, der Geschäftführer der Aerowest Flugcenter GmbH, hat tausende von Starts und Landungen hinter sich und die Erfahrung von zigtausend Flugstunden. Vor etwa 30 Jahren hat der damalige Berufspilot die Schule übernommen und seitdem eine große Anzahl von Hobbypiloten in die hohe Kunst des Fliegens eingeführt.

Viele seiner Flugschüler kommen zu ihm, um sich einfach den Traum zu erfüllen, einmal eigenständig ein Flugzeug am Himmel zu bewegen. Vier Monate dauert die Ausbildung, dann wird der Traum der Flugschüler wahr. Denn überraschend sagt Manfred Müller: »Die Ausbildung wird grundsätzlich bestanden. Die Durchfallquote geht gegen Null«. Und genau so überraschend sagt er auch, dass entgegen landläufiger Meinung das Fliegen gar nicht so schwierig sei und man es recht schnell lernen könne.

Der Mitarbeiterstamm setzt sich aus zwei Fluglehrern, zwei Bürokräften und einem Flugzeugpfleger zusammen. Im Sommer, der Hauptsaison, unterstützen zwei Fluglehrer als freie Mitarbeiter das Team. Diese Crew schafft es, im Jahr etwa 20 Piloten auszubilden.

Mindestens 30 Flugstunden benötigt ein Flugschüler, um von der Luftfahrtbehörde des Landes zur Prüfung zugelassen zu werden.

Bevor sich ein Flugschüler zum ersten Mal ins Cockpit begibt, steht allerdings ein straffer Theorieunterricht auf dem Stundenplan. Was regelt die Luftverkehrsordnung? Wie kann ich das Flugzeug navigieren? Was muss ich bei auftretenden Störungen am Flugzeug tun? Wie verändert sich das menschliche Leistungsvermögen in unterschiedlichen Höhen? Wie kann ich mich auf das Wetter während des Fluges einstellen? Und viele Fragen mehr. In insgesamt sieben Fächern muss eine theoretische Abschlussprüfung bestanden werden.

Unsere AT 01 D-ENSM

Über den Wolken in den Zentralalpen

Manfred Müller mit einem Flugschüler vor dem Start

Über den Wolken zwischen Dortmund und Braunschweig

Und dann geht es endlich in die Luft. Dazu stehen der Aerowest Flugcenter GmbH fünf Flugzeuge zur Verfügung: zwei zweisitzige Flieger der Firma Aquila, zwei viersitzige der Marke Cessna.

Dabei spürt Manfred Müller die Freude und den Spaß am »Lustfliegen«, wie er es nennt. Aber er registriert auch einen höheren Puls und eine gewisse Anspannung bei seinen Auszubildenden. Mit jeder Flugstunde werden die künftigen Piloten Schritt für Schritt an höhere Aufgaben herangeführt.

Ein besonderes Highlight im Leben jedes Flugschülers ist dann sein erster Alleinflug, auch wenn er sich dabei immer in Sichtweite der Flugschule befinden muss. Manfred Müller dazu: »Das ist für jeden Piloten sehr aufregend. Daran erinnert er sich noch jahrelang und erzählt es seinen Kindern oder Enkeln.«

Der Flugschüler muss sowohl in der zweisitzigen wie auch in der viersitzigen Maschine Erfahrungen und Flugstunden sammeln. Dabei finden im Rahmen der Ausbildung nicht nur Flüge im Raum des Braunschweiger Flughafens statt, es geht auch in Richtung Magdeburg, Stendal, Dessau oder Hannover. Und zum Ende der Ausbildung steht ein mindestens 270 Kilometer langer Dreiecksflug allein ohne Fluglehrer mit einer Landung auf zwei Fremdflughäfen auf dem Programm.

Die Ausbildung hat zwar ihren Preis, ist aber für die Erfüllung eines Lebenstraums nicht unerschwinglich: Die europäische Fluglizenz kostet 8500 Euro, die internationale etwa ein Drittel mehr.

Da ein Mann wie Manfred Müller selten mit dem Erreichten zufrieden ist, hat er sich längst ein zweites Standbein geschaffen: Taxiflüge sind bei ihm nicht nur beliebt, sondern für viele Geschäftsleute ein Muss. Zur Erholung und Entspannung gehören Flüge zwischen Harz und Heide zu seinem Unternehmensangebot. Doch die Wiedervereinigung machte es möglich und erforderlich: Als sich die osteuropäischen Länder dem Westen zuwandten, stieg die Anzahl der von hiesigen Unternehmern gecharterten Maschinen mit Flügen Richtung Osten rapide an.

Und auch nach mehr als 30 Jahren, von denen Manfred Müller einen Großteil in der Luft verbracht hat, freut er sich auf jeden Start und hat den Spaß an seinem Beruf nie verloren.

Beitrag von:
Aerowest Flugcenter GmbH
Lilienthalplatz 5 · 38108 Braunschweig
Tel. (05 31) 35 13 30 · Fax (05 31) 35 30 29
info@flugschule-aerowest.de

Cockpit unserer ultraleichten Remos G3

Cockpit unserer C 172 D-EHBM

Cockpit unserer Schulmaschine AQUILA AT01

Das Deutsche Zentrum für Luft- und Raumfahrt (DLR) am Standort Braunschweig

Forschung für den Flugverkehr

Die Experten des Instituts für Aerodynamik und Strömungstechnik arbeiten häufig im weltweit leisesten akustischen Windkanal der DNW. (alle Fotos: DLR)

Der Flugsimulator AVES kann je nach Bedarf durch seine austauschbaren Cockpits Flugzeug oder Hubschrauber sein.

Mit Hilfe intelligenter Materialien, hier in Form einer Türumgebungsstruktur in einer Flugzeugrumpfschale, arbeitet das DLR daran, Flugzeuge der Zukunft leiser zu machen.

Eine Stadt als Verkehrslabor. AIM ist an Braunschweigs Kreuzungen und Straßen zu sehen.

Ein Auto, das mit Ampeln »spricht«, das größte Forschungsflugzeug Europas und ein dynamischer Flugsimulator, der Hubschrauber oder Flugzeug sein kann – das sind nur einige Highlights der Experimentalinfrastruktur, mit der das Deutsche Zentrum für Luft und Raumfahrt (DLR) am Standort Braunschweig arbeitet.

Die Luftfahrtforschung hat in Braunschweig eine lange Tradition: Bereits 1936 nahm die Deutsche Forschungsanstalt für Luftfahrt (DFL) hier ihre Arbeit auf. Seit 2001 wird auch im Bereich des bodengebundenen Verkehrs geforscht. Um so effizient wie möglich zu arbeiten, bestehen unter anderem enge Kooperationen mit anderen Einrichtungen am Forschungsflughafen.

In den sechs Instituten und sieben Einrichtungen des DLR am Standort Braunschweig arbeiten etwa 1200 qualifizierte Mitarbeiter. Für experimentelle Forschungen stehen ihnen leistungsfähige Fahr- und Flugversuchsträger, Simulatoren, Windkanäle, mobile Rotorversuchsstände sowie Prüfstände zur Werkstoff- und Lärmforschung zur Verfügung. Spezialisten des »Systemhaus Technik« fertigen die jeweils benötigten Forschungsausrüstungen in ihren Werkstätten.

Flugversuche – eine Kernkompetenz des DLR. In Braunschweig sind sie nicht nur Theorie. Hier betreibt das DLR einen Großteil seiner Flugzeugforschungsflotte, der größten Europas. Teil davon: der eingangs erwähnte Flottenprimus ATRA (Advanced Technology Research Aircraft), ein speziell umgerüsteter Airbus A320. Mit den Hubschraubern und Flugzeugen erproben die Wissenschaftler von der Aerodynamik über die Aeroelastik, die Flugsystemtechnik, die Kabinenforschung, bis hin zum Luftverkehrsmanagement alles, was mit der Forschung am Flugzeug zu tun hat. Fliegen für die Wissenschaft.

Das Institut für Aerodynamik und Strömungstechnik forscht auf den Gebieten Flugzeug-Aerodynamik, Flugzeug-Aeroakustik und Raumfahrt-Aerothermodynamik. Hier arbeiten die Wissenschaftler an der aerodynamischen Gestaltung von Flugzeugen, Hubschraubern, Raketen und deren Komponenten. Dazu nutzen sie am Standort Braunschweig einen der schnellsten Hochleistungsrechner für die Luftfahrtforschung. Auch experimentelle Verfahren, wie Versuche im Windkanal oder direkt im Flug sind unverzichtbarer Bestandteil der Arbeit des Instituts.

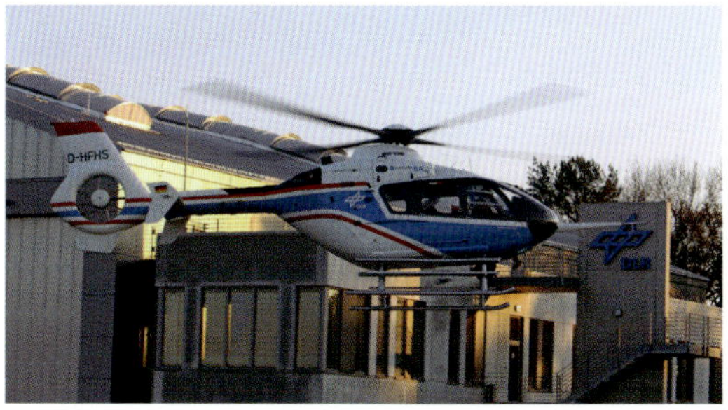

In Braunschweig beheimatet das DLR einen Teil seiner Forschungsflotte, darunter auch den Fliegenden Hubschraubersimulator (FHS).

Die Experten des Instituts für Faserverbundleichtbau und Adaptronik arbeiten unter anderem an der Reduzierung des Flugzeuggewichts. Durch die Erforschung und Realisierung innovativer Leichtbausysteme helfen sie, Treibstoffverbrauch und Schadstoffemissionen zu verringern. Auch für die Minimierung der Lärmabstrahlung von Flugzeugen haben die DLR-Wissenschaftler eine Lösung: Die Spezialisten im Bereich der Adaptronik entwickeln anpassungsfähige Struktursysteme die Gegenschwingungen erzeugen und dadurch Lärm verursachende Vibrationen mindern. Intelligente Rotorblätter, so genannte SmartBlades, bieten die Möglichkeit, Hubschrauber und Windkraftanlagen leiser zu machen.

Im Institut für Flugführung forschen die Wissenschaftler daran, die Führung von Luftfahrzeugen an Bord, aber auch am Boden zu optimieren, um den Flugverkehr der Zukunft noch sicherer, effizienter und zuverlässiger zu gestalten. Luftraum und Flughäfen müssen flexibler und besser genutzt werden – für ein Optimum an Durchsatz bei einem Minimum an Treibstoffverbrauch und Umweltbelastung. Dafür steht ihnen das »Validierungszentrum Luftverkehr« zur Verfügung, in dem das Institut Simulatoren, Sensorsysteme und Flugversuchsausrüstungen am Flughafen Braunschweig bündelt. Ob Flughafenmanagement, Tower, Piloten oder Lotsen – die Gesamtheit des Luftverkehrsmanagements ist hier verfügbar. Das Besondere: die Simulationen und Systeme können miteinander verknüpft werden.

Den Flugsimulator, der Hubschrauber oder Flugzeug sein kann, betreiben die Wissenschaftler des Instituts für Flugsystemtechnik. In den austauschbaren Cockpits des AVES (Air Vehicle Simulator) testen sie neue Konzepte, Software und Steuerungen für Flugzeuge und Hubschrauber. Der Clou: je nach Bedarf oder Forschungsthema können die Simulationen bewegt oder unbewegt durchgeführt werden. Bevor es mit den neuen Entwicklungen in den realen Testflug ins echte Luftfahrzeug geht, wird die Technik bereits hier auf Herz und Nieren geprüft. Die Wissenschaftler erforschen außerdem Mechanik und Eigenschaften von Fluggeräten – immer mit dem Ziel, das Verhalten von Luftfahrzeugen den Fähigkeiten des Piloten anzupassen und so ein höheres Maß an Sicherheit zu erreichen.

Eine ganze Stadt wird zum Verkehrslabor. Braunschweig und Umgebung sind AIM, die Anwendungsplattform Intelligente Mobilität. Ob Fußgänger, Rad- oder Autofahrer oder Nutzer der öffentlichen Verkehrsmittel – jeder ist ein Teil der Verkehrsforschung für mehr Sicherheit im Straßenverkehr. Mit AIM können die Forscher des Instituts für Verkehrssystemtechnik und ihre Partner neue Technologien für sichere Fahrerassistenz und ein modernes und effizientes Verkehrsmanagement entwickeln und erproben. Dazu stehen ihnen eine Forschungskreuzung, eine Referenzstrecke und weitere Anlagen zur Verfügung, so zum Beispiel auch das mit der Ampel »sprechende« Auto. Außerdem spiegelt das Institut die Kette des gesamten Bahnbetriebs wider: vom Triebwerksführerstand über die Strecken bis hin zum Stellwerk.

»Raus aus der Schule, rein ins Labor!« Unter diesem Motto lädt das DLR-School-Lab in Braunschweig Kinder und Jugendliche ab der 5. Klasse ein, das Know-how der Institute live zu erleben und so selbst zum Forscher zu werden. Und wer weiß: vielleicht findet sich hier bereits der DLR-Wissenschaftler von morgen.

Von Jasmin Begli und Mark Schmidt

Der im DLR Braunschweig stationierte ATRA ist das größte Forschungsflugzeug Europas.

360°-Towersimulator für die Validierung von Systemen und Verfahren zur Verkehrslenkung am Flughafen und im Flughafennahbereich des Instituts für Flugführung.

Ehemals drei eigenständige Dörfer

Im Osten der Stadt Braunschweig liegt der Stadtbezirk 114 oder konkret ausgedrückt Volkmarode – Dibbesdorf – Schapen. Fragt man die Bewohner, warum sie sich für diesen Stadtteil entschieden haben, dann hört man häufig »Die hohe Wohnqualität und die landschaftliche Schönheit«. Und in der Tat gehört dieser Stadtbezirk zu den begehrten Wohngegenden in Braunschweig. Die drei Ortschaften waren ehemals eigenständige Dörfer im ehemaligen Landkreis Braunschweig.

Volkmarode

Volkmarode ist der größte der drei Stadtteile und kann auf eine 850-jährige Geschichte zurückblicken. Die Wurzeln reichen bis in das 12. Jahrhundert. Volkmarode besteht zunächst aus einem historischen Ortskern, in dem auch die wunderschöne Kirche St. Thomas liegt. Bereits in den 50er Jahren des letzten Jahrhunderts zog es viele Städter in den beschaulichen Ort östlich von Braunschweig. So haben hier beispielsweise viele Vertriebene eine neue Heimat gefunden. 1978 wurde mit Hilfe der Stadt die attraktive Einfamilienhaussiedlung Moorhüttenteich geschaffen. Später entstand dann im Nordosten des Stadtteils das Wohngebiet Volkmarode Nord. Volkmarode verfügt über eine intakte Infrastruktur mit guter Verkehrsanbindung, einem Medizinischen Versorgungszentrum, Kindergärten, Schulen, Seniorenwohnanlagen, einen Einkaufsmarkt usw., usw.

St. Thomas Kirche in Volkmarode (Foto: Uwe Rosendahl)

In Dibbesdorf (Foto: Uwe Rosendahl)

Dibbesdorf

Auch Dibbesdorf wurde bereits erstmalig im 12. Jahrhundert urkundlich erwähnt. Der Ort besteht aus einem vergleichbar großen ländlichen Ortskern und einer hochwertigen (vorwiegend) Einfamlienhaussiedlung. Dibbesdorf hat keine eigene Kirchengemeinde, sondern gehört zur St. Thomas-Gemeinde Volkmarode. Anders als in den anderen beiden Ortsteilen des Stadtbezirks gibt es in Dibbesdorf nicht nur Bauernhöfe, sondern auch noch aktive Landwirte. Zudem bietet ein biologischer Hofladen qualitativ hochwertige Nahrungsmittel zum Verkauf an. Es gibt mehrere Vereine im Ort. Der mitgliederstärkste Verein ist die SKG Dibbesdorf, die sich durch ein sehr abwechslungsreiches Angebot auszeichnet. Obwohl Dibbesdorf einer der kleineren Stadtteile in Braunschweig ist, verfügt es über ausreichend Einkaufmöglichkeiten in verschiedenen kleineren Läden, darunter eine Baumschule und ein gut ausgestatteter Einkaufsmarkt.

Bezirksbürgermeister Ulrich Volkmann

Blick auf Schapen (Foto: Uwe Rosendahl)

Schapen

Schapen liegt am östlichen Rand des Europareservates Riddagshausen. Urkundlich erwähnt wurde Schapen im Jahr 1224, aber

die Geschichte des Ortes geht bis in das 9. Jahrhundert zurück. Das ursprüngliche Bauerndorf hat sich zu einer begehrten Wohnsiedlung entwickelt. Verschiedene Vereine und Verbände bieten den Einwohnern vielfältige Möglichkeiten soziale Kontakte zu pflegen. Besonders erwähnenswert sind der Schapener Bahnhof und die historische Waldgaststätte »Schäfers Ruf«. Überhaupt wird Tradition in Schapen ganz groß geschrieben. So hat beispielsweise der ehemalige Landwirt Hartmut Lenge seinen Hof und seine Scheune zu dem wunderschönen privaten Bauernhausmuseum »Lenges Hof« ausgebaut. Der Schapener Volkslauf wiederum lockt seit nunmehr 43 Jahren ambitionierte Sportler, aber auch Hobbyläufer und ist damit einer der ältesten Läufe in ganz Norddeutschland.

Herzlichst,
Ulrich Volkmann
Bezirksbürgermeister

Schapenbruchteich (alle Fotos: Braunschweig Stadtmarketing GmbH / Gerald Grote)

Auf Lenges Hof das Landleben von gestern neu entdecken

Originalgeräte und Requisiten sind Zeugen vergangener Zeit

Hartmut Lenge ist gelernter Landwirt, geboren am 18. Februar 1936 in Braunschweig und in Waggum aufgewachsen. Er ist verheiratet und das Paar hat drei Söhne. Hartmut Lenge hat den Hof 1958 von Albert Fischer, dem Bruder seiner Großmutter Helene Fischer, geerbt. Der Hof ist seit 1663 in Familienbesitz. In den Stallungen wurden anfangs Kühe, später 120 Schweine und 450 Hühner am Boden gehalten.

Alle dürfen beim Besuch die Ziegen streicheln.

Lenge's Hof von oben (alle Fotos: Fabian Lenge)

Original Küchenutensilien aus der guten alten Zeit

Wenn man auf den komplett erhaltenen Fachwerkhof kommt, sieht man zuerst eine Schuckepumpe auf dem Brunnen, hier wurde früher und auch noch heute Wasser gefördert. Der Hofplatz selbst ist mit Kopfsteinen gepflastert, die aus der Eiszeit stammen. Die Steine wurden früher vom Acker abgesammelt. In den ehemaligen Stallgebäuden erwartet einen eine private Sammlung alter land- und hauswirtschaftlicher Geräte und Gegenstände aus dem täglichen Landleben vergangener Jahrzehnte.

Das Bauernhof Museum in Braunschweig Schapen wurde 1997 nach Aufgabe der Landwirtschaft von Hartmut Lenge mit seinen Freunden Hellmut Poppe und Ewald Gens gegründet. Die Stallgebäude wurden gründlich gereinigt und für die Ausstellung hergerichtet. Hartmut Lenge und seine Vorfahren haben zahlreiche historische Gegenstände und Geräte aufgehoben, daneben gab es auch viele Sachspenden. Alles kann jetzt auf etwa 600 Quadratmetern Ausstellungsfläche angeschaut werden.

Man findet von der Sämaschine, vom Dreschflegel bis zur Dreschmaschine, von der Kartoffelschleuder bis zum Häckselschneider oder Sensen, Heuwender, Heuharken und Heugabeln, alles, was zur Ernte benutzt wurde. Für den Transport kamen Ackerwagen sowie Handwagen aus Holz und Eisen zum Einsatz. Es sind auch einige fahrbereite Oldies zu sehen: ein seltener Nordtrac-Stier Baujahr 1954, eine Schmotzer-Combi Baujahr 1959 mit drei Sitzen, David Brown Baujahr 1967 sowie ein Renault Baujahr 1980. Im vorderen Bereich sind Pflüge ausgestellt und der Anbau von Zichorie zur Herstellung von Karo-Kaffee ist zu sehen.

Neben den technischen Exponaten zeigen Hartmut Lenge und sein Team, wie mühselig das Leben früher im Haushalt war. Es gibt eine vollständig eingerichtete Küche, Stube und Schlafkammer. Daneben werden das Waschen der Wäsche mit Waschbrett und Wäschemangel, die Schlachtmolle zum Hausschlachten oder der Kessel zum Zwetschenmuskochen erklärt.
Auf dem Acker wurde in Schapen auf 200 Morgen (50 Hektar) Spargel angebaut – das bedeutete etwa 200 Spargelstecherinnen! Die Spargelpflüge und andere Geräte hiefür sind ebenfalls zu besichtigen. Daneben wird gezeigt, was für den Getreideanbau benötigt wurde: zum Beispiel Sicheln, Sensen und ein Dreschflegel, der angefasst werden kann, sowie eine Windfege. Weiter wurden Kartoffeln, Zuckerrüben und Gemüse angebaut. Für alles war viel Handarbeit erforderlich.
Kinder und auch Erwachsene sind immer wieder begeistert, wenn sie die Modellkuh »Liese« im Maßstab 1:1 mit geschickten Händen melken können. Daneben wird auch die Weiterverarbeitung der Milch demonstriert. Viel Spaß macht es, wenn am Schleifstein ein Meißel geschärft wird oder im Hühnerstall die Eier sortiert werden. Es gibt auch vieles über Maße und Gewichte zu bestaunen – zum Spaß kommen alle Kinder auf die große Viehwaage. Im Garten können die Ziegen gefüttert werden.
Auf dem ehemaligen Heuboden sieht man den Flachs- oder Leinanbau bis zur Weiterverarbeitung zum fertigen Leinen auf dem Webstuhl aus dem Jahr 1848. Dort sind auch ehemalige Schulmöbel zu sehen und hier wird der Getreideanbau für Schüler erklärt. In einigen Vitrinen befinden sich Münzen und Orden sowie Kinderspielzeug von früher. Das älteste Exponat ist ein gut erhaltener Mammutbackenzahn aus einer Kiesgrube in Groß-Gleidingen westlich von Braunschweig.
Mit einer umfangreichen Sammlung von Karten, Fotografien und Original-Handschriften wird das Leben der früheren Generationen veranschaulicht. Zahlreiche historische Fotos zeigen Heimatgeschichte, die Geschichte der Landwirtschaft und die Veränderungen im Ort Schapen. Außerdem sind viele alte Berufe vertreten, wie Stellmacher, Schmiede, Sattler oder Seiler.
Prof. Dr. Biegel vom Institut für Braunschweigische Regionalgeschichte hat nach einem Besuch auf Lenges Hof die Einmaligkeit der Sammlung herausgestellt: »Es gibt neben der volkskundlichen Sammlung im Braunschweigischen Landesmuseum und den Großgeräten auf dem Gut Steinhof keine vergleichbare Sammlung zur bäuerlichen Alltagskultur des Braunschweiger Landes.«
Bei einer sachkundigen Führung durch Lenges Hof wird allen Altersgruppen das Leben von früher nähergebracht. Die ehrenamtlichen Führer Detlev Busse, Heinz Böhme, Hellmut Poppe, Tina Dopichaj und Hartmut Lenge stellen sich auf die Wünsche der Besucher ein.
Um den Fortbestand des Museums zu gewährleisten, wurde 2015 der Förderverein Museum »Lenges Hof« e.V. Braunschweig gegründet. Lenges Hof befindet sich am östlichen Stadtrand von Braunschweig und grenzt an das Europareservat Riddagshausen. Man kann eine Wanderung dorthin unternehmen oder den Besuch des Museums in der historischen Gaststätte »Schäfers Ruh« ausklingen lassen.

Schleifen mit dem Schleifstein – nicht nur bei Jungen beliebt

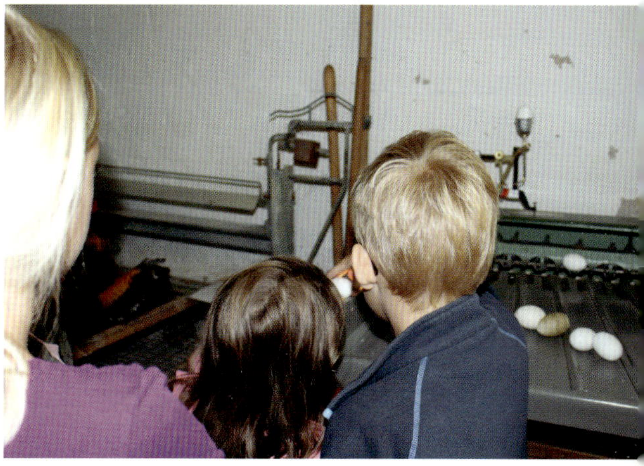

Eier sortieren – fast automatisch

Lenges Hof, Schapen, Lindenallee 5

Natur erleben am Stadtrand von Braunschweig

Im Naturerlebniszentrum »Haus Entenfang« der Stadt Braunschweig können sich die Besucher über die besonderen Lebensräume von Tier- und Pflanzenarten im Naturschutzgebiet Riddagshausen informieren.

Wer in Braunschweig ins Grüne möchte, muss sich in keinem Stadtteil weit fortbewegen. Die Stadt bietet neben ausgedehnten Parkanlagen zahlreiche naturnahe Flächen – Landschaftsschutzgebiete und Naturschutzgebiete – für jeden erreichbar und mit einer besonderen Naturausstattung. Weit über die Stadtgrenzen hinaus bekannt ist das Naturschutzgebiet Riddagshausen, eines der ältesten Naturschutzgebiete Deutschlands.
Die bewegte Geschichte des Gebietes, die reichhaltige Natur rund um die Teiche, Wiesen und Wälder und die Schönheit der über viele Jahrhunderte gewachsenen Kulturlandschaft locken in jedem Jahr tausende von Besuchern an.
Im Naturschutzgebiet steht natürlich der Schutz der wertvollen Lebensräume und der hier lebenden Tier- und Pflanzenarten im Vordergrund. Daher ist es wichtig, die verschiedenen Nutzungsinteressen mit den Zielstellungen des Naturschutzes in Einklang zu bringen. Seit dem Jahr 2006 gibt es im Naturschutzgebiet Schutzgebietsbetreuer, sogenannte »Ranger«, seit 2009 ist eine Rangerin hauptamtlich im Gebiet tätig. Die Ranger geben Auskünfte zu Fragen, die das Naturschutzgebiet betreffen und achten darauf, dass sich alle Besucher rücksichtsvoll verhalten und die geltenden Regeln beachten.

Im Jahr 2010 wurde der »Natur-Erleben-Pfad« mit insgesamt zehn Stationen errichtet, um die

Die ansonsten unscheinbar braun gefärbten Moorfrosch-Männchen färben sich während der Laichzeit Ende März leuchtend blau. (Foto: Anke Kätzel)

Die exotisch aussehende Kolbenente ist selten und eine Besonderheit im Naturschutzgebiet. (Foto: Annika Süß)

Der Laubfrosch kann als einzige Froschart sehr gut klettern und fühlt sich hier heimisch. (Foto: Anke Kätzel)

Das Haus Entenfang (Foto: Anke Kätzel)

Besonderheiten des Gebietes für die Besucher besser erlebbar zu machen.
An Stegen und Aussichtspunkten lassen sich nun Libellen, Amphibien, Wasserpflanzen, heimische Gehölze oder Rinder in freier Herdenhaltung betrachten, ohne sie zu stören. Lehrtafeln und eine Begleitbroschüre für Erwachsene und Kinder bieten zusätzliche Informationen zu den vielfältigen Lebensräumen und Arten. Der Pfad trägt wesentlich zur Besucherlenkung bei und wird intensiv genutzt. Auch bei den monatlich im Gebiet stattfindenden Rangerführungen sind die Natur-Erleben-Stationen wichtige Anlaufpunkte.

Das Naturerlebniszentrum Haus Entenfang bildet seit April 2015 den zentralen Bestandteil des Umweltbildungsangebotes der Stadt Braunschweig im Naturschutzgebiet Riddagshausen. Der Fang von Wildenten für die Tafel der Herzöge und Adligen war eine alte Tradition, die auch das Riddagshauser Teichgebiet entscheidend prägte und dem Haus Entenfang zu seinem Namen verhalf. Das historische Fachwerkhaus aus dem Jahr 1720 diente dem Entenmeister und anderen Angestellten des Klostergutes Riddagshausen als Werkstatt und Bleibe. Nach Aufgabe des Entenfangs im Jahr 1842 wurde es bis 1966 von Arbeiterfamilien bewohnt. Die starke Baufälligkeit ließ anschließend kaum noch eine Nutzung zu, bis im Jahr 2012 mit der aufwändigen Sanierung begonnen wurde.

Der Schapenbruchteich bildet das Herzstück des Naturschutzgebietes. Hier können zahlreiche Vogelarten in Ruhe brüten und Nahrung suchen. (Foto: Christof Bobzin)

Das Naturschutzgebiet Riddagshausen präsentiert sich auch im Winter in voller Schönheit. (Foto: Yannes Herbst, Stadt Braunschweig)

Das Haus Entenfang bietet im Erdgeschoss neben einem Empfangsbereich mit Garderobe und Toiletten vier Räume mit einer modernen Ausstellung zu den Besonderheiten des Riddagshauser Teichgebietes. Außer der wechselvollen Geschichte des Hauses wird die Bedeutung des Naturschutzgebietes erklärt. In zwei Räumen werden die Lebensräume des Teichgebietes Riddagshausen sehr anschaulich dargestellt. Ein weiterer Bereich ist für interessante Wechselausstellungen vorgesehen. Ein in diffuses Licht getauchter Raum ist das Highlight der Ausstellung. Er bietet ein akustisches Erlebnis der besonderen Art.
Ein Anbau östlich des Hauses bietet Platz für Vorträge und kann von Kindergruppen und Schulklassen zusammen mit dem naturnahen Außengelände flexibel genutzt werden.

Im Obergeschoss des Hauses Entenfang befinden sich Büroräume der Mitarbeiter, die dadurch stets direkt vor Ort sind. Mit der wachsenden strukturellen und personellen Ausstattung im Gebiet konnte auch das Umweltbildungsangebot in den vergangenen Jahren stetig erweitert werden.

Das Haus Entenfang bildet nun eine zentrale Anlaufstelle für Besucher des Naturschutzgebietes und ist Ausgangspunkt für Führungen. Hier werden Informationen, Ereignisse und Aktivitäten gebündelt.
Das Haus steht für Besucher aller Altersgruppen, für Familien, Schulklassen und Kindergärten offen. Unter fachkundiger Anleitung kann man die Besonderheiten des Naturschutzgebietes aus nächster Nähe erleben und viele interessante Dinge erfahren. Die vielfältigen Angebote verfolgen das Ziel, Natur für Kinder und Erwachsene

Nasswiesen wie die Bekassinenwiese südlich von Schapen sind im Gebiet charakteristisch. (Foto: Anke Kätzel)

Rangerführung (Foto: Anke Kätzel)

erlebbar zu machen und sie für den Schutz und die Erhaltung von Natur zu sensibilisieren und zu begeistern.
Führungen im Haus Entenfang sowie im Naturschutzgebiet Riddagshausen (per Rad oder zu Fuß) werden für Personen aller Altersgruppen angeboten und an die Bedürfnisse der Teilnehmer angepasst. Die Mindestteilnehmerzahl für gebuchte Führungen beträgt 10 Personen.
Das Haus Entenfang liegt inmitten des Naturschutzgebietes Riddagshausen und ist von der Ebertallee aus über den Nehrkornweg nach 200 Metern zu Fuß oder mit dem Fahrrad zu erreichen. Parkmöglichkeiten befinden sich an der Ebertallee.

Von Anke Kätzel

Einstiger Herrensitz an der Schunter

Hondelage, der östliche Stadtbezirk, wird zum ersten Mal in einer Urkunde vom 8. Juli 1179 erwähnt, die von Papst Alexander III. unterzeichnet ist. Von 1226 bis 1510 werden als Besitzer die Herren von Hondelage nachgewiesen. Danach gelangte der Ort unter die Herrschaft des Klosters Riddagshausen. Seit 1850 zum Landkreis Braunschweig gehörend, wurde am 28. Februar 1974 die Eingemeindung Hondelages in die Stadt Braunschweig beschlossen und vollzogen. Ein Gedenkstein in der Dammstraße weist auf dieses historische Datum dauerhaft hin.
Der Name Hondelage hat gegenwärtig durch vier Unikate einen hohen Bekanntheitsgrad aufzuweisen. Es sind Projekte, die zeigen, wie Gemeinschaftssinn und ehrenamtliches Engagement Visionen realisieren und Unmögliches möglich machen können.

Die Schunterrenaturierung

Auch wenn der sechsspurige Ausbau der Autobahn A2 auf Dauer im Ort ein ungeliebtes Vorhaben geblieben ist, so eröffneten die gesetzlich festgelegten Ersatz- und Ausgleichsmaßnahmen für Natur und Umwelt ungeahnte Chancen. Hier hat sich der Förderkreis Umwelt- und Naturschutz Hondelage e.V. (FUN) initiativ eingebracht und die Stadt Braunschweig bei der Umgestaltung der strukturlosen Schunter in eine naturnahe Fluss- und Auenlandschaft erfolgreich unterstützt. Vom Herbst 2009 bis Sommer 2011 bewegte schweres Gerät etwa 150 000 Kubikmeter Erde, legte u.a. steinerne Stromschnellen, Totholzbereiche und Sandbänke im Flussbett an, um wieder fließgewässertypische Strukturen zu schaffen. Die renaturierte Landschaft von rund 190 Hektar kann zu Fuß oder mit dem Fahrrad erkundet werden. Sie bietet Naturerleben für alle Sinne. So zeugt beispielsweise ein vielfältiges Froschkonzert davon, dass sich die Amphibien in den neu angelegten Tümpeln sehr wohl fühlen. Wer Glück hat, entdeckt auf den Teichen eine Schwanenfamilie, auf den Weiden einen Trupp Graugänse oder ist vom lautlosen Flug des Reihers fasziniert. Mit geübtem Auge findet der Kenner in dem artenreichen Grünland seltene Insekten und Pflanzenarten. Einen bleibenden Eindruck hinterlassen mit Sicherheit auch die friedlich auf den Wiesen grasenden Wasserbüffel. Mit dem vom FUN durchgeführten extensiven Beweidungskonzept werden Lebensräume und Habitate für viele Tiere und Pflanzen erhalten. Die naturbelassenen Pfade und Wege bieten zu allen Jahreszeiten Anreiz, die Natur aus nächster Nähe zu betrachten. Beobachtungshügel gestatten unvergessliche An- und Ausblicke in die offene Landschaft, wobei auf zwei Hügeln auch große Sandsteintische stehen, die der Bildhauer Magnus Kleine-Tebbe mit Naturmotiven gestaltet hat.

NaturErlebnisZentrum (Foto: Bergit Flachsbart)

Wasserbüffel – unentbehrliche Helfer für den Erhalt der Auenlandschaft (Foto: Dr. Bernd Hoppe-Dominik)

Schunterrenaturierung – eine Herkulesaufgabe vom FUN erfolgreich realisiert (Foto: Dr. Bernd Hoppe-Dominik)

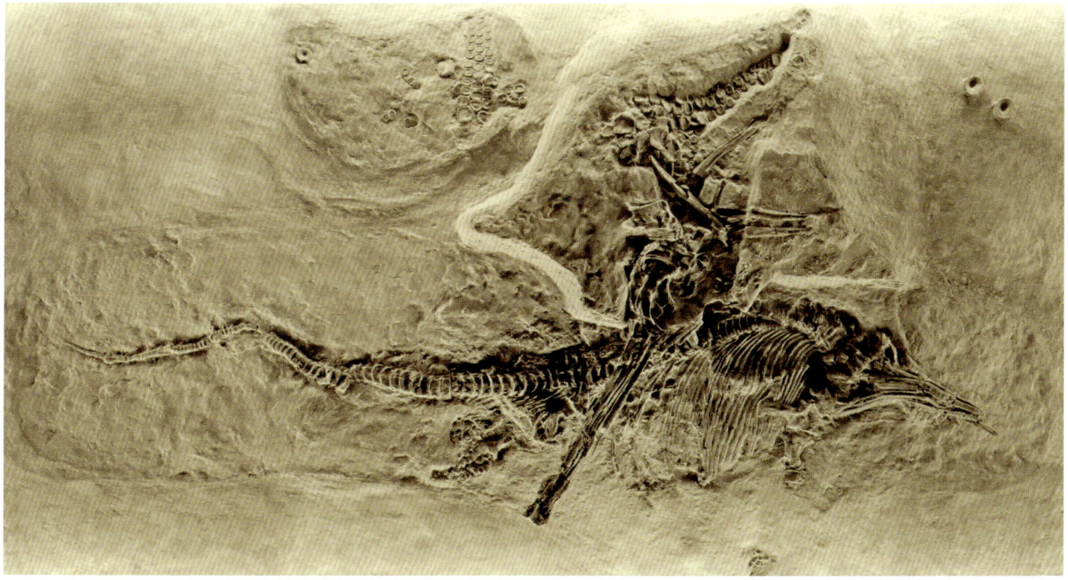

Schwimmsaurier »Michel aus Hondelage« und andere sehenswerte Exponate aus der Mergelkuhle im Naturhistorischen Museum Braunschweig und im NaturErlebnisZentrum (Foto: Dr. Bernd Hoppe-Dominik)

entfernt in Sonnensystemen oder Galaxien in kaum vorstellbaren Dimensionen ereignet und in bester Bildqualität für alle sichtbar auf die Leinwand projiziert wird, entschädigt für schlaflose Nächte. Die Besucherzahlen bestätigen das nachhaltige Interesse, auch einmal die mit bloßem Auge erkennbaren Sternbilder, wie Milchstraße, Polarstern, Großer oder Kleiner Bär, durch das Okular aus nächster Nähe betrachten zu können. Es ist für Jung und Alt ein ganz persönliches Erlebnis, das den Weg dorthin lohnt. Ein dauerhafter Sterngucker, der zu jeder Zeit und bei jedem Wetter den Blick von der Terrasse nach oben richtet, ist der von der Bildhauerin Christel Lechner geschaffene Weggucker. Beim Besuch der Sternwarte fordert er aber geradezu das Hingucken heraus.

Von Dieter Kühn

NaturErlebnisZentrum

Im Jahr 2015 hatte der FUN allen Grund zu feiern, denn nach eineinhalb Jahren Bauzeit war das neue Domizil des Vereins, das NaturErlebnisZentrum, fertiggestellt und konnte seine Türen auch für die Öffentlichkeit aufschließen. Außenwände und Dächer sind mit Strohballen und Lehm verfüllt; die Fotovoltaik-Anlage auf dem Süddach und weitere Dachbegrünungen passen zum ökologischen, nachhaltigen Baukonzept dieses in Braunschweig ersten Strohballenhauses. Die mediale Ausstattung im Inneren bietet auf hohem Niveau eine umfassende und exzellente Präsentation der Kulturlandschaft von Hondelage und Umgebung. Per Fingerdruck können filmisch aufbereitete Informationen zum Naturschutz und Naturerleben von Monitoren abgerufen werden. Ergänzt wird die Ausstellung durch Großvorhaben wie das Urwaldprojekt sowie Exponaten aus der Jungsteinzeit oder Fossilienfunde aus der Mergelkuhle.

Geopunkt Mergelkuhle

Am Nordstrand von Braunschweig befindet sich die Hondelager Juramulde. Vor etwa 175 Millionen Jahren bedeckte hier ein großes Flachmeer die Region. In den Ablagerungen der Ölschieferschichten der ehemaligen Mergelkuhle von Hondelage findet man Fossilien als erdgeschichtliche Zeugen der Bewohner dieses Ur-Meeres. Der FUN hat das Gelände seinerzeit erworben, um Wissenschaftlern und Laien die Möglichkeit zu erhalten, nach versteinerten Überresten der großen und kleinen Meerestiere zu suchen. Bislang wurden hier bereits vier Fischsaurier und ein Meereskrokodil gefunden. In Zusammenarbeit mit dem Staatlichen Naturhistorischen Museum Braunschweig werden solche Funde dann vorsichtig geborgen, präpariert und dort später ausgestellt. In einem Pavillon am Geopunkt informieren viele Tafeln über die Entstehung des Urzeitmeeres und seine Lebewesen.

Sternwarte

Die Hondelager Bürgerinnen und Bürger sind zwar keine wirklichen Sterngucker, aber sie können sehr oft den Blick zu den Sternen richten, denn die »Sternfreunde Braunschweig-Hondelage e.V.« verwirklichten 2004 mit dem Bau der Sternwarte ihren Traum. Seitdem ist der Himmel über Hondelage grenzenlos. Mit dem hochwertigen Teleskop kann computergestützt von der großen Baader-Kuppel aus jeder Punkt am Firmament angesteuert werden. Und wenn Sonne und Mond ihr strahlendes Licht auf besondere Art und Weise leuchten lassen, drängen sich viele Astronomie-Begeisterte in der Sternwarte, um sich von der unendlichen Weite des Weltalls einfangen zu lassen. Es ist stets ein aufregendes Erlebnis, am klaren Sternenhimmel sein Sternzeichen oder den Stern, der vielleicht den eigenen Namen trägt, aufzuspüren. Die Profi- und Freizeitastronomen verbringen so manche Stunde, um bei einem astronomischen Großereignis live dabei zu sein. Was sich dann Lichtjahre

Besonders an schönen Tagen machen viele Familien eine Ausflug zum Fossiliensameln. (Foto: Dr. Bernd Hoppe-Dominik)

Sternwarte – der Blick in die unendlichen Weiten der Galaxien (Foto: Bernd Hartwig)

Tor zur Heide und ins Zentrum Braunschweigs

Die Stileiche – ein Wahrzeichen von Harxbüttel (Foto: Hartmut Kroll)

Der Stadtbezirk im Norden ist sowohl das Tor zur Heide als auch das Tor ins Zentrum von Braunschweig. Er ist von wichtigen Verkehrswegen, der A2 und der B4, eingegrenzt und wird vom Mittellandkanal und dem Flusslauf der Schunter durchzogen. Die drei Ortsteile sind jeder für sich seit 1000 Jahren als wichtige Verkehrsknoten- und Siedlungspunkte urkundlich nachgewiesen und unterstreichen ihre besondere Bedeutung im Zuge der Stadtentwicklung. Jeder Stadtteil für sich verdient es in seiner charakteristischen Eigenart und Entwicklung betrachtet zu werden.

Eilersbüttel / Harxbüttel

In einer Grenzbeschreibung aus dem 10. Jahrhundert zwischen den Bistümern Halberstadt und Hildesheim wird Eilersbüttel und ein Bauwerk zum Überqueren der Schunter erwähnt.
Seit 1849 gehört Eilersbüttel mit der Frickenmühle zu Harxbüttel. 1301 verkaufte Balduin von Wenden die Mühle an das Kloster Riddagshausen. Als Erbzinsmühle übernimmt die Familie Herbst 1489 bis 1904 die Mühle, bis sie 1948 stillgelegt wird.
In der Steterburger Urkunde von 1007 wird der Hof Harxbüttel als »Herikesgebutle« benannt. Der Hof gelangte 1390 in den Besitz der Brüder von Olvenstedt, die ihn 1403 dem Stift St. Blasius in Braunschweig schenkten.
Harxbüttel lag bis 1861 auf einer Insel. Zum Schutz des Schunterübergangs – die Schunter bildet hier die Grenze zwischen Braunschweig und Gifhorn – wurde 1430 ein Bergfried errichtet und die Insel mit einer Palisade umgeben. Der Hof wurde 1480 in drei gleich große Höfe geteilt. Die drei Höfe bilden auch heute noch den Dorfkern. Der Hof Hinze ist seit 1507 in Familienbesitz.
Das Stift St. Blasius lässt 1609 bis 1610 auf dem Grundgeschoss des Bergfrieds den Tempelhof bauen. Eine Hinweistafel am Ortseingang erinnert an Tempel-Anneke aus Harxbüttel, die 1663 als letzte Hexe in Braunschweig hingerichtet wurde.
Zu den im Laufe der Zeit 90 Einwohnern kamen nach dem Zweiten Weltkrieg 130 Flüchtlinge hinzu.
Die freiwillige Feuerwehr, noch heute Gemeinschaft fördernde Triebfeder, wird 1949 gegründet. Durch Umlegung der Schunter 1954 bis 1956 wurde die Insellage des Ortes aufgehoben und als Ersatz für zwei alte Holzbrücken wurde 1956 die heutige Brücke eingeweiht.
Im Zuge der Neubaugebiete links- und rechtsseitig der Straße nach Lagesbüttel ist die Einwohnerzahl auf 760 gestiegen.

Die Frickenmühle (Foto: Hartmut Kroll)

Der Wathling Hof (Foto: Hartmut Kroll)

Thune

Trotz fehlender sichtbarer Überbleibsel aus der Frühzeit der gut 1000-jährigen Geschichte des Ortes sind nachfolgende wesentliche gesicherte Eckdaten zur geschichtlichen Entwicklung erwähnenswert: Nach frühen Ansiedlungen im 9. bis 10. Jahrhundert im Schutz einer Burg, die zu den Schunterbefestigungen der damaligen Zeit gehörte, gab es 1273 erste urkundliche Erwähnungen der Burg des Ortes, die jedoch 1492 zerstört wurde, als »Castrum Thune«.

Von den das Ortsbild einst bestimmenden Dreiseit- und Hakenhöfen im Dorfzentrum sind inzwischen fast alle ohne landwirtschaftliche Nutzung. Auf dem ehemaligen Burgplatz befinden sich nun das Feuerwehrhaus der Freiwilligen Feuerwehr und der Kindergarten. Die ehemalige Burgstelle selbst nimmt die Hofanlage des einzigen landwirtschaftlichen Vollerwerbsbetriebs ein. Thune wird im Süden vom Mittellandkanal begrenzt und besitzt einen ehemaligen Ölhafen. Die 100 Hektar Waldungen im Norden von Thune sind seit 1962 Landschaftsschutzgebiet.

Durch eine Brücke über den Mittellandkanal erschließt sich für Thune die sehr gute Infrastruktur des benachbarten Wenden, in dem neben allen Schularten über die ärztliche Versorgung bis hin zu umfangreichen Einkaufsmöglichkeiten alles vorhanden ist, einschließlich eines direkten öffentlichen Anschlusses an das Braunschweiger Zentrum.

1754 hatte Thune etwa 100 Einwohner, darunter einen adligen Hof als Rittergut, 4 Ackerleute, 2 Halbspänner, 9 Kotsassen, und damit eine nahezu bäuerliche Bevölkerung. Mit dem Einsetzen der Industrialisierung wuchs die Einwohnerzahl kontinuierlich an, und nach dem Zweiten Weltkrieg kam es zu einem weiteren Schub durch die Aufnahme und Integration von Flüchtlingen und Vertriebenen. Heute bewirtschaftet ein Vollerwerbsbetrieb die gesamten Ländereien. Ein Nebenerwerbsbetrieb bewirtschaftet das Grünland mit seiner Schafhaltung. Zum Jahreswechsel 2015/2016 sind in Thune 1469 Einwohner gemeldet.

Thune ist geprägt durch ein überaus reges Vereinsleben von über 20 Vereinen. Stellvertretend für die vielen Gruppierungen sei hier die Freiwillige Feuerwehr genannt mit ihren umfangreichen Unterabteilungen wie dem auch überregional bekannten Musikzug, der 2016 sein 50-jähriges Bestehen feiert, sowie der Jugendfeuerwehr und seiner Kinder-Nachwuchsförderung, den Mini Salamandern.

Der Mittellandkanal ist Magnet für Freizeitsportler: Drei Wassersportklubs nutzen ihn ausgiebig als Trainings- und Regattastrecke. Die gut ausgebauten Wege direkt am Mittellandkanal werden sehr gern von Radfahrern, Joggern und Spaziergängern genutzt. Eine große Resonanz erfährt Thune darüber hinaus durch das beliebte jährliche Volkswandern durch den Thuner Wald.

Weithin sichtbar sind die vielen Erdölpumpen im Stadtbezirk Wenden-Thune-Harxbüttel. Die erste fündige Bohrung fand in Thune statt und datiert auf das Jahr 1955 zurück. Regional bekannt ist Thune durch den hier gestochenen Spargel und die Produkte aus dem Stammhaus einer regionalen Bäckereikette.

Thunes stolzes Wahrzeichen, das alte Feuerwehrhaus von 1926 mit Schlauchturm und Sirene (Foto: Rudolf Markgräfe, Heimatpfleger Thune)

Erdölhafen (Foto: Rudolf Markgräfe, Heimatpfleger Thune)

Das ehemalige Rittergut von Thune mit Ehrenmal und 100-jähriger Eiche (Foto: Rudolf Markgräfe, Heimatpfleger Thune)

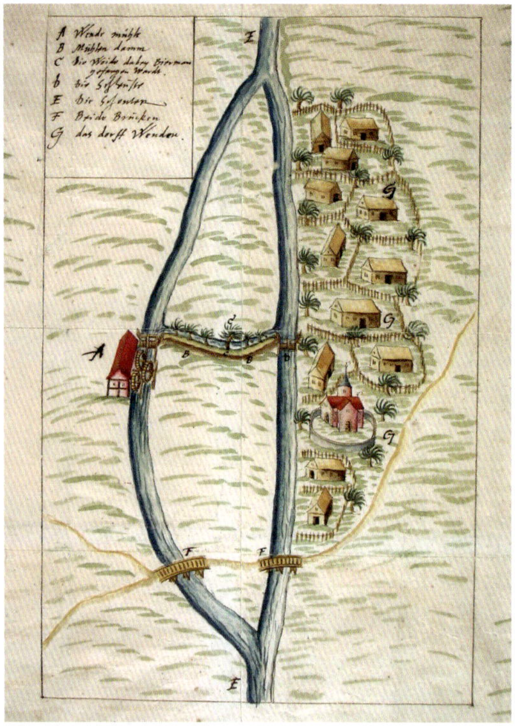

Karte von Wenden 1595 (Foto: Archiv Kulturverein Wenden)

INSIGNIA
Perantiquæ & nobilis familiæ
VVENDENORVM.

Das Wappen derer von Wenden (Foto: Archiv Kulturverein Wenden)

Wenden

Der Ort am Weidezaun: Die erste urkundliche Erwähnung von Wenden steht in der Weiheurkunde der St. Magni-Kirche in Braunschweig aus dem Jahr 1031: Wenden wird als »guinitthun« (Weidezaun) erstmals genannt, geschrieben mit »g«, gesprochen mit »w«. Urkunden späterer Jahre nennen den Ort Wineden (1211), Wendhen (1311). So wurde aus »Guinitthun« in natürlicher Sprachentwicklung der Ortsname »Wenden«. Die Anfänge dieser Siedlung liegen an einer strategisch wichtigen Stelle, in einer Kette von Schunterbefestigungen und an der mittelalterlichen Handelsstraße von Braunschweig nach Lüneburg.

Es gab ein bedeutendes, reiches Adelsgeschlecht »derer von Wenden« im »castellum Wendhen«: eine Burg an der Schunter vom 12. bis 16. Jahrhundert, mit wenigen Hofstellen des Ortes. Besucher des berühmten Klosterbezirks in Braunschweig-Riddagshausen lesen auf einer Informationstafel, dass der Ritter Liudolf von Wenden als Gründer (1145) und großzügiger Stifter des Zisterzienserklosters Riddagshausen gilt. Er war Ministerialer Heinrichs des Löwen. Von einem Balduin von Wenden wird in Legenden als »Ritter mit dem Goldhelm« berichtet (1367). Eine prächtige Zeichnung vom Wappen des Adelsgeschlechts derer von Wenden zeugt bis heute davon, im Ortswappen Wendens stilisiert übernommen.

Bis etwa 1750 zählte Wenden 170 bäuerliche Einwohner: Landwirtschaft, ein wenig Handwerk und die Wendenmühle. Wenden lag an der Heerstraße nach Lüneburg (heute B4) und zugleich am Flusslauf der Schunter in einer Grenzlage zwischen dem Herzogtum Braunschweig (HB) und dem Königreich Hannover (KH). Davon zeugen noch heute die alten, unter Denkmalschutz stehenden Grenzsteine aus Sandstein im Thuner Wald und an der Schunter in Wenden, die mit HB und KH bezeichnet sind – woraus die Wendener »Herr Braunschweig« und »Knecht Hannover« machten.

Ein Zollhaus lag an der heutigen Schunterbrücke/Wendebrücke, wo damals nur eine Furt durch das Wasser führte. Gegenüber dem Zollhaus lag das Gasthaus »Nord-Amerika«, durch das hindurch die Grenze verlief. Der Name des Gasthauses stammt aus der Zeit, in der der Braunschweiger Herzog den Engländern »Landeskinder für den Krieg in Amerika verkaufte«. In den Jahren, als der Nordamerikanische Unabhängigkeitskrieg begann (1776 bis 1783), versammelten sich die Rekrutierten in Wenden im Gasthaus an der Zollstation. Der Abschied wurde mit Hilfe des Bieres etwas leichter gemacht. Zum Abmarsch sollen die Männer »Auf nach Nord-Amerika!« gerufen haben. Von da an nannte sich das Gasthaus »Nord-Amerika«. Es war ein Traditionsort in Wenden bis 1944, als ein Bombentreffer den Großteil des Hauses vernichtete.

Haustür in Wenden (Foto: Uwe Kleineberg, Heimatpfleger Wenden)

St. Johannes Baptista Kirche von 1866 (Foto: Uwe Kleineberg, Heimatpfleger Wenden)

Etwa ab 1960 wurde Wenden als Pendlergemeinde zum bevorzugten Wohnstandort am Rande der Stadt, mit großen Neubaugebieten westlich der Hauptstraße – übrigens die einzige »Hauptstraße« in der Stadt Braunschweig. Seit der Eingemeindung im Jahr 1974 ist Wenden ein Bestandteil im gesamtstädtischen Gefüge Braunschweigs. Heute hat Wenden rund 4100 Einwohner. Einige schöne Bauernhöfe im alten Ortskern, die unter Denkmalschutz stehen, sind erhalten; teils noch in Betrieb, teils als besonders charaktervolle Wohngebäude neu genutzt.

Neben vielen Arbeitsplätzen in überregional bedeutenden Firmen hat Wenden eine hervorragende Versorgung aufzuweisen: eine Grundschule, das Lessing-Gymnasium, eine neue Aula als kulturelle Veranstaltungshalle, Sporthalle und Sportplätze, Skaterareal, Jugendzentrum und die Öffentliche Bücherei als Bildungs-Campus am Heideblick. Die markante, das Ortsbild prägende Kirche St. Johannes Baptista von 1866 mit einem großen Gemeindezentrum im Kirchen-Campus des historischen Ortskerns im Winkel feiert das 150-jährige Bestehen. Zwei Kindergärten, eine Verwaltungsaußenstelle, ein Gemeinschaftshaus, Ortsarchivräume, ein traditionelles Postamt das jetzt Postagentur ist, Polizeistation, ein neues Feuerwehrhaus auf hohem Standard gehören zum Ort und natürlich die Metro-Straßenbahnlinie M1 zur Braunschweiger City.

Ein fast kleinstädtisches Leben mit vielen Lebensmittelmärkten, Arztpraxen, Banken und Fachgeschäften, mit Cafés, Eisdielen, Biergarten und Restaurants bildet sich entlang der baumbestandenen Hauptstraße heraus. Obwohl hier ein reger Autoverkehr fließt, ist diese Lebensader mit ihren breiten Fußwegen ein öffentlicher Raum, nicht nur zum Einkaufen, sondern auch zum Klönen und Flanieren. Man trifft sich hier in Wenden.

Dank an die Heimatpfleger Peter Dietrich (Harxbüttel), Egbert Nolte, Rudolf Markgräfe (Thune) und Uwe Kleineberg (Wenden) für ihre Mitarbeit!

Herzlichst,
Hartmut Kroll
Bezirksbürgermeister

Foto: Fotostudio Klaus Kohn

Im Neubau »Markt und Kunde« hat ein Großteil der Beschäftigten ihren Arbeitsplatz. (alle Fotos: Hch. Perschmann GmbH)

Werkzeughandel in fünfter Generation

Qualitätswerkzeuge und Kalibrierdienstleistungen vom Spezialisten Perschmann

Seit 1866 ist das Familienunternehmen Perschmann in Braunschweig fest verwurzelt. Einst wurde es von Heinrich Perschmann als Handelshaus für Eisen-, Stahl- und Messingwaren im Herzen der Stadt gegründet. Mehr als 150 Jahre später befindet sich die Firma immer noch in Familienhand, doch sie ist längst über die früheren Dimensionen hinausgewachsen. Ein überlebensgroßer Maulschlüssel gilt als das Wahrzeichen von Perschmann und markiert den heutigen Sitz im nördlichen Stadtteil Wenden.

In der Werkzeugwelt erklären Fachberater und Anwendungstechniker innovative Werkzeuge.

Auf dem Perschmann-Campus sind die Hch. Perschmann GmbH und die Perschmann Calibration GmbH angesiedelt. Sie bilden zusammen die Perschmann Gruppe, die Justus Perschmann in fünfter Generation führt. Neben dem Hauptsitz in Braunschweig agiert die Perschmann Gruppe an drei weiteren Standorten und beschäftigt mehr als 450 Mitarbeiter.

Die Hch. Perschmann GmbH arbeitet als Partner der Hoffmann Group und ist in diesem Verbund führender Systemanbieter für Qualitätswerkzeuge. Von Ost-Niedersachsen, Hessen, Sachsen-Anhalt, Brandenburg, Berlin und Mecklenburg-Vorpommern bis an die Ostgrenze

Das Gründungshaus der Hch. Perschmann GmbH in der Reichsstraße um 1887

Justus Perschmann, geschäftsführender Gesellschafter der Perschmann Gruppe

Von Braunschweig aus versorgt Perschmann europaweit Kunden in 24 bis 48 Stunden mit Qualitätswerkzeugen.

Im Drehmoment-Mobil können Kalibrierungen von Drehmomentwerkzeugen bei Kunden vor Ort erfolgen.

Polens erstreckt sich das Vertriebsgebiet des Händlers für hochwertige Werkzeuge und technische Produkte. Neben dem Hauptsitz in Braunschweig gibt es ein Vertriebsbüro in Berlin sowie eine Tochtergesellschaft in Poznan (Polen). Das Perschmann-Team berät und versorgt über 10 000 Kunden vor allem aus der metallverarbeitenden Industrie. Das Sortiment umfasst Qualitätswerkzeuge aus den Bereichen Zerspanung, Spanntechnik, Messtechnik sowie Betriebseinrichtungen. Über die Perschmann Calibration GmbH erhalten Kunden die zuverlässige Kalibrierung von Mess- und Prüfmitteln. Hoch qualifizierte Mitarbeiter liefern in den Laboratorien in Braunschweig und Nürnberg sowie beim Kunden vor Ort sichere Messergebnisse für über 50 Messgrößen. Mit bis zu 3000 Kalibrierungen pro Tag zählt der akkreditierte Kalibrierdienstleister zu den Marktführern in Europa.

In den vergangenen Jahrzehnten hat sich die Perschmann Gruppe kontinuierlich weiterentwickelt und befindet sich nach wie vor auf Wachstumskurs. Im April 2016 wurde am Firmensitz das moderne und energieeffiziente Hauptgebäude »Markt und Kunde« eröffnet. In ihm ist unter anderem eine Werkzeugwelt für Produktvorführungen und Schulungen untergebracht. Gut zwei Jahre zuvor entstanden größere Lagerkapazitäten durch eine neue Logistikhalle.

Perschmann Calibration ist für die Kalibrierung von über 50 Messgrößen akkreditiert.

Der Perschmann-Maulschüssel steht in der Einfahrt zur Logistik.

Die tiefe Verbundenheit der Perschmann Gruppe zu Braunschweig zeigt sich in der Unterstützung von ausgewählten sozialen und kulturellen Projekten in der Region. So besteht eine enge Kooperation mit dem Jugendzentrum Wenden, dem Lessinggymnasium sowie der Bürgerstiftung Braunschweig. Verantwortungsvolles Handeln ist bei der Perschmann Gruppe ein fester Bestandteil der 150-jährigen Firmentradition und wird es auch in Zukunft sein.

Beitrag von:
Hch. Perschmann GmbH
Hauptstraße 46 d · 38110 Braunschweig
Tel. (0 53 07) 933-100 · Fax (0 53 07) 933-152
info@perschmann.de · www.perschmann.de
www.facebook.de/PerschmannGruppe

Der Mittellandkanal im Stadtbezirk Wenden-Thune-Harxbüttel

Planung und Bau des Mittellandkanals kommen einer unendlichen Geschichte gleich: Über 150 Jahre sind vergangen, seitdem der Plan zur Erbauung des Mittellandkanals zum ersten Mal feste Formen angenommen hatte und der damaligen Preußischen Regierung vorgelegt wurde.

Als Kaiser Wilhelm II. am 11. August 1899 den Dortmund-Ems-Kanal ›feierlichst‹ eröffnete, sagte er unter anderem: »Er ist aufzufassen (der Dortmund-Ems-Kanal) in Verbindung mit dem großen Mittellandkanal, den zu bauen und zur Durchführung zu bringen meine Regierung und ich fest und unerschütterlich entschlossen sind. Was als Rückhalt der Hanse fehlte, ein starkes geeintes, einem Willen gehorchendes Reich, haben wir durch die Gnade des Himmels und die Taten meines Herrn Großvaters wieder errungen, und die Macht soll auch für dieses große Werk mit voller Wucht eingesetzt werden. Dafür werde ich stehen«. (Quelle: Georg Lehmann-Felskowski, Deutschlands Häfen und Wasserstraßen in Wort und Bild).

Nachdem 1903 das Gesetz über den Bau des Mittellandkanals von Bergeshövede bis Hannover erlassen wurde, wurde der Kanalbau 1905 begonnen und bis 1916 nach

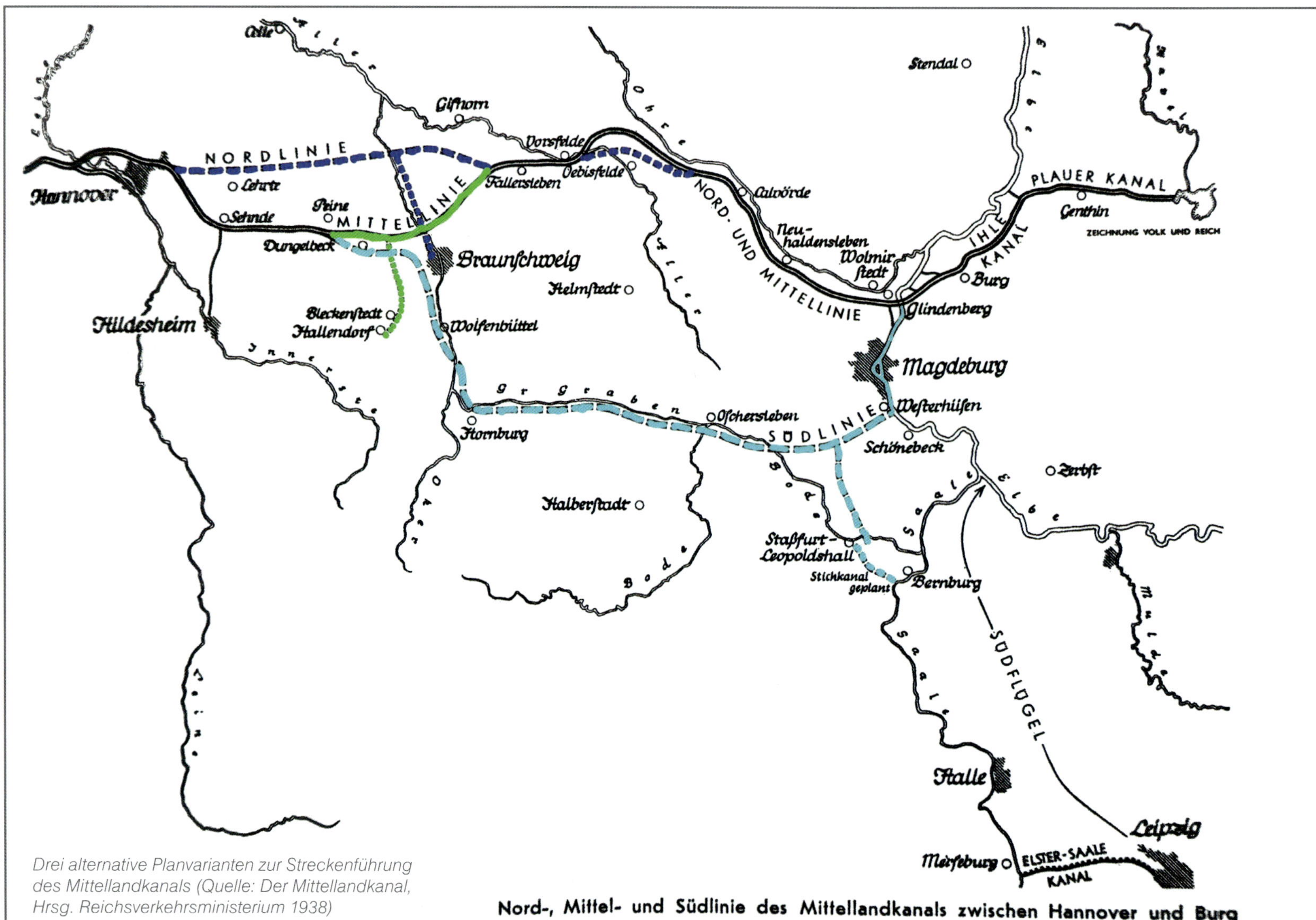

Drei alternative Planvarianten zur Streckenführung des Mittellandkanals (Quelle: Der Mittellandkanal, Hrsg. Reichsverkehrsministerium 1938)

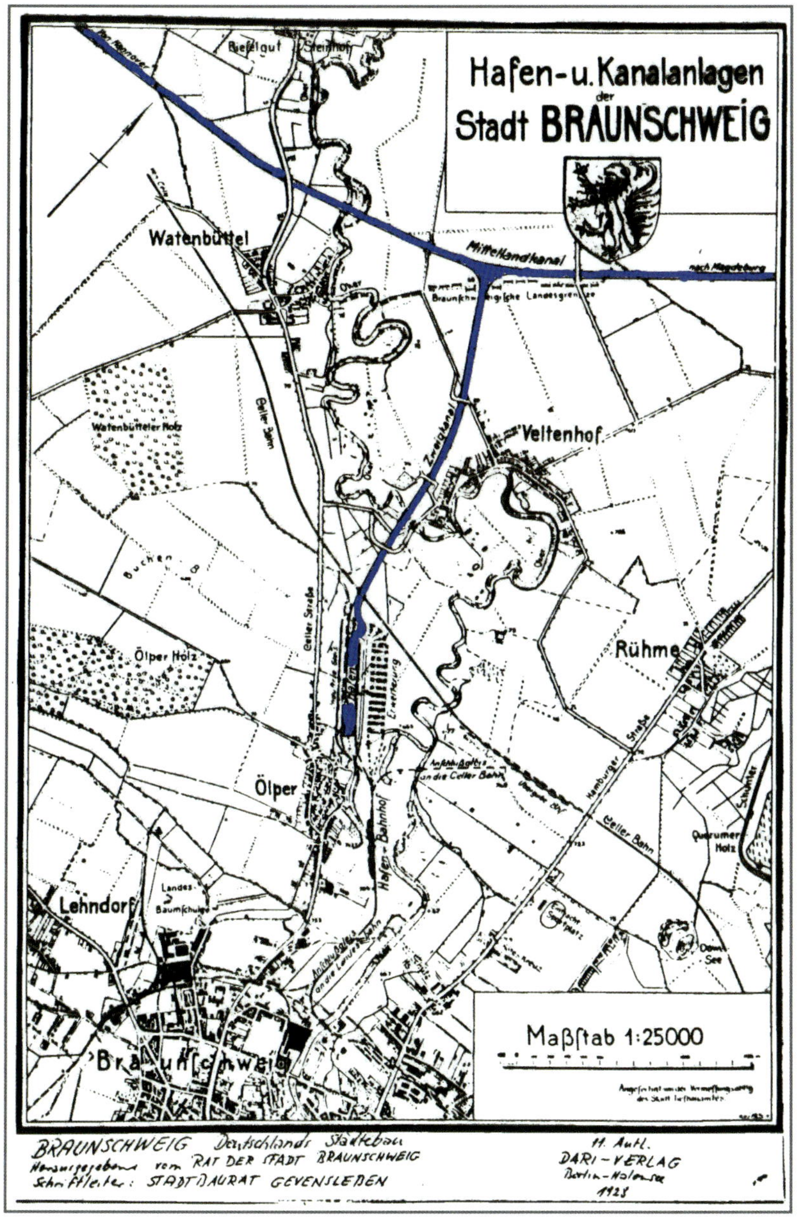

Geplante Anbindung Braunschweigs an den Mittellandkanal in der Variante Nordlinie (Quelle: Braunschweig, Deutschlands Städtebau, Dari-Verlag 1925)

Hannover Misburg fertiggestellt. 1919 erfolgte der Start des Weiterbaus zunächst bis Peine (1928) und endete am Schiffshebewerk der Schleuse Rothensee bei Magdeburg, wo er nach 32-jähriger Bauzeit 1938 offiziell seiner Bestimmung übergeben werden konnte. Der bei Magdeburg folgende umständliche und zeitraubende Umweg von rund 10 Kilometer über Ab- und Aufstieg in die Elbe zur Weiterfahrt nach Berlin und zur Oder wurde durch die mit 918 Meter längsten Trogbrücke Europas (Planungsbeginn in den 1920er Jahren, Eröffnung im Oktober 2003) erheblich verkürzt. Wenige Kilometer östlich von Magdeburg, hinter der Schleuse Hohenwarthe, geht der Mittellandkanal heute direkt in den Elbe-Havel-Kanal über. Seitdem ist diese Wasserstraße auf ganzer Länge vom Rhein bis zur Oder durchgehend befahrbar.

Für die Region von Hannover bis Magdeburg und damit auch für Braunschweig und seinen Stadtbezirk Wenden-Thune-Harxbüttel hatte der Bau des Mittellandkanals erhebliche Bedeutung in dreierlei Hinsicht:

1. Bei den Planungen in den Anfangsjahren des 20. Jahrhunderts standen drei Alternativen für den Kanalverlauf zur Diskussion. Die Nordlinie in den Planungen um 1900 zog sich in 151,4 Kilometer Länge nördlich von Lehrte in östlicher Richtung über Öbisfelde auf Höhe NN+55,00 Meter im Ohretal entlang bis Wolmirstedt, überschritt die Elbe bei Glindenberg/Hohenwarte und mündete in den Ihle-Kanal. Braunschweig war in dieser Variante außen vor und sollte durch einen aufwändigen Stichkanal angebunden werden.

Die Alternative aus 1912 für die Südlinie umging Sehnde und Peine südlich, stieg bei Dungelbeck von NN+65,00 Meter auf NN+74,00 Meter und bei Wolfenbüttel auf NN+79,00 Meter, nachdem sie bei Braunschweig nach Süden abgeschwenkt war. Sie verlief dann südlich nahe an Oschersleben vorbei und fiel in 4 weiteren Staustufen von je 9 Meter Gefälle bei Westerhüsen südlich von Magdeburg zur Elbe ab. Die Gesamtlänge dieser Variante betrug 185,7 Kilometer.

Im Verlauf des Vergleichs von Nord- und Südvariante trat 1920 ein Vermittlungsvorschlag zutage, der die Städte Peine und Braunschweig unmittelbar an den Mittellandkanal anschloss. Diese Mittellinie genannte Variante folgte ansonsten der Nordlinie mit einer Gesamtlänge von 161 Kilometer und endete im Ihle-Kanal.

Durch die Wahl der Mittellinie hatte der Gedanke einer schnellen und von der Elbschifffahrt unabhängigen Durchgangsverbindung zwischen West- und Ostdeutschland den Sieg davongetragen. Braunschweig und sein heutiger Stadtbezirk Wenden-Thune-Harxbüttel sind eindeutige Profiteure dieser Entscheidung. Der in Thune errichtete ehemalige Ölhafen diente in den Kriegsjahren zur Treibstoffversorgung der Luftwaffe. Heute hat hier der Außenbezirk Thune des Wasserstraßen- und Schifffahrtsamts Braunschweig seinen Sitz. Dem ehemaligen Ölhafen direkt gegenüber wurde eine Wendestelle für die Tankschiffe gebaut. Thune ist u.a. der Heimathafen der Mehrzweckfähre »Verden« und des Motorschiffs »Löwe«. Das MS »Löwe« besitzt Eisbrecheigenschaften und wird im Winter 2016/17 erstmals als Eisbrecher eingesetzt.

Für ein einheitliches europäisches Binnenwasserstraßennetz der Wasserstraßenklasse IV wurde in 1961 das sogenannte Europa-Schiff mit 1350 Tonnen Tragfähigkeit bei 85 Meter Länge, 9,50 Meter Breite und 2,50 Meter Abladetiefe zugrunde gelegt. Der ursprüng-

Neubau der Verbindungsbrücke zwischen Thune und Wenden in 1976 (Quelle: Braunschweiger Zeitung, 28.1.1976, BZ-Foto: Helmut Wesemann)

liche Regelquerschnitt des Mittellandkanals betrug bis 1960 bei schräger Uferböschung jedoch nur 31 Meter Breite und 3,50 Meter Tiefe. Mit der Neuordnung der Wasserstraßenklassen mussten die Querschnittmaße erweitert werden auf 55 Meter Breite, 4,00 Meter Tiefe, sowie einer Durchfahrtshöhe von 5,25 Meter. Diese Anforderungen hatten erhebliche Auswirkungen auch auf die Infrastruktur im Stadtbezirk Wenden-Thune-Harxbüttel. Zum einen war die bestehende Verbindungsbrücke von Thune nach Wenden zu niedrig, und zum anderen musste der alte »Stolperstein« Schunterdüker verschwinden und einer größeren Anlage weichen, um den neuen Europa-Schiffen ungehinderte Durchfahrt gewähren zu können. Für den Bau des neuen Schunter-Dükers in 1976 wurde eigens ein Trockendock auf der Nordseite des Kanals angelegt, um die Schifffahrt während des Neubaus nicht zu behindern. Nachdem der 75 Meter lange und 6000 Tonnen schwere Betonkörper durch Winden in das Kanalbett gezwungen war, sank das Schunter-Korsett nach einem ausgeklügelten Flutungsprogramm. Zunächst flossen in den mittleren der drei Ballasttanks 770 Kubikmeter Wasser, dann wurden die seitlichen Tanks geflutet. Der Düker erreichte bei 1254 Tonnen Wasser in den Schotten den Schwebezustand, setzte dann zuerst auf dem höheren Südlager auf und lag schließlich dank mehrerer hundert Tonnen Wasserballast wie ein Stein in seinem Bett. Abschließend prüften Taucher den Zustand der Düker-Anlage auf

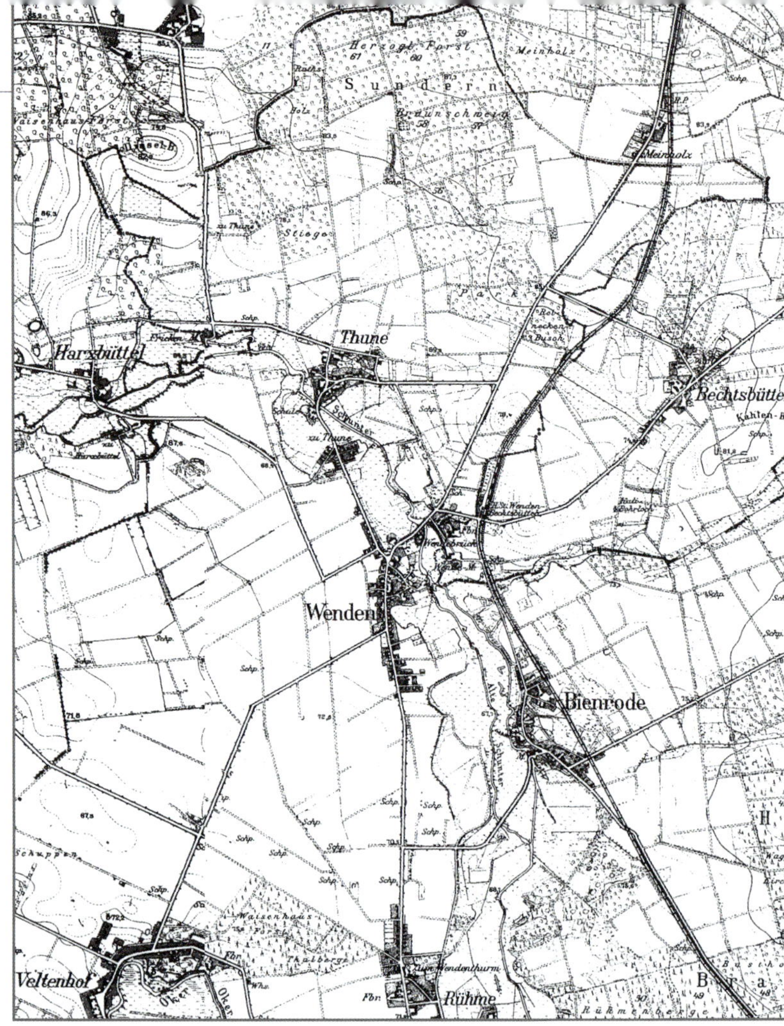

Verkehrsinfrastruktur 1899 im Norden von Braunschweig (Quelle: Niedersächsisches Landesverwaltungsamt, Landesvermessung, Hannover)

Der neue Schunterdüker beim Einschlemmen vor seiner Absenkung in das Kanalbett. Im Bild vorn links auf der Nordseite das geflutete Trockendock. (Quelle: Braunschweiger Zeitung, 29.3.1976, BZ-Foto: Helmuth Wesemann)

Verkehrsinfrastruktur 2016 im Norden von Braunschweig (Quelle: © OpenStreetMap-Mitwirkende, Lizenz www.openstreetmap.org/copyright)

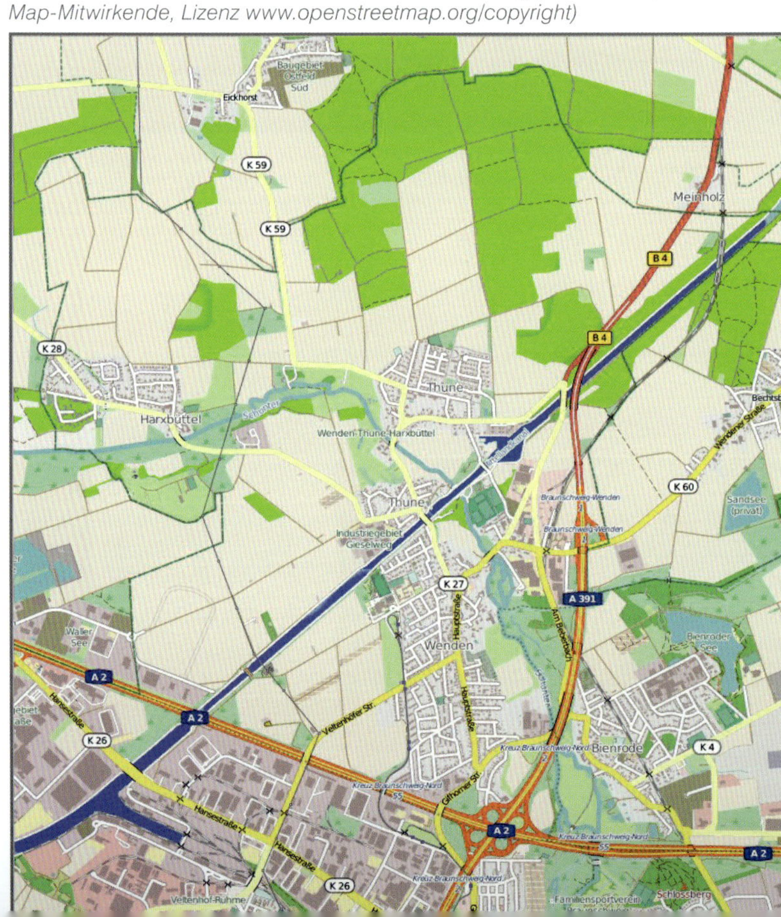

Frachtschiff auf dem Mittellandkanal beim Überqueren des Schunterdükers (Quelle: Rudolf Markgräfe, Heimatpfleger Thune, 2016)

eine mögliche Schieflage, hervorgerufen durch falsches Fluten der Kammern oder durch dicke Steinbrocken auf der Auflage.

Grundsätzlich veränderte der Kanalbau ab 1924 die Infrastruktur mit den alten Straßenverläufen und Wegen von Wenden nach Thune und Harxbüttel. Die riesige Kanalbaustelle wurde schließlich in den 1930er Jahren abgeschlossen. An den Kanalverlauf angepasst entstand die Autobahn und mit ihr die erste Ortsumgehung der B4 im Jahr 1936. Der Verkehr führte bis dahin über die Hauptstraße durch den Ort. Das heutige Autobahnkreuz Nord und der Weiterbau der Autobahn Richtung Meine-Gifhorn als Entlastung hätte damals als Utopie gegolten.

Und schließlich nicht unerwähnt bleiben darf in diesem Zusammenhang auch eine ingenieurtechnische Besonderheit am nordöstlichen Rand des Stadtbezirks Wenden-Thune-Harxbüttel: das Baudenkmal Eisenbahnbrücke über den Mittellandkanal, Indienststellung 1932. Auch die Eisenbahnbrücke war durch die Einführung der 1350 Tonnen Schiffe betroffen und wurde in 1976 um etwa 1,40 Meter angehoben und um 18 Meter verlängert.

Von Rudolf Markgräfe und Egbert Nolte, Heimatpfleger Thune

Personenzug mit Dampflok auf der Linie Celle – Braunschweig überquert das Baudenkmal Eisenbahnbrücke (Quelle: Peter Dietrich, Heimatpfleger Harxbüttel)

Verkehrsinfrastruktur-Anpassungen im Zeitablauf, dargestellt durch Überlagerung der obenstehenden Kartenausschnitte von 1899 und 2016 (Quellen: Niedersächsisches Landesverwaltungsamt, Landesvermessung, Hannover, und © OpenStreetMap-Mitwirkende, Lizenz www.openstreetmap.org/copyright)

Baggerarbeiten 1932 beim Bau von Mittellandkanal und Eisenbahnbrücke (Quelle unbekannt)

Rutschung der Böschung an der Eisenbahnbrücke 1933 beim Bau des Mittellandkanals (Quelle: unbekannt)

Orts-, Personen-, Firmen- und Sachregister

Kohlmarkt (Foto: Braunschweig Stadtmarketing GmbH/Daniel Möller)

Reiterstandbild Friedrich Wilhelm

Haus der Wissenschaft

Marienbrunnen

Alte Waage (alle Fotos: Braunschweig Stadtmarketing GmbH/Gerald Grote)

Bürgerpark

Rizzi Haus

Nachruf des Verlages

Anfang Juli 2016 ist unser langjähriger Autor, Herbert Johannessen, unerwartet verstorben. Wir waren und sind darüber tief erschüttert.
Wir – der Verlag Edition Limosa – sind von ganzem Herzen dankbar für die jahrelange Zusammenarbeit mit Herrn Johannessen. Seit 2007 haben wir mit ihm sechs Bücher erstellt, er ist damit der Autor mit den meisten Titeln hier im Verlag. Die Arbeit an den gemeinsamen Buchprojekten ist immer erfolgreich verlaufen. Es hat Spaß gemacht mit ihm zu arbeiten und wir konnten für alles Lösungen finden. Herr Johannessen hatte zudem seinen eigenen Humor, was Gespräche und Telefonate mit ihm recht kurzweilig gestaltete. Er hat bei Gesprächen, die zur Entstehung der Bücher von Bedeutung waren, immer die richtige Wortwahl gefunden, ein offenes Ohr gehabt sowie die passenden Antworten und Lösungen parat.
Das Manuskript, das wir von Herrn Johannessen erhalten haben, war leider noch nicht ganz vollständig. Aus diesem Grund hat sich auch die Erscheinung des Buches nach hinten verschoben. Wir als Verlag haben das Buch nach bestem Gewissen fertig gestellt, etwaige kleine Fehler bitten wir daher zu übersehen. Uns und den Angehörigen von Herrn Johannessen war es ein großes Bedürfnis dieses Werk zu vollenden.
Wir wünschen Ihnen – auch in seinem Sinne – viel Spaß und einen Zuwachs an Informationen mit und durch dieses Buch.

Der Verlag Edition Limosa

Bildquellennachweis

Umschlag vorne:
oben: Braunschweig Stadtmarketing GmbH/Daniel Möller
unten v.l.: Braunschweig Stadtmarketing GmbH/Steffen und Bach GmbH; Braunschweig Stadtmarketing GmbH/David Taylor

Umschlag hinten:
oben v.l.: Braunschweig Stadtmarketing GmbH/Daniel Möller; Stadtbad GmbH/Klemens Ortmeyer; Braunschweig Stadtmarketing GmbH/Gerald Grote
unten v.l.: Braunschweig Stadtmarketing GmbH/Gerald Grote (2); Rüdiger Knuth

Bildmaterial, das in den mit Adressabbindern gekennzeichneten Beiträgen zu finden ist, wurde dem Verlag von den Protagonisten des Buches zur Verfügung gestellt. Bilder der im Buch vertretenen Institutionen und Protagonisten sind demnach von diesen geliefert und verantwortet.